守正与创新：

高校辅导员"六点工作法"

简敏 等 编

吉林大学出版社

·长春·

图书在版编目（CIP）数据

守正与创新：高校辅导员"六点工作法"/简敏等编. —长春：吉林大学出版社，2021.11
　ISBN 978-7-5692-9715-7

　　Ⅰ.①守… Ⅱ.①简… Ⅲ.①高等学校—辅导员—工作—研究 Ⅳ.① G645.1

中国版本图书馆 CIP 数据核字（2021）第 257330 号

书　　　名	守正与创新：高校辅导员"六点工作法"
	SHOUZHENG YU CHUANGXIN：GAOXIAO FUDAOYUAN "LIU DIAN GONGZUO FA"
作　　　者	简　敏　等　编
策划编辑	李承章
责任编辑	安　斌
责任校对	柳　燕
装帧设计	中正书业
出版发行	吉林大学出版社
社　　　址	长春市人民大街 4059 号
邮政编码	130021
发行电话	0431-89580028/29/21
网　　　址	http://www.jlup.com.cn
电子邮箱	jldxcbs@sina.com
印　　　刷	廊坊市海涛印刷有限公司
开　　　本	787mm×1092mm　1/16
印　　　张	13
字　　　数	220 千字
版　　　次	2022年5月　第1版
印　　　次	2022年5月　第1次
书　　　号	ISBN 978-7-5692-9715-7
定　　　价	55.00 元

本书编委会名单

主　　编：简　敏

副主编：杨　化　党　红　周　月

编　　委：苟晓丽　程晓红　张文浩　李　雪　卫　薇　肖丽霞
　　　　　宋夏冰　樊　雪　蒋　莉　潘清滢　贺小芮

校　　对：贺小芮

出版说明

党的十八大以来，以习近平同志为核心的党中央高度重视教育事业在坚持和发展中国特色社会主义战略全局中的地位和作用，把教育摆在优先发展的战略位置，全面加强党对教育工作的领导，提出了一系列新理念、新思想、新观点，为做好新时代教育工作提供了根本遵循和行动指南。习近平总书记在全国教育大会上发表重要讲话，强调要坚持党对教育事业的全面领导，坚持把立德树人作为根本任务，坚持优先发展教育事业，坚持社会主义办学方向，坚持扎根中国大地办教育，坚持以人民为中心发展教育，坚持深化教育改革创新，坚持把服务中华民族伟大复兴作为教育的重要使命，坚持把教师队伍建设作为基础工作。

《普通高等学校辅导员队伍建设规定》（中华人民共和国教育部令第43号）指出，辅导员是开展大学生思想政治教育的骨干力量，是高等学校学生日常思想政治教育和管理工作的组织者、实施者、指导者。高等学校要坚持把立德树人作为中心环节，把辅导员队伍建设作为教师队伍和管理队伍建设的重要内容，不断提高队伍的专业水平和职业能力，保证辅导员工作有条件、干事有平台、待遇有保障、发展有空间。西南政法大学党委高度重视辅导员队伍建设工作，为推动辅导员职业素养以及科研能力的提升，于2019年5月在全国率先成立了辅导员教研中心。为提升辅导员工作的专业化和职业化水平，更好地促进学校立德树人工作，西南政法大学辅导员教研中心积极组织辅导员编写"新时代高校辅导员立德树人丛书"。本套丛书以满足大学生成长成才的需要为出发点和落脚点，内容涵盖大学生思想政治教育、爱国主义教育、志愿服务、高校辅导员工作实操等辅导员日常工作的方方面面，旨在探索辅导员工作的新方法、新路径，为落实立德树人的根本任务提供坚实基础和有力支撑。

"新时代高校辅导员立德树人丛书"编委会

2021 年 9 月

前　言

　　党和国家高度重视高校思想政治工作体系建设。2020 年 4 月，教育部等八部门联合出台了《关于加快构建高校思想政治工作体系的意见》，为加快构建高校思想政治工作体系提供了行动指南和基本遵循。高质量、高水平辅导员队伍的建设是思政工作体系建设的中心环节，立德树人是高校辅导员工作的根本价值追求。高校思想政治工作关系高校培养什么样的人、如何培养人以及为谁培养人这些根本问题。教育者必先受教育，必须努力成为先进思想文化的传播者、党执政的坚定支持者，才能更好担起学生健康成长指导者和引路人的责任。高校辅导员承担着落实党的教育方针和为党育人、为国育才的光荣使命，履行着培养德智体美劳全面发展的社会主义建设者和接班人的具体任务。作为"24 小时移动服务端""终身售后服务者"及"行走在学生身边的思政课堂"，辅导员们思考最多的是在平常具体的工作中如何履行学生日常思想政治教育和管理工作的组织者、实施者和指导者的责任和义务，如何给学生心灵埋下真善美的种子，如何总结出一套行之有效的工作方法。我有幸参加了 2019 年 3 月 18 日在北京召开的学校思想政治理论课教师座谈会，深深地知道，高校辅导员要在青年学生的心里埋下"真善美"的种子，必须要有一套行之有效的工作方法，使思想政治工作入脑入心。我们如何创新新时代辅导员思想政治教育工作方法，学会将日常繁杂的事务科学化、精细化、有序化，提高工作效能，做到"大道至简"，这是广大辅导员需要摸索和认真思考的问题。

　　重庆市首届辅导员名师工作室"简敏工作室"负责人简敏教授通过多年的方法积累、案例梳理和成效检视，总结出高校"辅导员六点工作法"。通过一个目标（立德树人）、三个方面（道术合一、管服合一、知行合一）、六个环节（"引""学""规""助""带""训"）着力增强辅导员的"育德意识"

和"育德能力"。

"六点工作法"结合习近平总书记对思想政治工作的要求，对标辅导员工作的九大职责，"六个环节"之间相互融合，成为一个完整闭合；同时"三个方面"（道术合一、知行合一、管服合一）相互联系，能够帮助辅导员理解和落实九大工作职责，形成工作的全局思考和系统思维。即"一个目标、三个方面、六个环节"，如图所示。

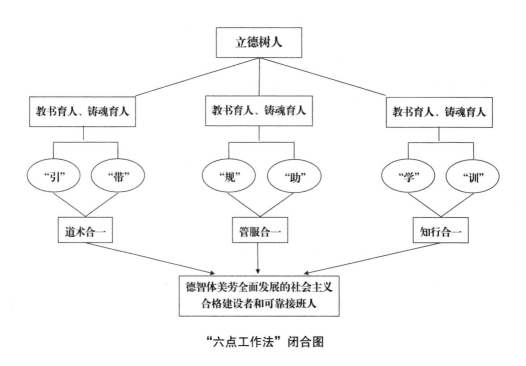

"六点工作法"闭合图

"引"，引之有道。道，即价值指引，就是有中国特色的社会主义的道路。强化引领力，辅导员应当成为大学生的一面旗帜。主要采取线上、线下及线上线下相结合的方式，与学生直接对话，讲好习近平新时代中国特色社会主义思想，讲好"四史"，推动思想政治工作的传统优势同信息技术融合，开展党建带团建工作，并通过开展党团理论课、主题活动、打造新媒体平台等方式让思想引领落实落细。

"学"，学之有法。法，即方法措施。强化"终身学习"的思想观念，扩大辅导员的"知识谱系"和"学科宽度",以动态的知识、经验更新应对时代的发展和高校学生的个性变化,做好学生学术的引导者。通过辅导员进一步的自我学习和科学研究,努力提升自身工作素养和能力,做好学生的学业指导和学业帮扶,鼓励并指导学生参加各项大赛,有针对性地激发学生的学习兴趣。

"规",规之有度。度,即尺度边界。要树立法治思维,强化规矩意识,形成刚性规范与柔性教育的有机统一,在潜移默化中达到春风化雨的效果,切实做到"规"有幅度、有限度、有温度。认真落实学校的各种管理制度和奖惩条例,尝试建立"危机信息三级联动报告制"等制度,培养学生敬畏法律、遵守规则、防范风险的意识。

"助",助之有爱。爱,即大爱情怀。辅导员要努力与学生产生共情共鸣,学会解决学生的实际问题与解决学生的思想问题两手抓,助力学生全面成长成才。通过"心理疾患谈话制""贫困学生登记制""就业指导帮扶制"等制度或"学生学业发展中心"等平台,用爱心、耐心、恒心、细心和责任心,坚持每天找学生交流谈心,让学生在平安和谐的校园里健康成长。

"带",带之有术。术,即技巧技法。通过"名师带动青年、团队带动学生",老手带新手、老师带学生、学生带学生、团队带个人的途径,定期开展学生骨干培训、"4+1"项目制运行模式、"1+N+X"计划等,培育一批辅导员骨干、锻炼一批学生骨干,用"实践与学术"相结合的教育模式,打造出学习型、创新型的师生共同体,以提高大学生思想政治教育的团队战斗力和感染力。

"训",训之有效。效,即效果实绩。鼓励学生参加实践实训实习,实践中塑人格,训练中长才干,知行合一。辅导员也在社会大课堂里讲思政课,总结和创新思想政治教育工作方法,鼓励和指导学生进基层社区、街道、学校、企业调研;带队参加"三下乡"等社会实践活动、参加"挑战杯"等学生创新创业比赛,通过调查社情民意、校企协同合作等方式培养大学生的担当意识和脚踏实地的实干精神。

"六点工作法"以习近平总书记关于大学生思想政治教育的重要论述为指导,力求转变思维方式,创新育人手段,动态式把握学生工作规律,充分体现时代特点,突出问题意识、实践意识和创新意识,力求寻找理论与实践的融合机制,丰富高校"三全育人"理念。通过潜移默化、互动交流、联系实际、典型引路、研究心理等方式增强辅导员思想政治教育的育人效果。

　　《守正与创新：高校辅导员"六点工作法"》是"简敏工作室"寻找学生工作规律、创新辅导员工作方法的总结与提炼，也是高校辅导员思想政治工作理论与实践融合的一次尝试，期许能够为高校辅导员在新形势和新挑战下的思想政治工作提供一些方法论的参考。

西南政法大学辅导员教研中心
重庆市"简敏工作室"
简　敏
2021 年 8 月

目　　录

第一章 "引"之有道*

> "新的征程上，我们必须坚持大团结大联合，坚持一致性和多样性统一，加强思想政治引领，广泛凝聚共识，广聚天下英才，努力寻求最大公约数、画出最大同心圆，形成海内外全体中华儿女心往一处想、劲往一处使的生动局面，汇聚起实现民族复兴的磅礴力量！"

> ——习近平总书记在庆祝中国共产党成立100周年大会上的讲话
>
> 2021年7月1日

第一节 概　述

2021年7月1日，习近平总书记在庆祝中国共产党成立一百周年大会上指出："新的征程上，我们必须坚持大团结大联合，坚持一致性和多样性统一，加强思想政治引领，广泛凝聚共识，广聚天下英才，努力寻求最大公约数、画出最大同心圆，形成海内外全体中华儿女心往一处想、劲往一处使的生动局面，汇聚起实现民族复兴的磅礴力量！"[①] 2021年7月12日，中共中央、国务院印发了《关于新时代加强和改进思想政治工作的意见》（以下简称《意见》）。《意见》指出：思想政治工作是党的优良传统、鲜明特色和突出政治优势，是

---

* 本章编者简介：苟晓丽，女，西南政法大学讲师。研究方向为思想政治教育、刑法学，从事一线专职辅导员14年，主持多项各级各类课题，公开发表多篇理论文章；程晓红，女，西南政法大学讲师，毕业于西南政法大学民商法专业，二级心理咨询师，就业指导师，西南政法大学民商法学院微信公众号"民商荟"第一任指导老师。

① 习近平.在庆祝中国共产党成立100周年大会上的讲话[M].北京：人民出版社，2021：18、19.

一切工作的生命线。"① 高校辅导员要严守这条生命线，思想引领是高校辅导员的首责主业。辅导员开展思想引领，要"引"之有道，"引"，即是"引领"，指辅导员坚持以习近平新时代中国特色社会主义思想为指导，深入开展大学生思想政治工作，以网络思想引领、线下思想引领、线上线下双向融合引领为路径，常态化开展大学生理想信念教育；深入培育和引导大学生践行社会主义核心价值观；引领大学生深入学习党史、新中国史、改革开放史、社会主义发展史和形势政策，增进大学生对习近平新时代中国特色社会主义思想的认同。辅导员通过开展思想引领工作，增强大学生"四个意识"、坚定"四个自信"、做到"两个维护"，将大学生引向正道、大道。

辅导员作为开展大学生思想政治教育的专门力量、专业力量和骨干力量，是高等学校学生日常思想政治教育和管理工作的组织者、实施者、指导者，在高校育人工作中有着极其重要的作用。辅导员不仅仅是大学生思想和价值的引领者，还是大学生成长中的引路人，生活中的知心人。随着时代的发展和社会的变迁，尤其是互联网技术的飞速发展和广泛应用，辅导员的思想引领工作面临着新的形势、呈现出新的特点。辅导员面对的学生受多元思潮和网络信息的影响，其观点看法日益复杂；面临的工作内容随着时代的发展而不断变化。辅导员作为高校思想政治工作的核心力量，能否与时俱进、有效地开展大学生思想引领工作，是培养大学生的关键因素，它关系到高校培养什么人，为谁培养人的大计。当好大学生的思想引领者是辅导员的首责主业，辅导员在开展大学生思想引领工作中，在遵循学生成长和教育规律的基础上，采用一些方法和途径，将学生引向为中国特色社会主义事业不懈奋斗的大道，是为"引"之有道。

一、"引"的词源阐释

"引"，此字始见于商代甲骨文及商代金文。"引"的古字形像一人拉弓，有的是在"弓"字的基础上加一指符号，本义是开弓，引申指拉。又引申有延长、长久义。开弓是向自身方向拉，故又引申指招来，导致。"引"在甲骨文

---

① 中共中央 国务院印发《关于新时代加强和改进思想政治工作的意见》[EB/OL].（2021-07-12）[2021-10-12].中华人民共和国中央人民政府.http://www.gov.cn/zhengce/2021-07/12/content_5624392.htm

中是会意字，左为"弓"，是射箭的器具；右部像人形，其含义为一人开弓放箭。两周文字承袭商代文字。《说文解字》篆文"引"字所加的一画与"弓"分离，并变为一竖，为隶楷"引"字所本。[1]东汉的许慎在《说文解字》一书中将"引"解释为"開弓也。从弓、丨"。引，有拉、伸之意，如：引力、引颈、引而不发、引吭高歌；也有领、招来之意，如：引见、引子、引言、引导。本书之"引"，取此意。

二、"引"的现代释义

引领，指带动事物跟随他或他们向某一方向运动、发展。一般多用于人类社会。引领就是指引和带领，就是走在最前面引导、向导、示范。党的十八大以来，习近平总书记高度重视高校思想引领工作。

2021 年 7 月 12 日，中共中央、国务院印发了《关于新时代加强和改进思想政治工作的意见》，明确要求要深入开展思想政治教育。

2019 年 3 月 18 日，习近平总书记在北京主持召开学校思想政治理论课教师座谈会，习近平总书记强调："办好思想政治理论课，最根本的是要全面贯彻党的教育方针，解决好培养什么人、怎样培养人、为谁培养人这个根本问题。"[2]

2018 年 9 月 10 日，习近平总书记在全国教育大会上指出："培养什么人，是教育的首要问题。我国是中国共产党领导的社会主义国家，这就决定了我们的教育必须把培养社会主义建设者和接班人作为根本任务，培养一代又一代拥护中国共产党领导和我国社会主义制度、立志为中国特色社会主义奋斗终身的有用人才。这是教育工作的根本任务，也是教育现代化的方向目标。"[3]

2017 年 2 月 27 日，中共中央、国务院印发了《关于加强和改进新形势下高校思想政治工作的意见》，对加强大学生思想理论教育和思想引领提出了要求：要强化思想理论教育和思想引领，要求把理想信念教育放在首位。

---

① 李学勤.字源 [M].天津：天津古籍出版社，2013：1124.

② 习近平主持召开学校思想政治理论课教师座谈会 [EB/OL]（2019–03–18）[2019–03–18].中国政府网. http://www.gov.cn/xinwen/2019–03/18/content_5374831.htm.

③ 习近平出席全国教育大会并发表重要讲话 [EB/OL]（2018–09–10）[2018–09–10].中国政府网. http://www.gov.cn/xinwen/ 2018–09/10/content_5320835.htm.

2016 年 12 月 7 日，习近平总书记在全国高校思想政治工作会议上发表了重要讲话，习近平总书记指出："高校思想政治工作关系高校培养什么样的人、如何培养人以及为谁培养人这个根本问题。要坚持把立德树人作为中心环节，把思想政治工作贯穿教育教学全过程，实现全程育人、全方位育人，努力开创我国高等教育事业发展新局面。"①

习近平总书记高度重视大学生思想引领工作，在多个场合对大学生思想政治教育发表了重要讲话，作了重要论述。这些重要论述蕴含着科学而深厚的理论内涵，深刻揭示了新时代大学生思想引领的重要内容和内在规律，为新形势下高校加强大学生思想引领工作指明了正确方向，提供了基本遵循，同时对大学生思想引领工作也提出了更高的要求。辅导员要坚持用习近平新时代中国特色社会主义思想为指导，引领大学生以中华民族伟大复兴为己任，用青春梦激扬中国梦，激励大学生用梦想、使命和奋斗书写人生华章。

三、"引"在辅导员工作中的意义

思想引领是高校辅导员工作的首要内容，是辅导员面向大学生开展理想信念、社会主义核心价值观、"四史"、公民道德、制度规范等教育的统称。思想引领旨在促进大学生全面发展，以培养出新时代所需的保障中国特色社会主义伟大事业全面推进的高素质人才为目标。伟大斗争、伟大工程、伟大事业、伟大梦想都需要大量高素质人才的支持。德才兼备的大学生是高素质人才的重要组成部分，作为大学生成长成才路上引路人的辅导员在培养人才的过程中担负着重要使命。

《普通高等学校辅导员队伍建设规定》（中华人民共和国教育部令第 43 号，以下简称"教育部令第 43 号"），明确将思想理论教育和思想引领作为辅导员的首要工作职责，并围绕思想引领进行了详细阐释。高校辅导员的思想引领包括：引领学生正确认识世界形势和中国发展趋势；引领学生正确认识肩负的时代重任和历史使命；引领学生深入学习习近平总书记系列重要讲话精神；引领

---

① 全国高校思想政治工作会议 12 月 7 日至 8 日在北京召开 [EB/OL]（2016–12–08）[2016–12–08]. 中国政府网 http://www.gov.cn/xinwen/2016–12/08/content_5145253.htm?from=singlemessage&isappinstalled=0#1.

学生弘扬和践行社会主义核心价值观；引领学生坚定"四个自信"；引领学生牢固树立正确的世界观、人生观、价值观；引领学生积极适应时代发展的需要，树立正确的就业观，培育学生理性平和、乐观向上的健康心态等。

《高等学校辅导员职业能力标准（暂行）》（教思政〔2014〕2号）也将引领学生思想和服务学生成长、以高尚品行和人格魅力教育感染学生作为辅导员职责的重要内容。

根据《关于新时代加强和改进思想政治工作的意见》文件精神，高校辅导员要坚持用习近平新时代中国特色社会主义思想教育引导学生，增进对习近平新时代中国特色社会主义思想的政治认同、思想认同、理论认同、情感认同；以党史、新中国史、改革开放史、社会主义发展史和形势政策为内容，引导大学生树立正确的唯物史观，反对历史虚无主义；引领学生深入学习、领悟习近平法治思想，引导法学专业学生在全社会开展普法宣传；引领学生学习"抗疫精神"，面对困难迎难而上，众志成城。

思想引领工作，其根本上是做人的工作。辅导员只有围绕学生、关心学生、服务学生，成为学生的良师益友，与学生建立起亲密关系，获得学生的认可和信任，才能构建起思想引领工作的基础。在此基础之上，辅导员必须具备良好的思想引领能力，辅导员思想引领能力是依托辅导员自身能力和水平，以思想引领为目标，以思想政治教育学科和学生成长规律为依据，以网络思想引领、线下思想引领、线上线下双向融合引领为路径，在教育引导大学生全面发展的过程中所体现出的综合实力。思想引领是辅导员的首要工作、核心任务。辅导员不仅要在思想上高度重视思想引领工作，而且要在行动上积极提升思想引领能力，以实现立德树人的目的。

第二节　理论阐释

现代高等教育已经走出"象牙塔"，与社会的联系十分紧密。特别是随着网络信息技术的发展，人们的工作、生活和学习产生了前所未有的变化。网络给予了大学生各种各样的便利，但基于网络环境的多元化特征，网络上不仅存在着有益信息，还充斥着不良信息，给辅导员利用互联网这把"双刃剑"来加强大学生的思想引领带来了新的考验和挑战。网络空间中充斥着大量宣扬西方意识形态和不良价值观的内容，处于信息资讯前沿的大学生学习和接受外来事物的能力非常强，但又因其世界观、人生观、价值观尚未完全形成易受外来思潮影响，导致三观容易偏离正确的轨道，出现价值取向和道德认知的紊乱。目前网络文化中充斥着泛娱乐化、低俗化、道德失范等现象，在日常生活中，大学生经常面对网络上汹涌而来的不良信息，由于思想不成熟，缺乏鉴别和自控能力，容易在思想上逐渐偏离正确的方向，容易在道德上出轨，对其思想道德发展产生不良影响。互联网自身信息量大、内容丰富多彩，对大学生们具有较大的吸引力，但对互联网内容的监管有所欠缺，导致一些暴力、色情、低俗等不良内容在网上传播，容易对大学生身心造成严重的"信息污染"和"道德污染"。面对形形色色的挑战，在思想引领工作方面，高校辅导员出现了一些问题，一是辅导员自身存在的问题，由于认识不清和能力恐慌，辅导员思想引领存在无力感、迷茫感和无措感三种状态。二是大学生自身存在的问题，主要是多元化信息带来的思想迷茫和世界观、人生观、价值观的混沌。"引"之有道，即是从阐释"引"的根本内涵、基本特征、主要原则着手，寻求新时代大学生思想引领的实现路径，消除辅导员在思想引领中的无力、迷茫和无措状态，提高辅导员思想引领的积极性、主动性和有效性，提升辅导员思想引领的能力和水平，帮助大学生坚定理想信念、坚定政治立场、培育大学生社会主义核心价值观、提升大学生道德是非辨别能力、增强大学生制度意识，达到思想引领的目的。

一、"引"的根本内涵

高校辅导员的首责主业是对大学生开展思想政治教育，引领他们树立坚定正确的政治方向，坚定理想信念，努力成为中国特色社会主义事业的合格建设者和可靠接班人。因而，辅导员的首要角色，就是当好大学生的思想引领者。辅导员思想引领工作内容丰富，体现在大学生学习和生活的多个领域和方面，包含价值引领、政治引领、道德引领、制度引领、文化引领。

（一）价值引领

社会主义核心价值观是发展中国特色社会主义、实现中华民族伟大复兴和中国梦的价值引领。把社会主义核心价值观融入大学生思想引领全过程，提升大学生思想政治素质、确立大学生正确价值目标和精神坐标，是高校思想政治教育的一项重要战略任务。

价值引领是辅导员思想引领的重要方面。辅导员自身在认识、认同并自觉践行社会主义核心价值观的基础上，积极探索大学生价值引领的有效方法和路径。深入了解当代大学生的所思所想和现实需求，深入研究大学生的世界观、人生观、价值观形成状态及其影响因素。在充分了解当代大学生特点的基础上，通过开展形式多样的教育活动来引领大学生对社会主义核心价值观的理论认知、情感认同和实践自觉；引领大学生树立正确的世界观、人生观、价值观；引领大学生将自我发展与民族振兴、国家繁荣紧密结合。

（二）政治引领

新时代政治引领即是要继续加强理想信念教育，引导大学生坚定理想信念，增强大学生的责任感和使命感，培养高尚情操，矢志艰苦奋斗，勇于创新创造。政治引领是以培养政治素养为导向，政治素养指的是坚定正确的政治方向和信仰。大学生政治素养主要体现为大学生的政治态度和理想，包括大学生对国家政策的认知，政治形势和经济状况的了解、党的路线和政策的理解，历史使命和社会责任的了解。

政治引领是辅导员思想引领工作中的基础。大学生正处于青年政治社会化塑造定型的关键时期，辅导员要旗帜鲜明地开展政治引领，引导大学生坚定理想信念，拥护党的领导。引导大学生积极学习党史，2021年2月20日习近平总书记在党史学习教育动员大会上指出："学习党的历史，是坚持和发展中国特色社会主义、把党和国家各项事业继续推向前进的必修课。"大学生通过党史学习，能够加深对党的认识和理解，坚定"听党话、跟党走"的政治方向。引导大学生学习政治理论，分析政治现象，继而完成大学生政治认知、认同并形成信念以及自觉践行。做好政治引领工作，首先要求辅导员自身政治素质过关。教育部令第43号明确要求："辅导员具有较高的政治素质和坚定的理想信念，坚决贯彻执行党的基本路线和各项方针政策，有较强的政治敏感性和政治辨别力。"其次要求辅导员自觉担负起铸魂育人的重任，引导大学生认真学习习近平新时代中国特色社会主义思想，引导大学生坚定马克思主义信仰、树立共产主义远大理想，立志成为拼搏向上、奋发有为的国家发展、民族振兴的中坚力量。

（三）道德引领

道德是社会意识形态之一，是人们共同生活及其行为的准则和规范。道德通过社会的或一定阶级的舆论对社会生活起约束作用。[①] 不同的时代、不同的阶级有不同的道德观念。道德作为社会意识形态，在维护社会稳定和秩序、巩固基本社会制度等方面发挥着重要的作用。道德还是提高人的精神境界、促进人的自我完善、推动人的全面发展的重要方式和途径。

道德引领是辅导员思想引领的重要内容之一。道德引领主要包括道德认识、道德情感、道德意志和道德行为等的引领。辅导员通过显性的道德教育引领大学生完成道德领域的认知。通过隐性的道德行为，如辅导员自身的言谈举止、道德情感和信念，引领大学生培养道德情感、树立道德意识、践行道德行为。道德引领还需要辅导员将道德引领和价值引领融合开展，实现大学生公民道德教育与社会主义核心价值观教育、爱国主义教育的结合。道德引领的终极目标是道德实践。辅导员要通过开展各种实践活动，引领大学生在实践中实现道德的内化与遵循。如：辅导员引导法学专业学生开展法律援助实践活动，学生以其专业的知识帮助他人解围济困，在助人为乐的道德实践中实现道德引领的目标。

（四）制度引领

制度，是指在特定社会范围内要求其成员共同遵守并按一定程序办事的规则或运作模式和各种具体法规、戒律、规章（包括政府制定的条例）等的总和。制度由社会认可的非正式约束、国家规定的正式约束和实施机制三个部分构成。这些规则蕴含着社会的价值，其运行反映着一个社会的秩序。

制度引领是辅导员通过教育和示范，培养大学生的法治观念、纪律意识和规则意识，帮助大学生养成良好的制度意识和行为习惯。辅导员开展制度引领工作，首先要引领学生学习制度，包含法律法规、校纪校规等，帮助大学生完成对制度的认知。其次，辅导员在开展工作特别是与学生切身利益相关的学生事务工作中要以身作则，如：在各级各类评优评先、推荐入党等工作中坚持以

---

① 中国社会科学院语言研究所词典编辑室．现代汉语词典（第 6 版）[M]．北京：商务印书馆，1996．

制度为依据，公平公开公正，帮助大学生树立制度意识。最后，引领大学生参与制度的制定和贯彻执行，将大学生对制度的认知、意识落实到行为实践当中，实现制度引领的最终目标。

（五）文化引领

习近平总书记高度重视文化自信，曾在不同的场合多次讲到文化自信。党的十九大报告指出："文化自信是一个国家、一个民族发展中更基本、更深沉、更持久的力量。"[①] 文化自信，是道路自信、理论自信、制度自信的坚固底色，大学生则是坚持、传承和弘扬文化自信的中坚力量。辅导员开展文化引领工作，就是要用优质的文化资源涵育大学生文化自信。文化兴国运兴，文化强民族强。辅导员文化引领即是要引导学生了解中华优秀传统文化、革命文化、社会主义先进文化，帮助大学生完成文化认知。通过开展形式多样的实践活动，让大学生完成文化体悟，从而形成稳定的文化认同，在此基础上能动地进行文化传承与创新，要让大学生的文化自信不仅内化于心，还要外化于行，最终坚定文化自信。

二、"引"的基本特征

新时代高校思想政治工作体系中，辅导员思想引领呈现出以下特征。

一是政治性。高校辅导员思想引领的政治性体现在要始终把自身置于党的领导下，始终与党保持高度一致，积极承担引领广大学生听党话、跟党走的政治任务，把大学生最广泛最紧密地团结在党的周围。政治性的基本导向，要求辅导员思想引领应坚持以马克思列宁主义、毛泽东思想、邓小平理论、"三个代表"重要思想、科学发展观、习近平新时代中国特色社会主义思想为指导，做到绝对忠诚于党的领导、忠诚于党的教育事业，在政治立场、政治方向、政治原则、政治道路上保持清醒头脑，不断增强"四个意识"；真正从灵魂深处深化对高校思想引领政治性的认识，旗帜鲜明地引领大学生学政治、懂政治、讲政治；帮助大学生学习和理解党的理论、贯彻党的路线方针政策，提升大学

---

① 习近平.决胜全面建成小康社会 夺取新时代中国特色社会主义伟大胜利——在中国共产党第十九次全国代表大会上的报告 [EB/OL].（2017-10-27）[2021-3-11]. 新华网 .http://www.xinhuanet.com/2017-10/27/c_1121867529.htm.

生的政治鉴别力和政治敏锐性，进一步增强他们对新时代中国特色社会主义的理论认同、政治认同、情感认同，坚定他们的道路自信、理论自信、制度自信、文化自信。

二是先进性。新媒体是新时代实现信息传播、开展思想引领工作的重要载体和手段。以微博、微信、短视频等社交 App 为代表的新媒体平台具有快捷方便、信息量大、不受时空限制、大学生喜闻乐见、发展日新月异等特点，要求辅导员在思想引领过程中积极利用新媒体技术。用新媒体丰富辅导员思想引领的手段，是辅导员思想引领工作的必然选择。要顺应新媒体快速发展的大势，以思想引领为先导，以关注关心关爱大学生为要务，创新网络信息化的育人模式，及时、全面地掌握大学生的思想动态，充分发挥新媒体思想引领工作在传播主流价值观、引导网络舆论正确方向等方面的优势和主力军作用。

三是协同性。辅导员不能孤立地开展思想引领工作，而是要与高校"三全育人"的工作视野和"大思政"的工作格局紧密联系，调动积极因素，凝聚积极力量，建立起全员参与、全方位互动、全过程跟进的系统工程。辅导员应当主动融入高校"大思政"工作格局，胸怀辅导员工作全局，通过各项工作举措强化大学生思想引领，落实立德树人的教育准则，为"大思政"格局建设作出应有贡献。

三、"引"的主要原则

所谓原则，是指人们在说话和做事时所依据的准则。一件事情需要怎么做，以及怎么把它做好，其中蕴含着一定的规律。高校辅导员作为开展大学生思想引领的骨干力量，要使思想引领工作富有成效，应当遵循思想政治教育在长期发展过程中所形成的原则。

一要坚持政治性和科学性相统一。思想引领必须要有坚定的政治"阵地意识"，坚持马克思主义意识形态的指导地位，旗帜鲜明地开展对大学生的社会主义核心价值观、理想信念、道德和文化等引领，做到守土有责、守土担责、守土尽责。在思想引领的过程中，辅导员要始终保持坚定的政治立场和高度的政治觉悟，勇于捍卫具有建设性的观点和思潮，勇于批判容易误导大众的错综复杂的错误观点和思潮，树立坚定的正确的权威的立场和原则，面对大是大非问题敢于"亮剑"和"发声"，帮助学生抵制社会上各种错误思潮的影响。所谓科学性，是指人的思想活动有其内在的规律性，从事思想政治教育，就应当自觉遵守人的思想产生、发展和变化的规律。科学性要求辅导员在对学生进行思想政治教育的过程中，一定要遵循学生思想活动的客观规律，不能单凭自己的主观意愿和个人经验行事。

二要坚持理论性和实践性相统一。辅导员在开展思想引领的时候，一定要讲理论、讲道理。思想引领应当以思想政治教育理论为基础，融合理论和道理开展引领工作。辅导员把理论说清楚、道理讲明白，学生领悟了，思想引领就容易收到实效。学生仅仅领悟到了理论并没有完成思想引领的全过程。理论要想入心入脑，还需要辅导员引导学生将他们所学到的理论知识运用到实践当中，学以致用、知行合一，组织学生开展社会实践是理论与实践相结合的重要途径。如：成立大学生党史宣讲团，通过讲党史、颂党恩，展现新时代大学生青春向党的精神风貌，在宣讲的实践中加深对党史的理解和领悟。

三要坚持统一性和多样性相统一。当前，辅导员思想引领面临的问题就是引领方式方法单一、内容不丰富，导致对学生的吸引力不足。辅导员要在落实好统一的思想引领工作要求外，再针对不同学生的情况做到因生制宜、因需施教。如：针对大学生群体中的汉服爱好者，通过组建"汉服社"开展活动，在活动中弘扬中华传统文化。

四要坚持主导性和主体性相统一。思想引领离不开辅导员的主导作用，但仅仅有辅导员的主导是不够的，还要充分激发和运用学生的主体性。辅导员要加强对学生学习规律的研究、个体接受特点的研究，尽可能让二者的功能和效用发挥出来，形成良好的互动和循环。

五要渗透性与创新性相结合。随着互联网时代的到来，思想引领更具网络的交互性、平等性、开放性和实时性，这些新趋势新变化使得传统简单划一的"填鸭式"思想引领模式已不符合时代需要。所谓渗透性即是要求辅导员在思想引领工作中，在方式方法上讲求技巧性与创造力，以大学生为本位，关注大学生需求，增强思想引领的叙事能力，用"小故事"讲"大道理"。在内容供给上，要立足时代特点和时政动向，坚守弘扬主旋律、传播正能量的政治使命，围绕大学生的思想问题和现实需求，强化"内容为王"的工作思路，狠抓思想引领的内容建设，根据大学生学习、生活的时间节点和规律，针对不同对象，结合日常管理、党团建设、心理健康、就业指导、重大校园活动等契机，打造具有创新性、受欢迎、影响大的思想引领品牌活动。

所谓创新性即是积极适应大学生新特点，创新工作理念，改变因循守旧的思维定势，改进工作方法，把创新理念和创新方法运用到辅导员思想引领的具体实践中并不断修正完善，通过实践把思想引领的创新性真正转化为大学生的成长成才的新阶段，让辅导员思想引领永葆生机活力。

四、"引"的实现路径

新形势下，加强思想引领是辅导员工作的必然要求，具体来说可以通过以下三种主要路径实现：一是网络思想引领；二是线下思想引领；三是双向融合引领。

（一）网络思想引领

互联网技术尤其是微信、微博、短视频 App 等新媒体技术的发展已然深刻改变了人们的学习、生活和思维方式，尤其是信息获取、交流互动、自我表达的方式，成为人们日常生活的不可或缺，网络思想引领以其极强的时空延展性、高效性和便捷性成为辅导员开展思想引领工作的必然选择。同时，以互联网技术为基础，以智能手机、平板电脑等移动终端设备为媒介，以微博、微信、短视频 App 等应用软件为基本载体，大学生实时可获得海量且多样的信息。网络的高速发展也带来了自由泛滥的网络信息、多种多样的网络思潮、多元化的价值观、日益增多的网络暴力等，辅导员网络思想引领工作面临着新问题和新挑战。在此背景下，辅导员应当积极响应习近平总书记在全国高校思想政治工作会议的号召，充分运用新媒体技术使思想引领工作活起来，推动思想引领工作传统优势同信息技术高度融合，因事而化、因时而进、因势而新，做好网络思想引领工作。在网络时代，面对信息呈现载体、表达方式、传播路径和大学生接受习惯的巨大变化，辅导员必须要主动加快网络转型，以互联网思维为重要指引是提升引领力的关键。

一是要树立"用户至上"思维。大学生既是辅导员思想引领的工作对象，也是网络文化产品的体验用户。辅导员开展网络思想引领首先要转变身份、转换角度，时刻处处与大学生的特点相匹配，从大学生的日常生活出发，以满足学生需求为导向，丰富创新产品设计，贴近和融入学生生活，提升和优化用户体验,将思想引领融入具体事务、融入生活日常。其次要构建网络时代话语体系,"换语态"成为关键任务。在这里,"语态"不仅指话语体系、语言风格还包括媒体资源的新形态。辅导员要充分运用各类新型网络媒体资源,实现内容、技术、平台的交融互通,用大学生语言、大学生语气、大学生方式讲好新时代新语境下的大学生故事,持续深化话语体系的感染力和影响力。

二是要树立"内容为王"思维。在网络新媒体时代,内容供给侧改革不断深入,内容供应正在向产品供应升级转化。第一,"做产品"是战略目标。创意文化产品是传递内容信息、塑造组织形象、增强引领效果的重要载体,要深化产品化工作机制,善于依托新媒体技术和平台,设计开发短视频、动漫、VR、H5、沙画等优质产品,以学生喜闻乐见的形式提升表达形象,丰富产品的文化内涵,增强产品的"隐喻"效果。第二,"可视化"是大势所趋。结合当前大学生阅读呈现"碎片化"的特点,要善于运用图像的力量来强化内容表达,以可看、可听、可感的方式实现"立体化"的表达和引导,更好地匹配大学生的思维习惯和成长需求。第三,"讲故事"是关键利器。网络平台的内容发布要善于"造境",即营造画面感,实现"硬"内容的"软"表达。要学会以故事吸引人,深入浅出、生动形象地用小故事讲大道理,讲好中国故事、学校故事,讲好大学生拼搏奋斗的青春故事。第四,"建队伍"是必由之路。要通过加强专业培训、技能训练、过程考核、日常管理等方式,努力打造一支知大学生、爱大学生、懂大学生的网络思想引领工作"专业之师",聚焦校园视角,围绕大学生话题,书写赤子情怀。结合重要时间节点和热点事件制作传播大学生喜闻乐见的优秀内容产品。

三是树立"平台联动"思维。辅导员要与大学生朋友们共建共享适应新时代需要的传播平台,发挥资源整合的协同优势。适时进驻 B 站、网易云、抖音、快手等大学生聚集的各类网络空间,以大学生喜闻乐见的可看可听可感可参与的方式提升传播效果,形成覆盖面广、影响力强的新媒体矩阵。

(二)线下思想引领

大学生思想政治素质如何,将直接关系到国家与民族的发展,关系到国家的前途和命运。加强大学生思想引领是辅导员工作的重中之重。做好大学生的思想引领工作,是辅导员服务学生、保障学生健康成长的重要体现。新形势下,大学生线下思想引领方法可以分为显性引领法和隐性引领法两大方法。

1. 显性引领法

显性引领法包括第一课堂、第二课堂、工作坊、主题教育活动、榜样示范和青年马克思主义者培养工程等工作方法，其特点是将思想引领内容直接传播给青年学生，不需要较多的转化环节，工作效果显现较快。

（1）第一课堂引领

加强大学生思想政治教育，是习近平总书记非常关心的一件事。党的十八大以来，党中央先后召开了全国高校思想政治工作会议、全国教育大会，习近平总书记就思政课建设多次发表重要意见。

2016年12月7日，习总书记在全国高校思想政治工作会议上发表重要讲话，指出："要用好课堂教学这个主渠道，思想政治理论课要坚持在改进中加强，提升思想政治教育亲和力和针对性，满足学生成长发展需求和期待，其他各门课都要守好一段渠、种好责任田，使各类课程与思想政治理论课同向同行，形成协同效应。"①

高校思想政治理论课是思想引领的主渠道和主阵地。辅导员一方面可担任思政课教师，在课堂上旗帜鲜明地开展思想引领，详细讲解习近平新时代中国特色社会主义思想的深刻内涵；辅导员还可以担任《形势与政策》课程教师，在课堂上向学生讲授国家大政方针政策，讲授时事热点、民情社情，引导大学生坚定理想信念、树立远大理想，将个人发展和国家前途命运结合起来，成为中国梦的缔造者。另一方面，依托辅导员QQ空间和微博、微信、辅导员微课堂等平台，发掘其与大学生个体情感契合的点，运用学生熟悉的"接地气"的形式与风格讲述看起来抽象的理论，传递正确的思想。

（2）第二课堂引领

①主题教育活动引领

当前辅导员开展主题教育活动，最重要的任务就是深入学习习近平新时代中国特色社会主义思想，使习近平新时代中国特色社会主义思想入脑入心，并

---

① 全国高校思想政治工作会议12月7日至8日在北京召开（2016-12-08）[2016-12-08]. 中国政府网 http://www.gov.cn/xinwen/2016-12/08/content_5145253.htm?from=singlemessage&isappinstalled=0#1.

转化为大学生的自觉践行。真学真懂是真信真用的前提，辅导员要引导大学生通过读经典、读原著、学原文、悟原理，深刻认识这一思想体系在理论上的突破创新和在实践上的科学指导作用，自觉用马克思主义中国化最新成果武装头脑、指导实践。

理想信念教育。"理想因其远大而为理想，信念因其执着而为信念。"辅导员要引领大学生坚定马克思主义科学信仰。马克思主义是关于自然、社会和思维发展的普遍规律的科学，其最崇高的社会理想，是实现每个人自由而全面发展的共产主义社会。实践表明，只有始终坚持以马克思主义为指导，才能保证我们的事业不断从胜利走向胜利。因此，我们必须始终坚持马克思主义指导思想，必须大力引导大学生自觉坚持马克思主义科学信仰。辅导员要引领大学生坚定社会主义和共产主义信念。社会主义和共产主义的理想信念，是建立在马克思主义揭示的人类社会发展客观规律基础之上的，当代中国人的理想信念，就是建设有中国特色的社会主义，为最终实现共产主义而奋斗，这也是当代大学生的奋斗方向。辅导员必须坚定不移地引领大学生坚定社会主义和共产主义信念。

爱国主义教育。爱国主义是人们对自己祖国的深厚感情和为祖国奉献精神的统一。辅导员要教育引导学生把祖国时刻放在心上。大学生要自觉地把个人的前途命运与祖国的前途命运紧密地联系在一起，要为祖国的繁荣富强、人民的美好生活而砥砺奋斗。深入学习贯彻习近平总书记重要讲话精神，加强爱国主义教育，是当前辅导员增强思想引领的有力抓手。

"四史"教育。新时代学习"四史"教育成为辅导员思想引领的重要任务。作为新时代的青年一代，大学生需要对祖国的历史有深刻的了解，在领悟祖国地域宽广、物产丰富、文化多样的基础上，感受新中国的来之不易，吸取中国曾经遭受无数伤害的教训，避免重蹈覆辙。党史教育主要通过介绍中国共产党的发展历程，让新时代的大学生正确认识革命先辈的优良传统，深刻学习和传扬伟大的中华民族精神。新中国史教育通过介绍新中国成立初期的历史，让新时代的大学生形成对祖国的热爱，珍惜当下来之不易的新生活。改革开放史教育通过介绍新时代社会主义的改革发展，让大学生在磨炼自身意志的同时，树立远大的理想与目标，认识到只有创新才能有发展。社会主义发展史教育通过介绍当前我国取得的历史性成就和国际趋势，引导大学生积极参与社会主义现代化建设，用行动为社会主义现代化建设添砖加瓦。

公民道德教育。大学生作为公民主体，遵守公民道德是对公民这一社会主体身份的道德要求。辅导员通过开展公民道德教育主题活动，让大学生坚守信仰、传承民族品格，不断提高自身道德素质，不仅要做优秀的中国公民，更要发挥先锋带头作用，在实现民族复兴和社会主义事业建设中建功立业，实现人生价值。同时，积极培养大学生道德自律。辅导员要引导大学生以严肃认真的态度，从我做起，积极通过道德实践培养高尚道德人格，培养独立的、自觉的道德判断选择能力，在道德实践的过程中自我约束、自我提升，自觉遵守、维护社会的伦理规范。只有道德素质和文化素质同步提高才能成为国家的栋梁之材，才能成为中国特色社会主义伟大事业的建设者和接班人。

素质教育。素质教育就是运用文化手段促进人的自然素质的社会化，使人的自然素质得到改造，融进社会的素质。辅导员要以德智体美劳"五育并举"为手段，开展大学生素质教育，以达到提升大学生身心素质、实现大学生个性发展的目标。

中华优秀传统文化教育。中华优秀传统文化是中华民族在长期的历史发展过程中形成的反映中华民族优秀民族特质和民族精神风貌的民族文化，是中华民族最宝贵的精神财富，拥有强大的育人功能。而这种功能的最终落实必须依托中国传统文化与思想政治教育的有机联结。习近平总书记多次强调重视中国优秀传统文化，并将其融入高校思想政治教育中。辅导员通过形式多样的载体，弘扬和传承中华优秀传统文化，帮助大学生了解中华优秀传统文化，汲取优秀传统文化中的养分，做优秀传统文化的继承者和发扬者，激发起大学生践行优秀传统文化的自觉。

②榜样示范引领

榜样示范引领即是充分发挥先进人物及其事迹对大学生的引领示范作用，用先进人物的优秀品质、模范行为和突出事迹来影响大学生的认知和行为。本质上是用人格的力量引导人，用良好的形象影响人。辅导员恰当运用先进人物如"最美大学生""感动校园人物"的榜样示范引领作用，能够使大学生思想引领更具说服力、导向性和有效性，因此，榜样示范引领是一种非常有效的思想引领方式。

③青马工程引领

在众多第二课堂思想引领具体模式中，青马工程以其代表性、广泛性而备受关注。"青马工程"即坚定不移地用马克思主义理论指导青年学生，通过教育、培训、实践等有效途径，使青年学生进一步坚定走中国特色社会主义道路的理想信念，成长为中国特色社会主义事业的合格建设者和可靠接班人。辅导员要充分发挥"青马工程"在思想引领中的优势，不断提高大学生的思想政治素质、锤炼大学生实践品格、坚定大学生理想信念。

2. 隐性引领法

隐性引领法包括社会实践、志愿服务和助力学生成长成才的其他方法。其特点是通过工作的开展不能直接、必然地达到思想引领的效果，而是需要与直接方法相配合，或者需要一个转化、点悟的过程。

①社会实践引领

社会实践是落实高校立德树人根本任务的重要载体，实践育人已经成为高校人才培养体系的重要组成部分。因此要广泛开展各类社会实践，让社会实践成为大学生思想引领的重要手段。大学生社会实践，包含理论宣讲、社会调查、学习参观、社会服务、勤工俭学、就业创业、科技文化卫生"三下乡"、科技文体法律卫生"四进社区"等活动。大学生社会实践活动，是帮助大学生了解国情社情、学以致用、贡献社会、提升能力、锤炼品格的重要途径。

以社会调查为例。社会调查报告是大学生针对社会发展、经济发展过程中的重要问题进行社会观察，开展调查研究，分析研判，最终提出解决问题的对策。撰写社会调查报告是引导大学生关注社会现象，启发自身思考、利用科学研究方法深入分析问题和解决问题、帮助大学生把握事物的本质和规律的有效方法。辅导员要积极指导大学生社会调查报告的撰写，从选题、调研、成文的各个阶段予以充分指导，引领大学生正确认识社会现象和社会基本矛盾，了解剖析新时代经济社会发展状况，启发大学生深入思考，提升大学生思考问题、解决问题的能力，提升大学生科学研究水平。

就业创业也是大学生社会实践的重要方式。辅导员应积极开展就业指导工作，组织大学生参与各种形式的创业就业活动或比赛，帮助有创业意向的学生实现创业梦想。辅导员在服务大学生就业创业的过程中可以引导大学生树立正确的就业观念，树立为中国特色社会主义事业奋斗的理想，鼓励大学生服务基层，在服务中达到思想引领的目的。

大学生暑期三下乡活动也是大学生社会实践的重要载体。大学生"三下乡"

使大学生能够将自己在校所学的先进科学文化知识在广大农村传播，为大学生了解中国国情开启了一扇窗口，增强了大学生的社会责任感和历史使命感。

②志愿服务引领

党中央对志愿服务高度重视，党的十九大报告提出要强化社会责任意识和奉献意识，习近平总书记在给"本禹志愿服务队"的回信中提出：希望大学生们弘扬奉献、友爱、互助、进步的志愿精神，用实际行动为实现社会发展和民族振兴作出更大贡献。辅导员通过开展具体实在的志愿服务活动，引导学生在服务社会、服务他人的过程中，涵育奉献精神、培养公益意识；引导学生在具体实践中追求远大理想。志愿服务引领成为辅导员开展思想引领的重要载体。

志愿服务是大学生进行道德实践的重要形式，在促使大学生奉献社会、服务他人的同时，能够提升大学生的奉献精神、社会责任感和公民意识。辅导员要面向校内外，广泛挖掘志愿服务项目。面向校园，可以围绕校园文明建设、重大活动服务等主题。面向社会，可以围绕帮孤助残、关爱空巢老人、社区服务、社会治理、环境保护等主题，确立形式多样的志愿服务项目，为大学生提供广阔选择空间。2020年新冠疫情暴发之时，共青团中央向全团发出立即投身疫情防控行动的动员令，动员广大青年响应号召、立即行动起来，在当地党委政府领导下，科学有序参与疫情防控工作。共青团中央发布《关于青年志愿者组织和志愿者开展疫情防控应急志愿服务的工作指引》文件，指导疫情防控志愿服务的整体工作。百万青年志愿者闻令而动，积极投身抗疫战斗，用实际行动践行志愿精神，在抗疫斗争中展现出新时代青年大学生迎难而上、服务他人、奉献社会的优秀品质。

做好大学生的志愿服务引领工作，一是要加大对志愿者的招募、培训和管理力度，广泛吸引大学生注册成为志愿者，加大培训，使大学生志愿者掌握基本志愿服务技能，探索志愿服务档案管理模式，形成常态化服务机制。二是要树立志愿服务品牌，在广泛组织发动志愿服务的基础上，凝练志愿服务品牌，发挥品牌的宣传效用、聚集效用和带动效用。三是要传播志愿服务精神，大力弘扬"奉献、友爱、互助、进步"的志愿服务精神。

③服务学生引领

辅导员针对大学生在学习、生活中遇到的实际困难，在成长、成才方面的现实需求，实实在在做好服务，帮助他们排忧解难，实现最迫切、最直接、最现实的愿望，能够赢得大学生的信任，更好地将思想引领内容渗透到服务工作之中。服务大学生成长，首先要树立"以生为本"的思想，将大学生作为辅导员各项工作的核心，一切为了学生，为了学生的一切。关注他们在成长过程中的内在需求，关注他们在生活中的点滴需求，关心他们在学习过程中的切身感受，时刻为他们的成长进步着想，将工作的出发点和落脚点都放在大学生身上，从而更加自觉地开展服务工作。其次，要本着"不怕做小事，关键做实事"的原则，积极为大学生创造良好的生活和学习条件，努力解决他们在学习上、生活上、情感上、人际关系上、未来发展上遇到的各种实际问题，务求实效，提供切实符合大学生需求的各种服务、咨询和帮助，把服务工作做到他们心坎里，增进他们对辅导员的感情，从而自觉跟着辅导员引领的方向走。

（三）线上线下"双线"融合引领

线上和线下思想引领以其各自的优势发挥着大学生思想引领作用。但在实践过程中，它们又存在着一定的局限性，无法彻底发挥全方位育人的功能。只有将二者有机融合，相互补充，才能实现良好育人效果。

1.线上理论渗透，构筑坚实理论基础

充分发挥"互联网＋教育"的作用，利用微信、微博、微信公众号、短视频等新媒体载体，将大学生思想引领的内容凝结成短小精悍、信息量饱满的内容，即时推送给大学生，达到思想引领教育的目的。新媒体的蓬勃发展，其短而快的特征使得大学生可以利用的碎片化时间相对增多。线上思想引领，可以充分利用大学生碎片化时间，尊重大学生个性与自我意识，给予大学生更为丰富的选择空间，可选择自身便于接受的学习方式、感兴趣的教育内容。[1]同时，线上思想引领交互更灵活便捷，给予师生、生生之间更丰富的交流空间，可根据思想引领内容与主题直接在微信公众号、微博等平台的留言板上发表自我意见。通过交流、讨论逐步加深自身对思想引领内容的认知，纠正错误思想。[2]辅导员要充分利用线上资源，结合时代发展引领大学生思想。便捷、丰富的线

---

[1] 续蔚一.线上线下互动型大学生思想政治教育育人模式的实践研究[J].新闻研究导刊，2019（10）.

[2] 叶进，董育余.新时代大学生网络思想政治教育的现势及对策[J].云南农业大学学报（社会科学版），2020（14）.

上教育资源对于优化大学生思想引领工作有着重要的价值，但不可忽视的是网络环境的开放性，以及许多真伪难辨的信息对大学生思想引领工作带来的挑战。因此，辅导员要掌握线上思想引领的方法和技巧，对大学生进行深度教育引导，使大学生端正世界观、人生观和价值观，并教会大学生甄别不良诱惑和信息的方法。如：所谓"网红"在网络平台上展示他们奢侈的日常生活，高消费和大量奢侈品展示易使部分热衷物质享受的大学生羡慕。若大学生长期在网络上关注这部分人群，其价值观有逐渐被物质欲望侵蚀的风险。另外，互联网时代的饭圈文化畸形发展，让部分大学生的精神世界愈发逼仄、狭隘、戾气丛生。辅导员应当利用线上平台，深入引导学生树立正确的金钱观、引导学生保持清醒的头脑和正确的认知，帮助学生及时摆脱错误观念的干扰，使学生免受到于不良思想的影响，帮助学生正确认识理性消费和合理定义幸福生活，引导学生积极向上，脚踏实地地生活和学习，为实现梦想而奋斗。

2. 线下实践行动，逐步提升能力水平

线上坚持开展理论渗透，能够促使大学生理论水平不断提高。但理论要与实践相结合才能得到真正的内化。辅导员要线上线下联合发力，不断创新大学生思想引领模式。具体可以从丰富大学生社会实践活动入手，以促进大学生全面发展为目标，开展各类社会实践活动，如：积极开展劳动教育，在"五一"劳动节，为弘扬我国艰苦奋斗的传统美德，渗透幸福是奋斗而来的思想，组织全校学生参与"劳动最光荣"活动，通过清洁校园、兼职等实践行动享受自我劳动成果，让很多大学生认识到劳动与创造的重要性，不劳而获在任何时候都是不耻与不可取行为。①

充分发挥线下思想政治教育优势，与线上理论教育分工明确，形成新教育模式，满足各类大学生思想发展与成长需要，使思想引领工作顺应时代，充分发挥作用与价值。

①仪式教育引领

习近平总书记在中共中央政治局就培育和弘扬社会主义核心价值观、弘扬中华传统美德进行第十三次集体学习中指出："要建立和规范一些礼仪制度，

---

① 兰明尚，郭丛斌.网络时代大学生思想政治教育的挑战与对策[J].中国高等教育，2019（23）.

组织开展形式多样的纪念庆典活动，传播主流价值，增强人们的认同感和归属感"。这为仪式教育运用于大学生思想引领指明了方向。典礼仪式作为思想引领的重要载体，对大学生理想信念、社会主义核心价值观、爱国主义和集体主义教育以及自身健康人格的塑造具有重要作用。

辅导员开展仪式教育，是指通过开展典礼仪式营造一种文化和精神氛围，通过或庄严或热情的氛围感染大学生情绪，引发大学生思考，进而引领大学生将先进的思想内化为自身认同并自觉践行的行为准则，其本质是文化活动与思想政治教育的统一。仪式教育通过对大学生进行仪式熏陶和感染，达到思想引领的目的。辅导员开展仪式教育，不能把仪式教育简单理解为"搞活动"，必须避免形式大于内容。典礼仪式的举行要结合当代大学生思想和行为特点，贴合大学生学习和生活所需，但形式和内容不能一味迎合大学生"求新求异"的特点而泛娱乐化。因此，在仪式形式和内容的设计上，辅导员应秉承仪式教育的初衷，深入挖掘中华优秀传统文化、革命文化和社会主义先进文化的内涵，把社会主义核心价值观融入其中，滋养学生心灵，提升学生觉悟，引领社会风尚。

开展仪式教育，辅导员应根据当代大学生思想、道德、心理、行为的发展阶段和特点，充分了解社会潮流以及大学生在学习和生活中的实际需求，选择符合时代特色并适合大学生接受特点和接受能力的活动形式和内容，以提高大学生参与仪式教育的积极性，提升大学生将仪式教育的主题思想理论内化的主动性。辅导员在开展仪式教育活动过程中，要充分发挥大学生的主观能动性，让学生成为仪式教育的组织者、策划者、实施者和参与者，形成学生"自我教育、自我管理、自我服务"的良性循环。学生由单纯的"受教育者"转变为"教育参与者"，加深大学生对仪式教育背后所蕴含的思想和价值的情感体验。辅导员应有效利用网络资源，将"线上"与"线下"相结合。在探索传统仪式教育形式的同时，要充分结合当代大学生的特点，运用"互联网思维"，实现"线上"与"线下"仪式教育的良性互动。

②赛事活动引领

赛事活动引领是指比赛的组织者结合线上线下渠道通过举办各类比赛的方式，借助参赛目标、参赛规则诱发参赛者的积极性，促使他们自主学习思想政治知识。

以赛事活动为载体的思想引领，就是引导大学生在竞争过程中提高思想政治素质，提升心理素质，提高解决问题的能力，把解决实际问题与解决思想问题相结合。大学生在赛事活动中不仅能充分体验竞争、感悟成功、体味失败，还能强烈感受到国家荣誉、集体荣誉和历史使命，真正接受思想教育，内化于心，外化于行。

赛事活动有助于学生树立正确的世界观、人生观、价值观，有助于培养大学生的历史使命感和社会责任感。辅导员在开展大学生赛事活动的过程中，要引导学生将个人的前途与祖国的未来联系起来，把祖国的命运和个人前途联系起来，把个性的发展与社会要求联系起来，把职业的选择与祖国需要结合起来，使自己的成才目标符合社会发展和人民的根本利益，把振兴祖国、强国富民作为自己的奋斗目标，在利国利民的前提下，实现个人价值最大化，把实现中华民族的伟大复兴的中国梦作为自己的使命，珍惜学习机会，巩固专业知识，提高责任意识。

第三节　案例分析

案例一：网络思想引领微信公众号：民商法学院微信公众号"民商荟"[①]

（一）案例背景

为了贯彻落实全国高校思想政治工作会议精神，创新网络思想引领形式，促进新媒体新技术在思想政治工作中的深度应用，西南政法大学民商法学院2016年9月开始创办微信公众号"民商荟"，成为开展网络思想政治引领的典型案例，获得广泛肯定与认可。其高质量原创推送诸如《重磅丨民商2018贺岁大片上演》《怎样做一个合格的法律人》好评广泛，《最新打榜神曲闪现西政北苑网红食堂》一经发布就获得了4800多点击量，更是被重庆"华龙网"全文转载，让思想引领适度不失度，充分发挥了网络思想引领的正面引导功能。

---

① "民商荟"为西南政法大学民商法学院2016年9月创办的官方微信公众号。

（二）实施路径

新媒体资源丰富，获取信息渠道发达，信息传播能兼具文字、声音、图像以及其他更丰富的表现形式，受众可以直观、详细地了解信息全部；信息传播速度快，不受时间地域限制，具有极强的时效性；新媒体能让用户具有高度的参与感，有很强的互动性，能及时反馈和获取真实信息；新媒体可以实现对使用者全方位的服务，更具有吸引力。新媒体信息传播形式丰富、流动性强。如：一段视频可以放在微信、知乎、微博、各大视频网站、抖音之类的短视频网站，一段文字亦可以在微信、微博、知乎等文字平台投放，给内容提供了更多形式的空间。新媒体互动性强，内容可以为读者所驱动。新媒体兼具个性化、符合新生力量的信息接收方式。新媒体可以主动寻找读者，为读者推送读者想看的内容，去掉读者不想看的（信息流），拉近了与读者之间的距离。尤其是在移动端兴起后，有什么消息可以立刻送达到读者，读者也会拿出更多的碎片时间用于阅读。对于当代大学生而言，新媒体是他们的主要信息获取和传播的渠道，尤其将微信作为他们展示生活、表达心情和表示关注的重要方式。但新媒体信息发布的时间迅速、高度自由、信息多元，人人皆可发声、人人都在传播的特质无时无刻不在冲击和影响着大学生的思想观念，信息的泛滥和真假难辨容易让大学生陷入迷茫，网络上"一边倒"的舆论容易让大学生基于从众心理而失去个人判断，这给辅导员思想引领工作带来前所未有的挑战。因此，辅导员要深入分析新媒体对大学生思想引领的影响，积极探寻网络思想引领的有效路径，因势利导开展网络思想引领是当下高校辅导员工作的重要课题。

建设官方微信公众号，成了辅导员广泛开展思想引领的重要工具。西南政法大学民商法学院微信公众号平台"民商荟"着力打造特色突出、内容丰富的网络成长空间。通过微信公众号的建设和运营，在精心选题的前提下，用大学生喜好的方式和语言，用他们喜欢的方式进行传播和引领，并进行有效互动，将立德树人的核心任务和社会主义核心价值观的弘扬传播等思想引领工作融入网络思想引领的内容当中。"民商荟"始终立足产品导向，确定了工作学习的实用功能性、讯息的深度权威性两大建设定位，致力于打造高质量的网络文化作品，将深层次、有内涵的东西做短、做精、做实，或以喜闻乐见的形式呈现，或以不同以往的角度报道，积极开展网络思想引领。

1. 构建分层分类一体化工作体系，切实增强新媒体思想引领的针对性和实效性

网络思想引领要将习近平新时代中国特色社会主义思想与社会主义核心价值观贯穿始终，围绕立德树人这一根本任务，遵循大学生成长和思想教育的客观规律，把握大学生思想行为特点和发展需求，针对不同类别、不同阶段学生的不同问题与不同精神需求，构建分层分类一体化工作体系，坚持不懈地开展思想引领和价值引领。如在本科生、硕（博）士生、入学新生与毕业生的思想引领工作中，做到思想引导的目标、内容重点有所区分，并将不同的教育内容产品投放、覆盖不同的对象，提高思想引领的针对性和实效性。如："民商荟"利用每年新生入学的契机，推送"初见民商"内容，对学院新生进行院情院史的教育。同时，根据不同的类别群体，利用重大节日、纪念日等时间节点分层次分内容开展大学生爱国主义、理想信念和人生观价值观等教育。在抗击新冠肺炎疫情战斗中，"民商荟"主动用好战"疫"这本生动教材，举办"讲好这一课"主题活动，200 多名师生参与，相继推出《民商版开学第一课》《2020年的民法第一课》等形式多样的精彩微课，点击量超过 1 万次。主动弘扬战"疫"正能量，推出《民商学子的志愿情怀》等推文，组织 150 余名师生与抗疫第一线的学生家长共同录制 12 个视频讲述平凡人的战"疫"故事。

2. 实施新媒体战略，形成新媒体矩阵，积极发挥网络思想政治引领作用

注重新媒体技术的运用，主动嵌入不同的新媒体平台和社群，结合大学生的身心发展特点提供精准的服务，制定个性化的大学生思想引领工作方案。通过网络思想引领，形成有的放矢的新媒体矩阵。西南政法大学民商法学院形成了以"民商荟"为主阵地，以各级学生组织、学术团体所开设的微博、微信公众号、QQ 群及微信群为辅阵地的全方位的网络思政引领新媒体矩阵。截止到2021 年 8 月 31 日，民商法学院共建有包括"民商荟"在内的各类新媒体平台90 个，其中包括微信公众号 25 个，微博 4 个，QQ 群 17 个，官方 QQ 账号 26 个，微信群 18 个。

3. 建设特色文化，营造向上向善的文化氛围，充分发挥文化的思想引领作用

"民商荟"着力校园文化载体与平台建设，结合时代特点、时事热点开展主题党团日活动，利用传统节庆、重大历史事件、校庆等重要节点设计主题教育实践活动。曾经推出的《重磅｜民商 2018 贺岁大片上演》《怎样做一个合格的法律人》等高质量的原创作品，阅读和转发量均高达上万，好评广泛；原创卡通独角兽形象推出安全教育微课堂，《我有几种套路不知当讲不当讲》防诈骗教育视频在平台建设之初粉丝仅几十人的情况下，推出不到一天阅读量达 3000 多人次，让枯燥的安全教育从被动灌输华丽转身为主动悦纳。2020 年，"民商荟"举办了线上读书班，开展"熟读经典、阐释经典"和"战疫有法"征文活动，引导学生进行系统科研训练，同时通过学术活动的引导，将"价值引领、知识探究、能力建设、人格养成"的育人理念落到了实处。通过"民商荟"的建设，让网络思想引领适度不失度，成为充分发挥网络思想引领的典型案例。

（三）经验启示

1. 切好时代脉搏——提升网络思想引领实效的前提

切好时代脉搏，因势利导，运用当下最新的互联网媒介和工具，主动占领网络思想引领的前沿阵地，是做好网络思想引领工作的前提。当下，高校网络思想引领正面临微时代和大数据时代的变革，微博、微信公众平台、短视频继贴吧、BBS、人人网、博客之后，成为学生最为热衷的发声、社交工具。在此背景下，民商法学院紧跟时代脉搏，顺应社会发展潮流，丰富创新工作形式和载体，创建"民商荟"微平台，并将之打造为网络思想引领的主阵地，同时辅之于各级学生组织、学术团体所开设的微博、微信公众号、QQ 群及微信群，而非主打微博、博客，这是其网络思想引领育人作用成效显著的前提。与此同时，鉴于网络思想引领工作可能面临的未来转向，"民商荟"微平台始终立足产品导向，确定了工作学习的实用功能性、讯息的深度权威性两大建设定位，致力于打造高质量的网络文化作品，将深层次、有内涵的东西做短、做精、做实，或以喜闻乐见的形式呈现，或从不同以往的角度发掘。

2. 抓好四个维度——提升网络思想引领实效的路径

吸引是网络思想政治教育产生、存在、发展的根本前提，可以说，没有吸引，就没有网络思想政治教育，增强网络思想政治教育平台的吸引力，才能凸显网络思想引领的实效。以"民商荟"平台建设实践为例，抓好以下四个维度，利用好"精准""实用""原创""时机""专业""思想""科学""长效"八个关键词。

（1）用户维度——网络思想引领出发点

高校思想政治教育微平台线上阵地建设要想发挥思想引领、文化育人实效，首先要解决的是如何得到教育对象的有效持续关注的问题，正似商业平台的"吸粉"，这是网络思想政治教育的基础。而树立用户思维，坚持需求导向，依托各种新媒体媒介或平台，引领大学生形成正确的人生观、价值观、世界观，引导其成长成才，传播社会主义核心价值观则是网络思想政治教育的出发点及目的所在。

首先，"精准"定位。每一个高校微平台，都应有其特有的用户群体，承载着特有的思想引领的使命和功能。以"民商荟"为例，作为学院党建与思想政治教育工作重要抓手的微平台，建设之初，便不断精准自身定位，确立了工作学习的实用功能性和讯息的深度权威性两大建设定位，紧扣"民商人"这一对象特质，树立用户思维，以用户需求为导向，充分注重内容上与学院发展、学院动态、学院荣誉的高度相关性，充分发挥网络传播的滚雪球效应。

其次，强化"实用"。针对教育对象精准嵌入学习生活必需之实用功能，可以在便捷工作服务需要的基础上提升微平台的对象黏性，使其能持续发挥网络思想引领的作用。以"民商荟"为例，除基本的信息推送外，还着眼于师生所需开发多种实用微功能，如开发了微信线上请销假功能，且作为请销假的唯一渠道，使之成为师生日常必须，实现师生管理便捷化、信息化、无纸化；针对学生所提出的"签字盖章跑路麻烦"的问题开发了"老师在哪儿"小功能，让师生可随时通过平台查看签章办公室的服务状态，深受师生欢迎；开发了活动在线报名和线上图书馆功能，实现学生活动、学习资源有效配置；开发问卷调查功能，实现了工作有的放矢；开发十九大线上答题系统，使十九大知识学习变得趣味而生动，进一步增强了该平台的粉丝黏性和价值引领功能。

（2）产品维度——网络思想引领的重点

吸引学生、凝聚学生、引导学生，是微平台发挥网络思想引领作用的基本过程，而能否切中学生的"思想霾"做文章，抓住学生的"兴奋点"发新知，真正发挥微平台网络思想引领、文化育人功能，树立产品思维，致力于打造具有思想深度，同时兼具新颖性和趣味性的大学生喜闻乐见的高质量的网络文化作品则成为提升网络思想引领实效的重中之重。

首先，"原创"制胜。"互联网+"时代，各类新媒体平台可谓五花八门，琳琅满目，其以极低的门槛、庞大的数量占据了我们大量阅读空间，充斥其间的大量转载、复制的内容更是增加了人们有效阅读的难度，加深了阅读的碎片化和快餐化倾向，也弱化了高校思想引领的认同感和权威性。只有坚持原创，才能在多元价值冲突碰撞的社会转型期，让高校的新媒体微平台切实担负起正能量传播、主流价值引领的责任和使命。以"民商荟"为例，其秉承创新精神，立足服务师生，致力于打造各种特色原创栏目，其中，"民商咖""小荟专访"等，秉承"以先进事迹感染人、以典型事迹教育人"的理念，从95岁高龄运动达人到青年马拉松亚军到三代民商人之游泳新星，从市级骨干教授到扬州十大杰出青年，每一个人物，每一个故事，无不触动着大家；"小豸安全课堂""简敏工作室"微课堂等，带大家解读时政热点，授大家防骗秘籍，为大家保驾护航；"荟谈""精粹""荟客厅""学友所成"等，理论联系实际，介绍最新学术观点，各式学习方法、职场攻略为大家指点迷津。

其次，"时机"制胜。"微时代"以其便捷开放的姿态，赢得广大青年的喜爱，在此环境下，每个人都可以通过微博、微信、QQ空间等随时随处表达自己的心情和看法。高校网络思想引领工作能否及时捕捉"网络热点"，及时发出自己的声音，适时运用主流话语引领大学生思想，成为网络思想引领发挥作用的关键。以"民商荟"为例，其通过围绕重点热点上好思政课，抓好关键节点，结合重要节日等形式，主动抢占网络思想引领的制高点，以提升网络思想引领时效。如十九大期间，开发十九大线上答题系统，推出《简敏工作室 | 教授说说十九大》《简敏工作室 | 辅导员说说十九大》《简敏工作室 | 硕博说说十九大》，《嘿，他们二十岁，看他们笔下的新时代！》等11篇学习宣传十九大的原创作品，其中《最新打榜神曲闪现西政北苑网红食堂》更是被重庆"华龙网"全文转载，掀起线上线下宣传学习十九大精神热潮，使十九大精神入心、入脑；校庆期间，相较于其他校内平台第一时间推出的"西政67周年校庆"场景秀，更因抢占了先机而在24小时内点击量突破120万次。

（3）人才维度——网络思想引领的关键

网络精英骨干是网络思想引领的生力军，树立人才思维，组建一支政治可靠、业务精通、引导有力、能力出众的网络精英团队，提升其网络思想引领能力，形成具有先进思想的网络文化作品，成为网络思想引领的关键所在。

首先，强化队伍的"专业"性。再好的工作机制和工作理念，想要其发挥实效，关键靠人来落实，一支具备互联网思维和网络引领专业技能的专业工作队伍尤为重要。以"民商荟"为例，学院专门成立"新媒体工作中心"负责"民商荟"的管理和运营，并逐渐形成"简敏工作室科学指导+辅导员专人负责+学生骨干具体运营"的团队管理模式。依托"简敏工作室"打造"专家智库"，通过专家供稿、联合制作等方式，将最新思想政治理论研究及时运用于实践，形成了一系列原创网络文化作品如校园贷系列、诚信考试系列、"教你如何防骗"微视频等；通过培训、职业化等形式不断提升辅导员思想引领能力，打造网络思想引领"核心骨干"；通过培养"学生骨干"和"学生网络大V"，实现朋辈引领。通过不懈努力，该团队的专业化日益凸显，不仅熟悉思想政治教育规律和要求，亦了解网络时代大学生的思想状态和行为模式，既有能力对网上不良虚假信息甄别评判，也有能力设计网络思想引领的文化产品。

其次，强化队伍的"思想"性。欲发挥网络思想政治教育的价值引领功能，做好"思想的供给"，离开思想性，网络思想引领将成为无源之水。只有牢牢把握习近平新时代中国特色社会主义思想这一主线和灵魂，深刻领会其精神实质和丰富内涵，不断更新自己的知识储备和专业技能，才能引导大学生牢固树立共产主义远大理想和中国特色社会主义共同理想，培育和践行社会主义核心价值观。

（4）制度维度——网络思想政治教育的保障

首先，完善"科学"管理。立足于组织运营建设规模化、制度化、轨道化，"民商荟"新媒体工作中心制定《新媒体工作中心考核激励办法》《"民商荟"运营教程》《西南政法大学民商法学院微信号"民商荟"平台管理办法》《民商法学院新媒体工作中心管理规章》《"民商荟"特约撰稿人管理办法》等多个制度，严格信息发布管理审核机制和学生骨干考核激励机制，对表现优异的学生干部给予"最佳值"的肯定，并阶段性评选"月度优秀小编"和"年度优秀小编"等荣誉，对态度懈怠的干部实施扣除"最佳值"、批评警告、劝退等惩罚措施，奖惩有度，以积极调动学生骨干的工作积极性。

其次，构建"长效"机制。构建高校网络思想引领长效机制，运用大数据挖掘网络思想引领的潜在价值，逐步完善网络空间规约和监控机制，是网络思想引领持续发挥作用的保障和必然要求。以"民商荟"为例，通过完善组织架构，强化培训反馈制度，优化科学管理制度，使学生网络经营骨干的大局意识、创新意识、服务意识和思想文化引领力不断提高，团队凝聚力进一步增强，逐渐成为真正活跃在一线的网络精英骨干主力军，充分发挥其对其他学生的朋辈教育功能，实现了通过学生话语体系，将社会主义核心价值观传输给更多学生的价值目标。

在新媒体时代的环境下，微信、微博、短视频等新媒体已成为大学生学习生活中不可或缺的一部分。辅导员要因事而化、因时而进、因势而新，以紧扣时代思想主旋律、构筑多维宣传体系、创新工作体制机制、熔炼特色思想文化、聚合师生骨干力量为方法，以构建多维平台、多方联动、多样特色的网络育人全媒体矩阵建设为目标，紧扣党的网络思政理论"发声"，紧绕网络思想引领实效"发展"，全力打造一个新媒介全使用、学生全覆盖、线上线下高度融合的全媒体矩阵新模式，把网络育人工作"做到家"、让思想引领成效"入心田"，让大学生主动成为网络思想引领的担当人，成为思想政治理论的宣讲人。

西南政法大学民商法学院微信公众号"民商荟"的良好运作，一方面得益于该辅导员团队优秀的网络素养。辅导员们率先树立互联网思维，高度重视互联网作用并保持开放式的学习心态，积极学习互联网知识和掌握互联网特点。另一方面离不开辅导员团队的通力协作，辅导员们各司其职、分工协作，以"民商荟"为载体，积极开展网络思想引领。

案例二：线下思想引领的榜样示范：身边的"感动人物"杨辉

（一）案例背景

杨同学，女，汉族，中共党员，西南政法大学外语学院英语专业本科学生。她出身贫寒，因学习成绩优异，有幸得到社会爱心人士资助。感恩的种子从此在这个善良的女孩心中播下，她从小就立志：长大后，一定要做一个乐于奉献的人，将爱的接力棒传递下去。2010年，杨同学开启了首次支教的脚步，她来到了甘肃省武威市古浪县张家砂河完全小学，度过了一段难忘的支教生活。随后，支教成为她的"执念"，四年大学时间，她到过海拔达3000多米土地贫瘠的甘南地区，少数民族聚集的贵州黔东南地区，以及连年干旱且同样贫瘠的宁夏地区。杨同学支教的全部资金来源都是自己。大学期间，品学兼优的杨同学获得各类奖学金2万余元，除了学习和生活的基本开销，其余全部用来支教了。她不仅自费到偏远地区支教，还四处奔走为近60名家庭经济困难学生落实了社会资助，为2所学校修建了图书馆，为1所小学修缮了坍塌的围墙。凭借突出的公益表现，她先后被评为重庆市"优秀毕业生"、重庆市第三届"感动校园十大人物"、2012年度中国大学生"自强之星"及第十届"中国青年志愿者优秀个人"，入围第十届中国大学生年度人物候选人名单。她的事迹，感动激励了一批又一批的大学生。

（二）实施路径

榜样示范引领法，就是指通过发掘现实生活中具有一定代表性的人或事并将之提炼成典型案例，通过宣传为大众所知晓，从而起到示范引导作用，提升教育者思想境界、规范受教育者言行举止的教育方法。榜样示范引领法通过找到抽象的价值与现实生活的联结，将抽象的思想引领内容和具体鲜活的人物形象有机结合起来，通过现实生活中人物形象的先进表现引起受教育者心理和情感上的共振，从而激发受教育者学习、模仿的健康心理过程。

任何事物在发展的过程中都必然会出现不平衡的发展情况，存在差异性；同时人类天然具有模仿能力，可以模仿他人的言行举止，而这些都是榜样示范方法得以实现的现实条件。现实生活中，人们的生长环境如家庭背景、受教育经历等各不相同，人们之间的思想水平必然有差别，存在相对先进与比较落后的现象，这些都是客观人类社会存在的真实情况，是符合客观物质世界事物发展的基本规律的。但是这种思想上的差别并非不可跨越，因为人类天生具有模仿能力。现实生活中人们的言行也具有复制性和模仿性，人们在具体的社会生活实践中，往往通过观察他人的言行，分析研究他人的言行的后果，从而会在潜意识里对高尚的、健康的行为进行学习和模仿。这种规律就决定了榜样示范方法的科学性、必要性和可行性。[①]

榜样示范引领是一种非常有效的思想引领方式。案例中展现的杨辉同学，是西南政法大学涌现出来的优秀榜样代表，是西南政法大学积极发挥榜样的示范引领作用，开展大学生思想引领的成果。

---

① 吕晓芳，段满江.全球化视域中大学生中华民族精神培养和教育研究[M].北京：中国轻工业出版社，2015：154.

1.选树榜样应契合当今大学生的心理特点，使其易于共情

越是身边的榜样，起到的示范作用越强。榜样的选树首先要易于引起大学生的身份共鸣。榜样在年龄、社会背景、兴趣爱好、价值观、追求目标等方面与大学生在主客观条件上越相似，就越能引发共鸣，激发他们学习的愿望。尤其是价值观的认同，最能促使大学生将精神品质内化为自己的价值标准和行为准则。同时，榜样的选树还要能够引起大学生的情感共鸣。情感共鸣是大学生对榜样事迹认同、对榜样形象认同的表现，也是榜样起到示范引领作用的心理前提。大学生只有对榜样的道德形象与行为产生情感体验和情感共鸣，才能更易于接受和认同，才能积极主动地去了解榜样的事迹，然后自发进行学习效仿。榜样的示范性功能的体现，主要在于通过其具体、生动、鲜活、真实的形象去感染或感动他人，可以让大学生从真实的榜样身上受到启发和感染，从而产生"榜样能为，我亦能为"的心理认同和道德认同。

2.选树榜样应当真实可信，使其具有可信赖性

榜样必须真实可信，才能使大学生对榜样产生信服感和真实感，从而激发学习榜样的兴趣和信心。如果选树的榜样存在虚假事迹、虚假"人设"等情况，一旦榜样"人设"崩坍，则会带来巨大的负面影响。一方面榜样本身会遭受学生的抵制，另一方面，学生对榜样示范引领这一方法会产生抵触，榜样示范也就无从谈起。

3.选树榜样应当分门别类，使其具有多样性

每个学生都是独立的个体，有不同的性格、不同的爱好，也有不同的成长环境、知识水平、道德层次，个体差异会导致对榜样的需求各不相同。因此，在选树榜样时，要分门别类，尽量遵循多层次、多样化的原则，使每个学生都有学习和仿效的对象。以"重庆市向上向善好青年"推选活动为例，该活动由共青团重庆市委主办，按照"青年典型青年荐、青年典型青年评"的思路，面向各行各业和基层一线，寻找推选一批带头践行社会主义核心价值观、积极传播正能量的身边好青年。该活动根据时代发展，设置了爱岗敬业、创新创业、扶贫助困、勤学上进、崇德守信五大类型榜样。不同需求的学生都可以从不同类型的榜样当中找到自身认可并愿意模仿的对象。

4.宣传榜样应采用大学生喜闻乐见的方式，使其具有可接受性

大学生是榜样示范引领的接受者，我们要重视其主体作用。在宣传榜样的过程中，多使用学生喜闻乐见的形式，用微信、微博、QQ群、短视频等大学生易于接受的新媒体，将榜样精神与学生普遍具有的时代精神相结合，用榜样的人格魅力和先进事迹引导他们自觉思考，从而积极主动地效仿和学习榜样。要在榜样与学习者之间构建良好的沟通，在日常生活的相互交往过程中潜移默化地发挥榜样的示范引领作用，提高大学生自身的思想政治素质。

（三）经验启示

1. 强化榜样自身建设，使其示范作用具有可持续性

通过发挥榜样的示范引领作用，能提升个人的人格、群体的精神，带动所处群体、所在区域不断走向先进。而榜样的选树并不容易，因此要尽力保持榜样的生命力，以持续发挥榜样的示范引领作用。首先要强化榜样的自身建设。榜样要与时俱进和因事而新，不断地充实和更新，以适应实践的需要和时代的需求。其次应打破榜样终身制。榜样首先是人而不是神，人都是复杂的且是动态发展的。人会在内外环境、自身经历等各种因素的共同作用下发生改变，榜样也可能随着时间的推移，性格和品质发生一定的变化。所以，我们要正确看待榜样的变化，更要探索新形势下榜样的成长规律，使榜样发挥更大的示范引领作用。

2. 完善权益保障机制，提高榜样示范的吸引力

要充分发挥榜样示范引领的生命力、实效性，一方面依靠榜样自身不断的建设和发展，另一方面有赖于完善的权益保障机制。尽管榜样大多数都具有崇高的道德品质和自我牺牲的精神，但如果榜样的权益得不到有效保障，无疑会消解普通人学习榜样的热情和动力。要提高榜样示范的吸引力，提升榜样示范的生命力，就务必要重视对榜样权益的有效保护。要建立完善的榜样激励表彰机制，让普通学生看到成为榜样不仅能够获得精神上的赞美，还能获得物质上的保障，形成一种人人尊重榜样、学习榜样、争当榜样、超越榜样的良好风气，形成全民弘扬正气的良好风尚。

3. 建立长效机制，将榜样示范引领常态化

强化榜样的示范引领作用，最终目的是内化和践行榜样精神，这是一个长期的过程。如果缺乏长效机制，会导致其有效性的弱化。因此，要坚持榜样示范引领的常态化，注重榜样示范引领的日常化，使学生时时处处都有榜样可学。教育者要有榜样示范引领的长期计划，善于利用一切机会，向学生进行榜样宣传、

传递榜样精神。

社会学习理论，源于美国新行为主义心理学家阿伯特·班杜拉，他于20世纪60年代提出了该理论。社会学习理论主要阐明了人通过在社会环境中进行学习，从而形成和发展自己的个性。人在社会环境中学习的重要方式即是通过观察榜样的行为继而效仿。因此，班杜拉强调了榜样示范在人的社会化过程中的重要性。根据社会学习理论，榜样示范引领在辅导员开展大学生思想引领工作中有重要作用。榜样示范引领的心理机制主要基于两个层面。第一个层面，人与生俱来就有获得尊重、认可、接纳的心理需要。第二个层面，既然对效仿的对象产生了一定的行为认同，如何成为他，就需要一个内化的过程，需要不断地强化效仿，真正将认同的东西变成自己的东西。杨同学的助人之路，是从学习效仿父亲开始。她的父亲是一所小学的炊事师傅，平凡但乐于助人。有次父亲看到有个男生被罚站，怕他饿肚子，就悄悄地塞给他几个馒头。杨同学称，就是这些一点一滴的小事，在她心中像一颗种子一般生根发芽。父亲就是她学习的榜样，她愿意像父亲一样乐于助人。

辅导员采用榜样示范引领法，积极宣传杨同学的先进事迹，让大学生知道身边有一个叫"杨同学"的榜样；通过沙龙、座谈、访谈等形式，将杨同学请到大学生中间，让大学生了解身边的榜样何以成为榜样；长期与杨同学保持联系，在杨同学毕业之后，依然通过线上交流、回校交流等方式，将其事迹一届一届的传递下去。用一个人去影响一群人，辅导员通过发挥杨同学的榜样示范引领作用，在大学生中起到了积极的示范效应，学校学生以她为榜样，积极投身志愿服务活动，助力社会发展。

本章小结

引，取引领之意，专指大学生思想引领。思想引领是高校辅导员工作的重要内容，担负着对大学生进行政治引领、价值引领、道德引领、文化引领、制度引领的重要使命。道，在日常生活中泛指道路、方向、途径、法则、规律、道理、道德、道义等，道是自然存在和发展的规律，要遵循法则而为之。大学生思想引领要引之有道，一是要遵循教育的发展之道，二是要采用科学有效、与时俱进的方法。辅导员先要学"道"、而后懂"道"、最后悟"道"，方能实现有效开展思想引领的目标。

第二章 "学"之有方 *

百年大计，教育为本。教师是立教之本、兴教之源，承担着让每个孩子健康成长、办好人民满意教育的重任。希望全国广大教师牢固树立中国特色社会主义理想信念，带头践行社会主义核心价值观，自觉增强立德树人、教书育人的荣誉感和责任感，学为人师，行为世范，做学生健康成长的指导者和引路人；牢固树立终身学习理念，加强学习，拓宽视野，更新知识，不断提高业务能力和教育教学质量，努力成为业务精湛、学生喜爱的高素质教师，牢固树立改革创新意识，踊跃投身教育创新实践，为发展具有中国特色、世界水平的现代教育作出贡献。[①]

——习近平致全国广大教师的慰问信

2013 年 9 月 9 日

第一节 概 述

1941 年 5 月 19 日，毛泽东在延安高级干部会议上做了题为《改造我们的学习》的报告，强调改进不良学风，要树立理论联系实际的学习风气。"学"之有方，就是有方法。学习是一个永恒的话题，一个人若想得到发展，就离不开学习。随着辅导员制度不断发生变化，辅导员角色也相应发生了变化，自身

---

* 本章编者简介：杨化，女，法学博士，副教授，西南政法大学经济学院党委副书记、辅导员教研中心研究人员，主持国家级、省部级科研项目 6 项，出版专著 1 部，发表核心期刊论文 10 余篇。

① 习近平. 习近平向全国广大教师致慰问信 [EB/OL].（2013-09-10）[2021-09-04]. 中国共产党新闻网 .http://cpc.people.com.cn/n/2013/0910/c64094-22864548.html.

也应不断学习。2019年3月18日,在学校思想政治理论课教师座谈会上,习近平总书记明确强调:"思政课教师视野要广,有知识视野、国际视野、历史视野,通过生动、深入、具体的纵横比较,把一些道理讲明白、讲清楚。"①习近平总书记的讲话是对高校辅导员素质能力的具体要求。新时代的辅导员,要成为大学生思想上的引领者,就应学习更多的知识,积累更多的实战经验,站在更高的战略高度思考问题、处理事情、研究工作。虽然辅导员与专职教师的工作内容有所不同,但是也有相同之处,辅导员与专职教师的工作对象与工作环境是相同的,了解辅导员如何进一步学习,也可以从专职教师这一角度出发。

一、"学"的词源阐释

"学"有"效法""知识"两层基本意思,简单而言,就是通过效法而获得知识。学,既是知识学习的动态过程,也是技能学习的动态过程。《论语·学而》:"学而时习之,不亦说乎!"就是说学习这个动态过程包含着不断地复习,内化于心。

"学"的词源解释告诉我们:无论是个人还是团队,国家还是民族,要有自己的立足之地都需要在学习中不断进步。高校辅导员在实现专业化、职业化的过程中,应该始终注重自身学习,不断提高综合能力。随着时代的不断发展,大学生个性特点和时代特点都有新的呈现,辅导员应当在实践工作中不断总结经验,始终牢牢把握立德树人的目标,通过研与学的有效结合,让高校思想政治教育得到新发展,产生新成果。

二、"学"的现代词义

"学"的现代词义,更多是知识的接收和积累,是理论提升的过程,是实践的基础。成为一名具有"道德情操、理想信念、仁爱、扎实知识"的好教师,学习是重要的途径。学习是提高综合素质、提升自我修养的可行方法。辅导员作为高校教师的重要组成部分,应当坚持终身学习。

习近平总书记在全国高校思想政治工作会上发表重要讲话:"要坚持把立

---

① 刘世强.不断提升思想政治理论课教师的眼界和视野 [EB/OL].(2019–05–17) [2021–09–04]. 中国台州网 .http://paper.taizhou.com.cn/taizhou/tzrb/pc/content/201905/15/content_30454.html.

德树人作为中心环节，把思想政治工作贯穿教育教学全过程，实现全程育人、全方位育人，努力开创我国高等教育事业发展新局面。"在国家层面上肯定了思想政治教育的地位和意义。长期以来，很多高校辅导员都在努力帮助大学生解决学习与生活中的难题，促进了大学生的成长。但是，由于部分辅导员的学科背景不是思想政治教育，理论水平有待进一步提高，在处理学生问题中可能会有点棘手。辅导员提升自身核心素养，是满足日常工作、实现专业化发展的需要，也是提高思想政治工作成效的要求。

习近平总书记指出："做好高校思想政治工作，要因事而化、因时而进、因势而新。要遵循思想政治工作规律，遵循教书育人规律，遵循学生成长规律，不断提高工作能力和水平。"① 在高校思想政治教育工作的具体实践中，思想政治教育者是否具备良好的理论素养和思想素质尤为重要。在大学生的日常生活中，接触最多的老师是辅导员。辅导员具有培养大学生形成良好的世界观、人生观、价值观的重要作用，担负着高校思想政治工作的重要使命，做好思想政治工作有利于学生的健康成长。

习近平总书记强调："我们的高校是党领导下的高校，是中国特色社会主义高校。办好我们的高校，必须坚持以马克思主义为指导，全面贯彻党的教育方针。要坚持不懈传播马克思主义科学理论，抓好马克思主义理论教育，为学生一生成长奠定科学的思想基础。"② 一名合格、称职的辅导员应主动运用马克思主义理论知识武装自己，加强理论修养，强化政治意识、大局意识等。科研的实质就是解决问题和矛盾的过程。辅导员每天面临各种问题，如果经过科研能力的训练，将更有可能提出针对性的意见，更好地解决问题。只有经过专业的理论学习，具备一定的科研能力，才能掌握思想政治工作的规律，探索出大学生思想政治教育的新思路和新方法，避免将理想信念变成空洞的说教，才能更好地推进工作有效展开，使大学生形成正确的思想观念。

习近平总书记还指出："长期以来，高校思想政治工作队伍兢兢业业、甘于奉献、奋发有为，为高等教育事业发展作出了重要贡献。要拓展选拔视野，

---

① 习近平在全国高校思想政治工作会议上强调：把思想政治工作贯穿教育教学全过程 开创我国高等教育事业发展新局面 [N]. 人民日报，2016-12-09（01）.

② 同上。

抓好教育培训，强化实践锻炼，健全激励机制。"①要成为一名合格的辅导员，就应该有着高度的职业精神。如果辅导员没有必要的知识积累，那就很难了解自己的工作对象，很难使工作得以有效展开。这些年来，教育部明确提出辅导员要进行专业性的研究，并对高校辅导员设立专项课题，举办各种辅导员技能大赛活动，这些举措都能促进辅导员的自我成长与发展。只有经过一定的知识积累、专业化的训练，辅导员才能更好地做好本职工作。

习近平总书记在纪念五四运动一百周年大会上指出，社会主义建设的重要力量是青年，青年身上担负着国家未来的希望，全社会各界都应该做支持青年，做他们的知心人。高校辅导员工作的根本是教育学生、指引学生，在日常的工作过程中，应该不断巩固思想政治工作的吸引力。辅导员应全面贯彻落实习近平总书记讲话精神，树立正确的理想和信念，保持强烈的责任心和使命感，提高专业化程度，推进自身职业能力建设。比如，积极参与专题培训，积极参与主题研讨、科学研究等，提升自身的理论水平和政治素养。

三、"学"在辅导员工作中的意义

教育部令第 43 号指出，辅导员应遵循热爱教育、关爱学生、育人为本、为人师表的职业守则；关爱学生、掌握学生成长规律，不断提升学校的思想水平、政治意识、道德素质。在工作过程中，如果不把实践提升到理论的高度，不注重对理论的学习研究，不研究思想政治教育的内在发展规律，那么将很难应对突发事件，对学生进行职业规划指导等。所以，为了更好地做好本职工作，促进自身发展并更好地引领学生，要加强理论和实践的研究。从知识层面上，要掌握思想政治教育学的基本理论，还要不断增加对心理学、政治学、管理学、法学等相关学科理论知识的学习。与此同时，辅导员应积极参与思想政治教育课题的申报与研究，参加一些学术交流活动。

教育部令第 43 号指出，立德树人应是高等学校的中心环节，教师队伍与管理队伍建设的重要内容是辅导员队伍建设，要宏观把握、统筹安排，不断提升这支队伍的职业能力水平，使辅导员的待遇有保障、发展有空间。一系列文件

---

① 习近平在全国高校思想政治工作会议上强调：把思想政治工作贯穿教育教学全过程 开创我国高等教育事业发展新局面 [N]. 人民日报，2016-12-09（01）.

的出台使得辅导员的身份得到进一步明晰。辅导员的主要工作职责是提高学生的思想觉悟，促进学生成长成才。目前，单一的技能培训不能满足高校辅导员队伍建设的需要，辅导员应当不断学习思想政治教育理论知识，研究思想政治教育发展规律等，从而增加工作的实效性，提升辅导员队伍的专业化。

《高等学校辅导员职业能力标准》中，提出了高校辅导员职业道德规范的要求，要求辅导员坚持学习、主动学习、勇于创新、积极进行研究、善于实践探究、积极参与社会实践、敢于开阔视野、全面提升自身的专业素养和职业能力。在实践工作中，优秀辅导员可以综合运用心理学、管理学等学科知识，以及实践操作经验解答学生的问题，并对学生进行心理疏导、职业规划指导，有序地开展学生日常事务管理等工作。辅导员就是一面旗帜，要成为学生的引路人，就应该积极增强文化底蕴、提高文化内涵，以优秀的人格魅力影响学生。此外，由于辅导员的专业背景各不相同，参照《辅导员职业能力标准》，应学习马克思主义理论、教育学、政治学、管理学、法学、心理学等学科的基本知识。所以，辅导员不仅要深入学生队伍，和学生打成一片，履行岗位职责；还要在工作之余，多学习、多思考、多研究，提升工作能力和工作素养。

党的十九大报告指出教育"要全面贯彻党的教育方针，落实立德树人根本任务，发展素质教育，推进教育公平，培养德智体美劳全面发展的社会主义建设者和接班人。"[①] 这充分体现教育的重要性。教育是国家发展的重要基石。现代大学是培育人才的前沿阵地，辅导员是大学生走进大学的第一接触人，对大学生的成长起着重要作用。当今社会变化迅速，大学生易受到国内外不良的社会思潮的影响，辅导员在迎来机遇的情况下，也面对着挑战。如何把握工作对象的新特点，如何应对复杂的国际国内环境，如何紧紧扭住立德树人的目标不放手，加强学习是重要的工作要求。辅导员应该多学习理论知识，做好相关专业的课题，提升理论素养，同时提升自身的职业技能，这样才能更好地给学生做好榜样，才能更好地运用工作机制，促进日常工作的开展。

第二节　理论阐释

强化"终身学习"的思想观念，以动态的知识、经验更新应对时代的发展

---

① 习近平在中国共产党第十九次全国代表大会上的报告 [N]. 人民日报，2017–10–28.

和高校学生的个性变化。辅导员通过学习研究提升工作素养和能力，做好学生学业指导和学业帮扶，开设"晨读晚练""学业发展中心""创新创业指导中心"等活动，鼓励并指导学生参加各项大赛，有针对性地激发学生学习兴趣。

一、"学"的根本内涵

无论是对个体行为，还是对整个社会的秩序，规章制度都是必不可少的。高校辅导员规章制度对于高校辅导员个体具有重要的导向功能。《普通高等学校辅导员队伍建设规定》明确规定了辅导员的工作职责，第一职责就是进行思想引领。在学生成长的过程中，传播社会主义核心价值观，提升学生的政治素养和道德品质，使学生形成正确的世界观、人生观、价值观，成为合格的社会主义接班人。

未来社会的价值取向取决于青年的价值取向，人生的第一粒扣子要扣好。高校辅导员的工作对象是学生，当前大学生的主体大多是"95后"或者"00后"，他们的价值观念、思维方式比起从前的大学生有所不同。现在的一些大学生缺乏自制力，抗挫能力较差，有较严重的心理问题。另外一些同学有较强的创新意识，有健康的心理素质，有正确的世界观、人生观、价值观，并且勇于挑战自己。当前的形势对辅导员的职业能力和水平提出了更多的要求。辅导员是大学生健康成长的指导者和引路人，只有不断地学习，丰富完善自身知识结构，提升自身科研能力，树立不断学习的理念，才能更好地处理学生中出现的问题，应对高等教育发展带来的机遇与挑战。

（一）日常管理事务型学习

高校辅导员不仅有育人任务，而且有管理日常事务工作的重担。日常管理事务占用了辅导员的大量时间，宿舍管理、学生矛盾调和、教务管理等，都需要辅导员付出大量的精力与时间协调各方面的教育力量，研究学生工作的特点与规律。[①] 当前，辅导员的任务重，处理的事务杂，在管理过程中，如果不能有效处理事务，十分不利于对学生工作的展开。辅导员应重在学习日常管理工作方法，形成一套科学的工作方法体系，比如工作分解法，避免经验主义和教

---

① 孟东方. 高校辅导员学 [M]. 北京：人民出版社，2019：125.

条主义，提高辅导员的工作效率，使其管理工作更加科学化、系统化。

（二）理论研究型学习

科学研究是辅导员提高工作实效性、推进工作创新的重要方法。辅导员应提升理论水平，转换思维方式与工作理念、形成问题意识，在具体的实践中运用相关的科学理论进行工作总结、分析问题背后的原因，发现学生工作的规律，从而提升工作实效。孟东方指出高校辅导员自身应该具备较强的自主学习能力，才能成为学生健康成长的指引人。在学习过程中，应不断学习马克思主义理论和相关领域的知识，并与实际情况相结合，落实到日常的学生工作中。[①] 当前，高校辅导员的多种学科背景虽然给工作带来了多种视野与角度，但是也存在专业理论知识不足的问题，做科学研究，能够使自身专业化、职业化，更好地在工作中发挥自己的价值。

（三）素质教育型学习

高校辅导员素质的高低直接关系着其培养学生的成效，良好的职业认可氛围能够提升辅导员认真工作的热情。辅导员应树立正确的职业理念，具备崇高的政治素养、保持高度的责任感和使命感，注重心理健康素质、思想道德素质、科学文化素质的协调发展。《普通高等学校辅导员队伍建设规定》要求辅导员在日常工作中做到关照学生、围绕学生、服务学生，掌握学生成长规律，不断提升学生的思想高度、政治意识、道德素质和文化底蕴。当前，部分大学生的心理素质差，有的受到网络和外部环境影响学习积极性不高。辅导员通过素质教育的学习，掌握素质教育的规律，形成以学习引领学习的模式，耐心开导这部分学生，提高学生的学习兴趣，能够更好地为国家和社会培养人才。

根据学的场域划分不同，可以分为以下三种方法。

1. 学校教育培训

高校辅导员应具备广阔的知识面、丰富的知识结构体系、合格的专业知识素养。广阔的知识视野是高校辅导员做好本职工作的前提，也是实现自我价值、引领学生健康成长的素质基础。[②] 高校辅导员应具备的知识结构，包括思想政

---

① 孟东方.高校辅导员学[M].北京：人民出版社，2019：125.

② 张蓝月，白显良.论新时代高校辅导员育人："视野要广"[J].高校辅导员，2019（5）.

治教育学、心理学、管理学、教育学、社会学等一系列工作所需要的知识。高校辅导员可以通过学校教育获得相关的理论知识,具体方式包括攻读思想政治教育、心理学等方向的硕士或博士学位,使学历和知识素养同步提升。同时积极进行专题学习,比如职业规划、心理辅导等专业性强的领域学习。此外,高校辅导员可以通过参加全校性的、部门性的专题性交流研讨,以及其他形式的交流活动,提升自己的知识素质。

2.院系实践锻炼

院系辅导员工作组织是辅导员职业知识素质展现的平台,也是提升自身素质的平台。辅导员通过总结实务工作经验,可以让经验上升为理论,形成可以推广的工作模式、工作制度,在一定程度上探索工作的规律。辅导员可以利用基层组织的锻炼,培养自己的价值维度和能力维度,比如通过"三下"社会实践活动的策划、实施以及总结,能够深入挖掘学生的特点和学生活动开展的方法。在工作过程中遇到的普遍问题,可以和经验丰富的辅导员或者优秀辅导员进行交流。积极参与院系政治学习及其他活动,通过组织生活、科研成果等各种形式的活动锻炼自己的能力,凸显自己的价值,为学校贡献自己的力量。

3.个体学习提升

面对思想政治管理工作中层出不穷的新情况,高校辅导员要有自己的判断,通过参加科研活动探索出解决问题的新方法,不断增强学习反思能力,使理论知识实践化。在辅导员的学习中,书本知识是基础,它是构成马克思主义理论体系的基本途径。辅导员应结合工作实践,自觉用习近平新时代中国特色社会主义理论体系武装头脑,并将其转化为正向的情感认同与行动,在实践中坚持正确的道路方向引领青年。[①]高校辅导员只有具备终身学习、超越自我的意识,从自身实际与要求出发,发挥主观能动性,才能具备良好的专业素养与能力。同时,高校辅导员应注重对自己工作进行及时反思,不仅可以用写日记的方式进行经验性反思,还可以撰写论文、做科研项目等进行研究性反思,把具体理论与实践相结合,提升自身的专业研究素养。

根据学的时段不同可以划分为以下几个阶段。

---

① 张国启.论高校思想政治教育工作改革创新中辅导员的主体担当[J].高校辅导员,2018(1).

1. 入职前的学习

教育部令第 43 号指出，辅导员的主要职责是对学生进行思想理论教育和价值引领。高校辅导员在入职前，应经过规范的教育，掌握教育学基本原理，具备一定的知识基础。高校辅导员的专业学习可以分为探究性学习和接受性学习。探究性学习就是项目化的实践课程，接受性学习就是学科化的专业课程。探究性学习能够在活动中获得知识，接受性学习能够在课堂上获得相应的知识。在学习中，高校辅导员应掌握马克思主义理论基本的专业知识，并且能正确理解和宣传党和国家的政策，能独立思考，做到理论联系实际。同时，聚焦当代大学生的特点，贴近大学生，具备一定的教育才能和管理方式，懂得运用教育规律处理学生工作中的问题。

2. 入职后的学习

高校辅导员学习是一个终身化的过程，既要与学生发展规律相适应，也要和时代的步伐相匹配。既要通过学生工作的实践总结开展思想政治教育科研工作，又要通过思考探索促进实践工作效能提升，从而达到引领学生、教育学生的目标。同时，应积极参加学校组织的实践操作培训，坚持理论联系实际，积极参与职业培训、社会调查、志愿服务，增强自身实践能力，促进自身发展。

二、"学"的基本特征

辅导员的学习，是人类学习的一种具体内容，它具备学习活动的共同特征，从学习过程、学习体验、学习导向等方面都有一定的相似性。同时辅导员群体也具有一定的特殊性，辅导员是高校学生思想政治教育的职业群体，社会角色有独特性，辅导员的学习在自主性、学习内容、学习目标等方面都有别于其他普通个体的学习活动。所以，辅导员学习是成人的学习、是自主的学习，是职业需要的学习；同时又是有目标导向的学习，带有问题意识的学习，也是合作开放的学习。

（一）辅导员学习的目标是促进学生的职业发展与成长

辅导员学习的首要目标是帮助学生的成长，通过辅导员素质能力的提升，从而实现立德树人的目的。如果辅导员的素质能力强，大学生在人生成长关键环节得到的引导、指导、教育就多，一个优秀的辅导员能影响一群学生，促进他们的全面发展与成长成才。

此外，辅导员的学习还需要植入职业发展目标的需求，让辅导员的工作成为辅导员的事业，在成就学生的同时促进职业的发展，提升辅导员工作的内需动力。辅导员在学习中的目标导向，应以自我构建为基础，其动态逻辑是自我诊断、制定目标、寻求学习的资源，保持学习的状态，不断进行反馈与调整。主动参加、积极探索、总结反思，以促进自我建构。对自我学习力和自主性进行挖掘，将自我的发展和学生的成长紧紧联系在一起，以目标为导向、以行动为指南，学习就会变得更有信心，工作也将变得更有意义。

（二）辅导员学习是以发现问题为原点、解决问题为终点的学习

辅导员的实践工作富有挑战性，学生的问题有类型之分，但又各自不同，学生的问题有规律性但又有独特性。解决问题就成了辅导员学习的推动力，同时这些丰富的、生动的学生工作实践又是学习和研究的重要资源。辅导员学习的特点就是在实践中建立问题导向的思维模式，用理论指导实践又在实践中不断探索新的方法和路径，不断创新工作的方式方法。辅导员在繁杂的学生工作中，始终应当保持学习的思维，善于发现问题、探索原因、积极思考解决问题，突破这些思维的困局，繁杂的工作就是自我能力提升的修罗场。通过在实践中学习、在学习中实践，知识和能力都能得到双重的提升，朝着理论的专家、实务的行家发展。

（三）辅导员学习需要合作开放式学习模式

辅导员学习的内生动力是实践经验上的自我素质能力体系，在外部环境方面则需要一个合作开放的能量交换场域，需要辅导员队伍内部交流、辅导员队伍与教师队伍交流，需要单位挂职等社会实践的交流。这就是互动合作、相互作用、共同发展的合作开放学习模式。有研究者提出高校思想政治教育主管部门与辅导员本身应积极构建行动探究的思维模式，寻求智力支持，主动借鉴思想政治教育工作者的优秀成果，邀请理论工作者共同探究思想政治教育事务问题。[①] 各种专题研修班、学习提升班，学习团队的作用都不可估量，以专家引领的方式来提升理论层次，以小组和团队的交流来探讨与拓展理论知识的边界和实践的路径。通过合作开放式学习模式，使思想政治教育理论知识体系得以共享，

---

① 孟东方.高校辅导员学[M].北京：人民出版社，2019：127.

并实现单个个体经验、技能的外化，使之融合为团队经验、技能与新的知识结构，从而探索出更加符合实际情况的工作方法，总结提炼出新的工作规律。

（四）辅导员学习是实现专家化、专业化发展的必然选择

当前时期，国家高度重视辅导员队伍的建设。2018年3月，习近平总书记主持召开的学校思想政治理论课教师座谈会，就有高校优秀辅导员代表。辅导员队伍在高校中起着至关重要的作用，既是教师，也是管理者，担负着培养德智体美劳全面发展的社会主义接班人的重要任务。辅导员工作职责包含思想政治教育、学生管理和服务，高校也鼓励辅导员在学生管理工作之余从事教学和科研工作，其角色就是管理干部、教师的综合体现。这种角色的转变说明党和政府对辅导员队伍的高度重视，对辅导员队伍寄予期望，对辅导员队伍专业化素质提出更高的要求。因此，简单的、重复性工作不能满足辅导员工作的需求，辅导员的知识能力体系需要随着时代的发展而不断更新和扩展。简而言之，辅导员的知识能力体系要由满足从"工作"到"事业"的发展需求，从"生存关注"层面走向更高层次的"发展关注"。工作定位的转变，意味着辅导员格局意识的转变，只有通过不断的学习支撑工作需要，以工作实践反哺学习研究，不断提升个人的人生境界，才能实现自我的飞跃。

三、"学"的实现路径

辅导员在专业上需要不断发展，并提升专业水平。辅导员进行的各项工作实践与学习活动，就是实现专业成长、改善工作质量、提高工作效率的具体路径。它强调辅导员是持续发展的个体，是专业人员，要求辅导员成为终身学习者。辅导员可以通过以下几个途径加强学习，提高自身素质和专业化水平。

（一）阅读性学习

由于工作的特殊性，要求高校辅导员成为一专多能的复合型人才。由于高校辅导员的双重身份，能力素质要求比普通的管理人员和教师更高。教师的角色，要求辅导员在思想政治教育学科有一定的研究能力、一定的教学专长，能够深入进行某一个问题的探究。辅导员要想成为思想政治教育专家，就要懂得思想政治教育的基本理论和方法，必须有一定的马克思主义理论修养。从管理干部

的角色来看，《高等学校辅导员职业能力标准（暂行）》明确指出，高校辅导员要系统地学习相关的理论知识、法律法规、政策与制度，以便有广泛的知识储备。辅导员需要从事学生的思想政治教育、学生日常管理、就业指导等方面的工作，因此，要具备心理学、管理学、社会学等基本知识，要有组织管理能力、谈心说服能力、沟通调解能力等。这就要求辅导员扩大阅读面，博览群书，在此基础上结合自己的工作和发展需要，有重点地选择有关专业文献进行研读。在阅读文献书籍时，一要合理计划、科学安排、批判思考，以提高阅读效率和效益；二要综合地运用各种阅读方式，扩大信息源；三要"不动笔墨不看书"，注意理论学习和工作实际的结合，用所学的理论对自己的实践进行情境性阐释，并反思日常的教育行动，写成学习日志或读书笔记，为日后开展科研积累素材。

（二）在岗学习和培训

辅导员职业化建设的基础不断巩固、阵地不断扩大、渠道不断拓展，但与此同时，它也面临着许多瓶颈问题，有必要从制度设计、专业支持、学科协调、实践创新等方面进行创新，以促进辅导员的职业能力的提升，进而提升育人工作的有效性。[1] 辅导员在岗学习培训有以下两种方式。一是上级主管部门或校外机构举办的各类专题培训，目前主要有辅导员骨干研修、学历学位进修等；二是校内学习和培训，和前者相比，针对性较强，涉及面较广。校内学习和培训是从实践出发，整合学校的学习资源，制定辅导员队伍学习提升体系，对学习内容、目标、形式、学习管理、评价等都有明确的安排和部署。同时针对不同专业发展需求的辅导员、不同发展阶段的辅导员，设计培训项目和培训方式。开展各种岗前培训、日常学习、工作反思、专题研讨、项目研究等，使之更好地指导辅导员的教育工作实际，促进辅导员专业发展。

（三）反思性学习

目前，辅导员队伍普遍呈现年轻化的特点，并且学历较高。他们大多是直接从学生角色转为辅导员角色，比较缺乏社会经验和工作经验。辅导员工作中传统的工作方式，优秀辅导员所具有的经验性知识需要工作时间的历练和沉淀，很难通过技巧性的传授来获得。新入职的辅导员在工作初期，面对工作的复杂性、

---

[1] 焦佳. 高校辅导员职业能力提升路径探究 [J]. 实践研究，2016（2）.

琐碎性，以及辅导员工作中存在的模糊性、不稳定性，学生中价值冲突等教育场景，都需要通过不断的反思、总结、提炼、超越去进行自我构建。反思性学习有具体的场域特点，以解决辅导员工作实践中的实际问题为导向，个体根据原有的经验思考现状并在学习中产生引导性的"有预期的"意识活动。也就是说，反思性学习是一个亲历亲为的学习过程，是在实践中学习、学习中实践。辅导员要想成为思想政治教育的专家，就必须在学习与思考的同时，将知识转化为学识，使表层理论成为坚实的学识。要善于在实践经验的基础上进行理论思考与总结，善于运用现有的相关理论进行研究和创新。[①] 因此，反思性的学习就显得十分必要，在实践中思考、发现问题，在分析解决问题中成就学习，使学习成为自觉的行为，使反思成为日常的习惯。

（四）组成学习共同体开展学习

学习共同体是一个由学习者和辅助学者共同组成的学习群体，它以完成共同的学习任务为载体，促进成员的全面成长。它强调学习过程中的互动式学习视角，通过人际交往和各种学习资源的共享相互作用和相互促进。[②] 辅导员的学习需要组成学习共同体开展学习，以团队的参与、合作为学习的重要路径。在日常工作实践中，辅导员工作以职业能力标准为参考，同时可以借鉴学习共同体中的优秀经验和工作方式。通过开展各种形式的交流与合作共同商讨应对在日常学生事务管理、思想政治教育、学生党建、心理健康教育、就业指导等各项工作中面临的种种问题。在学习共同体中，每个辅导员分享学习资源，进行对话沟通，交流情感与体验，实现从"独思"走向"群思"，变"自言自语"为"互动对话"，然后把这些所见、所闻、所感、所思反馈回来，这将为我们反思、分析和解决问题提供新的方法和新的视角。另外，构建辅导员学习共同体，有利于实现共同体成员之间的优势互补，有利于辅导员增加参与实践学习的机会，有利于开展基于对话的学习，有利于逐步构建辅导员团队发展模式。

（五）网络学习

网络的迅猛发展打破了学习的时空限制，网络中的信息内容丰富，给善于

① 张蓝月，白显良.论新时代高校辅导员育人："视野要广"[J].高校辅导员，2019（5）.
② 伏荣超.学习共同体理论及其对教育的启示[J].教育探索，2010（7）.

运用的学习者提供了无限的知识库。校内外培训可以拓宽视野，增长知识，网络平台也能够提供许多案例、交流文章，拓宽工作视野。网络学习已经成为时代新风尚，满足大众随时学习、自主学习的需求，在青年中的使用范围较广。辅导员可以随时随地阅读文献资料、学习时政要闻、参加网络课程学习、接受远程教育等，也可以构建网络学习共同体，把工作实践中的共性问题或典型性问题在网络上发起主题研讨，以此推动校内外辅导员群体的经验交流，以达到相互学习，相互启迪，共同成长。

四、辅导员"学"的重点

辅导员"学"的重点是紧紧围绕立德树人的目标，围绕辅导员工作职责，以构建辅导员知识谱系为目的的知识体系建构与实践。

（一）思想政治理论

辅导员队伍是开展大学生思想政治教育的一支主要力量，辅导员要成为大学生成长成才的引路人，就要求辅导员要将思想引领作为工作的首要职责。辅导员既是教育者又是管理者，辅导员队伍的思想政治理论水平、道德品质好坏、综合素质能力高低都将影响大学生的成长与发展。在新形势下，辅导员要有坚定的理想信念，树立正确的世界观、人生观、价值观。具体包括加强思想政治理论修养，自觉学习马克思列宁主义、毛泽东思想、邓小平理论、"三个代表"重要思想、科学发展观、习近平新时代中国特色社会主义思想，深刻理解当前形势的两个大局战略判断。坚定理想信念，提升政治判断力、政治领悟力、政治执行力。同时，学习历史唯物主义、唯物主义辩证法，以马克思主义指导思想政治教育实践，坚持理论指导实践，并用实践检验真理，探寻教育规律，进行方法创新。

（二）教育相关政策和制度

学校教育政策和制度的执行力度直接关系到教育目的的实现，影响着教育工作的开展，进而对大学生的身心发展产生重要影响。辅导员应学好教育相关政策和制度，从而使自己更好地处理工作中出现的问题。一方面，辅导员可以利用教育的相关政策和制度正确处理日常事务管理中出现的难题，有效解决学生的矛盾。另一方面，学习教育相关政策与制度能够明确自己的职责，提升自己的思想意识，能够在学习生活各个方面弘扬社会主义核心价值观。根据《普通高等学校辅导员队伍建设规定》，辅导员有严格的工作要求与管理方法，辅导员应该充分认识到学习政策与制度的重要性。在学习教育相关政策与制度的过程中，要坚持贯彻理论联系实际、学以致用的原则，认识到依照规章制度开展教育、管理等工作的重要性，要善于理解政策与制度的核心，善于贯彻和遵守制度，全面推进大学生的规范化管理。

（三）教育学

辅导员具有多种角色，在宏观上，辅导员属于教师队伍，是大学生健康成长的指引人。在微观上，辅导员是学生的思想政治教育者和日常管理者。明确辅导员的角色是教育者，凸显了自身的职业品行，是一种对大学生受教育者身份的呼应。一名优秀的辅导员，必须是优秀的教育者，其宗旨是服务学生，使学生更好地健康成长。在教育学中，主要是探讨学校教育的一般原理，辅导员最需要处理的问题是怎样对学生进行教育的问题，因此，必须掌握一定的教育学原理及相关的方式方法，才能更好地做到因材施教、一视同仁。此外，还可以通过阅读相关教育学故事受到启发，创新教育教学的相关方式方法。例如，阅读陶行知的"四糖故事"，明白教育应以正面教育为主，表扬与惩罚相结合，掌握奖惩的适度原则。

（四）心理学

现代社会条件下，社会竞争激烈，人们的学习和生活压力越来越大，各种心理问题、心理疾病不断凸显。高校辅导员面临着不计其数的压力，这些压力既有来自学校、学生，还有来自个人生活困惑，等等。只有掌握一定的心理学知识和技巧，才有利于保持自身的心理健康和提高自身的心理承受能力。同时，一部分大学生在面临纷繁复杂的社会生活时，产生了一些心理问题，在价值取向方面，产生了世俗化、功利主义的问题，以及身心健康水平的下降。《中共中央关于进一步加强和改进学校德育工作的意见》明确指出，高校辅导员应该用不同形式的教育方法对不同的学生进行心理疏导和教育。辅导员学习心理学才能更好地对学生进行心理疏导，解决学生所面临的心理困惑。如通过交友谈心、心理危机干预等方式与学生建立良好的关系，消除学生的心理障碍，等等。

（五）管理学

辅导员日常管理工作较为繁重，班团是基层的社会组织，党支部是党组织的战斗堡垒。辅导员要做好学生日常管理工作，需要学习管理学的基本理论知识，管理的实践方法和管理的艺术。通过有效、高效的方式开展管理工作，让学生基层组织充满活力与张力。

（六）社会学

社会学是系统地研究社会行为与人类群体的社会科学，而大学生是社会群体的重要组成部分，是国家未来的希望。随着时代的发展与变迁，每一代大学生也有不同的社会特点，了解和学习社会学知识，有助于辅导员系统把握大学生的时代特点。这样辅导员的工作就不是照搬经验，而是与时代紧密结合。实践马克思主义理论中历史唯物主义的内容，让工作既具有时代的宏大叙事，又具有个体的鲜活印证。

（七）法学

法治是治国理政的方式，是四个全面的基础和保障。辅导员应当具备法治思维，用法治思维做好教育管理工作。依法治国就要求依法治校，即学校的各项教育与管理工作都要按照法律有关规定进行。目前，侵害大学生合法权益的事件屡屡发生，而这部分学生的法治思维较淡薄。要使大学生懂得民主和法治的含义，维护自身的权益，辅导员就应该拥有过硬的法律知识，在头脑中树立法治意识，拥有法治思维。辅导员在日常工作中要向学生普及相关的法律知识，让学生理解法律底线不可触碰，作为当代大学生要遵守校纪校规、班纪班规，维护自己的合法权益。同时，辅导员是日常事务管理者，要想出色地完成管理工作，就要拥有法治思维，依法办事，本着公平合理的原则管理和教育学生。因此，辅导员要不断学习法律知识，增强法治观念，提高应用法律的技能，并用法律知识指导实践。

第三节 案例分析

辅导员队伍要树立终身学习的观念，在实践中不断加强学习，推动工作的进步，促进学生的发展和自我的发展。只有辅导员队伍自身素质高了，才能成为学生的导师；只有辅导员知识范畴广了，才能成为学生的知心朋友。

案例一：专业、职业、专家：教授型辅导员的三位一体

（一）案例背景

简敏，教授（2007），在辅导员一线工作 20 多年，积累了大量研究素材，在职业发展中取得专业化、专家化科研成果。在工作中，她着力开展大学生思想政治教育领域研究，主持多项省部级以上研究课题，多次获得省部级科研论文奖，并在 2017 年荣获全国辅导员年度人物称号，2020 年荣获全国最美高校辅导员称号。在学生工作研究领域中，她是政治学专业硕士生导师，是重庆市唯一的专职教授辅导员，是重庆市科普专家，也是重庆市首届辅导员名师工作室主持人（2015 年），重庆市优秀辅导员择优资助计划获得者（2014 年），国家留学基金管理委员会公派访问学者（2008 年），同时还兼职重庆市政治学会常务理事、重庆市社会科学社会主义学会理事、重庆市青年研究会理事。

（二）实施路径

简敏教授开展学生工作专业研究的起步较早，成就显著，在她评选全国辅导员年度人物材料中如此总结了自己的科研生涯：

辅导员应多积累综合素养需求，增强时代专业技能。面临角色多元化、多任务化的挑战，辅导员需要内外兼修，巩固政治、心理、网络、职业规划等知识，把"微时代"的主动权牢牢握在自己手上，提高学生的思想政治素质，促进学生的心理健康发展，提升学生的学术创新能力。简敏教授具有政治学和思想政治教育学专业背景、国家心理咨询师资格。她参加了教育部辅导员的第 36 期和第 49 期骨干培训、TTT 培训、BCC 认证培训、UCC 培训，等等，这些培训都提高了辅导员工作的效率和吸引力。

辅导员应坚持知识与实践的统一，坚持教育为民，致力于为社会服务的实践。简敏教授成立"理论研究会""创新调查队"等以"实践与学术"相结合的教

育模式，培养大学生的社会责任感。她组织学生完成重庆市七所高校《大学生学习质量评估体系》报告，将其应用于教学改革；坚持在街头、农村宣传法律，回答大众的困惑；和学生一起进行田野调查，为我国新《婚姻法》的制定提供立法参考；组织大学生"生存体验"的活动，引起教育界对大学生挫折教育与服务意识的争论；与法院共同开展青少年矫正问题探究；设计并成功开展了近5000名高校学生的危机预防实践，使得在校大学生应对危机的能力得以提高。

辅导员应培养有真学问的人才，激发大学生的科研创新能力。在新时代，辅导员不仅是大学生的思想领袖，而且也要努力成为学生的学术带头人。作为第一指导老师，她指导本科生申报第14届、12届和17届全国大学生"挑战杯"比赛，分别获得国家二等奖（银奖）、国家三等奖和两次重庆市特等奖和一等奖；指导学生发表10多篇学术论文（6篇获市级以上奖项），指导学生项目多次成功获得"创新创业训练计划项目"国家级和市级立项；指导学生成功申报20多个学校科研创新项目。就像学生们所说："您就是我们所需要的辅导员……"

辅导员应对高校应急管理问题进行研究，产出工作理论成果。简敏教授对大学生校园安全稳定的主题进行了理论研究，并且取得显著成效。她主持11项省部级以上课题，如教育部规划项目《高校青年自组织"在线集体行动"研究》等；出版5部著作，发表多篇学术论文。个人专著《校园危机管理策略创新：当代高校稳定的现实选择》是全国第一本高校危机管理著述，在教育部主办的"2009年高校品牌建设与危机处置高峰论坛"上，被指定为唯一交流参考资料；撰写的咨政报告《多举措缓解疫情对2020届高校毕业生就业的冲击》获团中央主要领导干部的批示并采纳；完成十几万字的调查报告，其中包含《在校大学生思想状况和网络在线行动》《大学"校闹"现象的依法治理》和《重庆十所高校网络舆情调研》《重庆市青年社会组织公信力情况调研》等。

简敏教授通过学习进行研究，收获自己的成长，她也培养了数以千计的学生，高质量地引领学生的成长，成了学生的知心朋友和人生导师。

（三）经验启示

辅导员应当明确自己的工作职责，定位自己的职业发展。辅导员是大学生思想政治教育的中坚力量，是高校思想政治工作主体与客体间的交汇者，是主体间的联络人，在资源整合和协同中起着不可或缺的作用。大学生正处于情感和认知趋于成熟的关键阶段，尤其是面对复杂的国际国内形势，部分大学生存在理想信念模糊、政治信仰混乱、诚信意识缺失、价值取向扭曲、心理素质低下、社会责任感淡化、艰苦奋斗精神缺乏、团结合作观念差等问题。以上种种问题只靠课堂讲授还不能完全解决和根治。尤其是在网络化时代，信息多元、价值多元、消费多元等观念都会不同程度稀释思想政治教育理论课的教育效果，只有辅导员"知心姐姐"式的疏导、影响、指引、领路，才能让理论课堂所构架的人生观、价值观得以巩固和深化。

辅导员能做研究吗？答案当然是肯定的,辅导员长期在一线从事学生工作，最为熟悉和了解当代大学生，为科研积累大量素材和有效数据。辅导员学习提升自己的素质能力，做好科研项目，具体的方式路径应当包括以下几个方面。

1. 用信心增强政治素质

只有自己真信、真学、真懂，才能内化于心、外化于行，用生动活泼的语言去炼真金、讲道理，去传播信仰、传授知识、播种梦想。需要更多关注的是思想和理论层面。我们处于新时代，可以看到随着多元价值观的影响，教育出现了一些新特征。这些特征包括教育主体多元化、教育形式多样化、教育对象需求多样化、教育内容国际化等。知识爆炸的时代，显性知识很容易获取，隐性价值导向更为重要。这里不仅有学生"怎样选择知识"的困惑，也有学生"选择什么样的知识"的困惑。辅导员的首要工作职责就是为学生解价值之困，使学生形成正确的三观，即世界观、人生观、价值观。在激烈的思想斗争中，保持中国共产党教育的本色，把主流意识形态和社会主义核心价值观的魂注入学生成长中。引导学生求知、求理，在大学期间增长知识和见识，德才兼修从而全面发展。

2. 用爱心撑起工作情怀

只有打动学生，才能影响学生，而爱心是工作最好的催化剂和黏合剂。辅导员工作具体、琐碎，需要付出、需要奉献的情怀，这正是工作的初衷。当代教育家陶行知主张"人教人"，辅导员是学生的旗帜，言传身教尤为重要。要想学生成为什么样的人，教师就应该努力成为这样的人。教育中用爱，才能更好将价值观念深入人心。罗杰斯是以为人本主义学者，他强调人的情感和主观接受、人的自我实现。因此，辅导员工作应加强对学生的关注和尊重，以爱为基础的情感教育能起到更好的效果。

3. 用新思维创造新方法

要以生为本，把学生看作平等的主体，积极与之沟通；学习新的教育教学方法，开展融媒体教学实践，用学生喜欢的方式开展互动，打造学生喜闻乐见的思想政治理论传播活动。当前网络传播技术发展迅猛，新的教育方式更注重开放性、模拟性、交互性。[①] 为适应新的教育需要，辅导员应当在大思政理念指导下，通过新媒体技术提升教育的覆盖面、时效性与针对性。

4. 用视野提升工作格局

要拓宽视野，增长见识，用马克思主义唯物辩证法带领学生去探索问题、解决问题，教会学生进行纵横比较分析。同时，自觉将辅导员工作融入高校立德树人工作体系中，做好每件小事是教育发展中的大事，是立德树人的大事。视野决定格局，辅导员的视野在较大程度上影响学生的视野，以及对生活、学习等的价值追求。辅导员应当教会学生视域要广，理想要高，要勇于承担时代的责任和历史的使命，要学会纵观古今、融会中西，用历史唯物主义来分析和解决问题。

5. 用高度自律传递正能量

不断加强自我修养，做到网上网下一致、说和做一致，立志做学生心目中的一面旗帜，在工作的各个环节中以身示范，尊重学生、引领学生，从学生的实际情况出发，解决学生的思想问题。辅导员作为学生思想的带领者，自我要求是否严格、言行是否一致、道德水平是否高尚，学生都会在心中衡量。大学生处于青年初期，是自我意识逐渐分化整合的重要时期，是价值观逐渐建立健全的重要时期，辅导员传递的正能量在大学生的成长成才路上起着关键性的作用。

6. 用高尚的人格彰显魅力

将仁师作为成长的目标，在工作中有信念、有情感、有品位、有担当、有风格、有责任感，用一个灵魂去触动另一个灵魂，真正做到师者本色，传道、授业、解惑，为学生点亮心中的灯，照亮前行的路。习近平总书记在全国高校思想政治工作会议上提出广大思想政治教育教师要做"大先生"，指出："教师是人类灵魂的工程师，承担着神圣使命。传道者自己首先要明道、信道。高校教师

[①] 徐德斌. 大思政格局下高校思想政治理论课创新与实践研究[J]. 现代教育科学, 2019(6).

要坚持教育者先受教育,努力成为先进思想文化的传播者、党执政的坚定支持者,更好担起学生健康成长指导者和引路人的责任。"① 教师要在教育工作中引导学生形成健全的人格,首先应该成为人格的先修者。为了使学生扣好人生的第一粒扣子,应当首先成为一个身正德高的人。

辅导员奋斗在立德树人的教育战线,要坚守岗位,在大思政理念下的三全育人体系中担当责任与使命。辅导员作为高校思想政治教育工作的骨干,应当坚守正确的方向,开展针对性的工作,成为学生成长成才的人生导师,并且能自觉学习和运用新思想、新理念、新技术培育时代新人。

辅导员深入大学生群体、教育大学生的前线,能够碰到很多实际问题。这些问题都是大学生思想政治教育的前沿问题。面对问题不应沮丧、悲观对待,而是应该将问题视为机遇和挑战,以激发研究和创新的热情。

作为全国辅导员年度人物、最美辅导员的简敏教授,能够深入学生,为解决学生管理、学生培养中的问题开展大量的实证调研和科学研究,既获得了一手资料又有的放矢地解决了问题。

案例二：资格、平台、能力：辅导员队伍建设实施途径

辅导员队伍建设是坚持"立德树人"根本任务,落实"三全育人"基本要求,始终坚持"一切为了学生"教育理念的重要环节。辅导员队伍建设就是通过抓学习和研究实现输入的多维立体性,从而让辅导员的工作输出更加有力量。

（一）案例背景

西南政法大学每年拨出三十万元专项资金,组织辅导员集中外训,增强本领。分批组织辅导员参加在我国著名高校举办的专题研修班,以使辅导员的能力和综合素质得到有效提升,培训内容包括创新思维与创新管理、新媒体时代的公共危机防范管理、高绩效团队建设与实施,等等。同时,邀请专业机构开展职业培训,如国家心理咨询师、全球职业规划师、大学教师的 UCC 课程和其他必修课,以实现辅导员的全覆盖。近三年来,近 50 名辅导员已获得国家二级、三

---

① 习近平. 把思想政治工作贯穿教育教学全过程开创我国高等教育事业发展新局面 [N]. 人民日报, 2016–12–09（01）.

级心理咨询师证书，近120名辅导员获得国家二级职业指导师资格，多名辅导员获得全国和重庆市辅导员职业技能竞赛奖项。近年来，西南政法大学涌现了一批"全国教育系统巾帼建功标兵""重庆市辅导员年度人物""全国高校优秀辅导员"。

2020年，学校一线专职辅导员简敏教授也获得了中宣部和教育部评选的全国"最美高校辅导员"称号。

（二）实施路径

1. 学校高度重视辅导员队伍建设

为了贯彻习近平新时代中国特色社会主义思想和教育工作的重要论述，落实好《高校思想政治工作质量提升工程实施纲要》《中共中央国务院关于加强和改进新形势下高校思想政治工作的意见》《普通高等学校辅导员队伍建设规定》《新时代爱国主义教育实施纲要》等文件精神，结合学校"不忘初心、牢记使命"主题教育部署要求，根据学校学生工作实际，提升辅导员的专业水平和工作能力，保证辅导员有平台、有工作条件、有发展空间、有待遇保障，制定《西南政法大学关于进一步加强辅导员队伍建设的实施方案》。

2. 将学习和研究作为辅导员提升素质能力的重要途径

按照辅导员工作年限及实际工作状态动态管理，分为初阶、中阶、高阶三阶段分类培养。面向初阶辅导员，组建初阶学习组，提高辅导员的学术研究水平；面向中级辅导员，紧密结合学生的需要和辅导员的发展，在学生管理、就业指导、思想政治教育等方面建立辅导员工作室。面对资深辅导员，帮助他们搭建自己的平台，承担团队责任、创立品牌，为思想政治队伍的专业发展提供强有力的支持。建立学生思想政治教育科研项目，专业经费每年增加10万元。从2015年起，建立辅导员工作培训项目、精品项目，先后设立了"辅导员引导高校网络舆论的策略研究""新形势下高校少数民族学生管理评价机制研究"等40个辅导员科研队伍。"'辩论文化'涵育社会主义核心价值观——基于'五位一体'的研究生论辩活动项目平台"被纳入2015年度教育部高校辅导员工作精品项目。在重庆市高校辅导员择优资助计划项目中，学校三年都有辅导员入选。民商法学院辅导员简敏领导的"高校突发事件预防与处置科研团队"还被选为首届重庆市高校辅导员名师工作室（全市共4个）。

（三）经验启示

1. 实施内培外训，提高辅导员的专业能力

把辅导员培训纳入干部培训计划与学校教师培训计划，保障辅导员队伍培训专项经费。实施辅导员能力提升计划，构建校内全员培训、国内骨干轮训、国外优才研修的培训体系。实施辅导员海外研修计划，每年派优秀辅导员到国外著名高校开展学生工作研究，开阔国际视野。派部分辅导员到国内知名高校、企业、地方党政机关、基层学习和参加培训。

2. 搭建平台，助推辅导员专家化发展

做好思政科研项目和辅导员精品项目评价方案的培养，要求辅导员努力学习思想政治教育专业知识，同时也要学好与思想政治教育相关的学科知识，积极参与科研项目研究。充分发挥西南政法大学辅导员教研中心的凝聚作用和校级辅导员工作室的示范作用，支持辅导员围绕新形势下学生工作的重点难点问题开展理论研究、实践探索，使工作室成为育人理念的平台、展现辅导员优秀风采的窗口、孕育著名辅导员的摇篮，打造一批在全国和重庆市有一定影响力和知名度的辅导员骨干，形成一批高层次和高水平的研究成果。

3. 加强辅导员队伍建设，以榜样的力量带动青年辅导员的成长

学校形成以"全国最美辅导员""全国教育系统巾帼建功标兵""全国高校优秀辅导员"等优秀辅导员为标杆的学习团队，以辅导员队伍素质能力提升为原点，学生培养发展为目标，紧扣立德树人的根本任务，打造辅导员学习型组织。辅导员队伍建设是大学生思想政治教育工作的基础，教人者自强，教育自然能够起到更好的作用。西南政法大学以教育部辅导员队伍建设相关制度为依据，制定了系列文件，推动辅导员队伍建设。与此同时，西南政法大学的学生培养工作也取得了瞩目成绩，培养的学生组织获得全国优秀班集体、共青团中央活力团支部，培养学生荣获全国优秀共青团员、重庆市向上向善少年等荣誉称号。

本章小结

学习是一个永恒的话题，学习是终生的事业。辅导员在工作中要善于从理论中学习、从实践中学习，向全国辅导员年度人物、最美辅导员等优秀人物学习，不断提升工作能力和综合素质。辅导员通过理论、实践的学习，不断磨炼，最终成为工作上的行家里手、大学生思想政治教育研究的专家，以及大学生成长的人生导师和知心朋友。

第三章 "规"之有度[*]

今年是决胜全面建成小康社会、决战脱贫攻坚之年，全国广大教师用爱心和智慧阻断贫困代际传递，点亮万千乡村孩子的人生梦想，展现了当代人民教师的高尚师德和责任担当。希望广大教师不忘立德树人初心，牢记为党育人、为国育才使命，积极探索新时代教育教学方法，不断提升教书育人本领，为培养德智体美劳全面发展的社会主义建设者和接班人作出新的更大贡献。

——习近平向全国广大教师和教育工作者致以节日祝贺和诚挚慰问

2020 年 9 月 10 日

第一节 概　述

随着教育体制改革的不断深化，高校辅导员工作面临着新的挑战，学生工作内容在得到不断丰富的同时，工作方向与任务也逐渐走向复杂化，开展工作的范围和难度也由此逐渐加大，如何全面掌握并优化辅导员工作的幅度、边度和温度成了时代课题。新时代、新发展背景下，高校辅导员的身份并非是单一化的，而是具有复杂化、多重化、全方位的特征，既是思政教育实践者，又是集体活动组织者；既是学生行为规制者，又是学生心理疏通者；既是学生成长发展指引者，又是学生平时生活关怀者；既是党团工作建设者，又是就业工作

---

　　* 本章编者简介：张文浩，男，法学硕士，西南政法大学行政法学院党委副书记，先后担任一线专职辅导员、院团委书记、学工办主任，发表思政教育论文十余篇，合著专著 1 部，参研重庆市思政专项课题两项；李雪，女，法学硕士，西南政法大学国内合作办公室（校友工作办公室）副主任，先后担任一线专职辅导员、学院团委书记、学工办主任，发表核心期刊论文 3 篇，其他论文 10 余篇，参研市校院级课题多项；卫薇，女，讲师，西南政法大学民商法学院辅导员，从事高校思想政治教育工作 6 年，发表思政类学术论文多篇，参编专著 1 部，获第五届西南政法大学"辅导员素质能力大赛二等奖"。

引导者。但是,目前我国高校的两大主力军——专业专职教师与高校辅导员队伍,均在教育方式和工作方法方面出现了部分差异,未能在新挑战下妥善实现管、服、教三者的珠联璧合与螺旋上升,在教育效果方面似乎没有完全达到预期目标。辅导员在学生心目中,即是管理者的化身,"规"字当头,声色俱厉,通过规章制度的刚性方式直接对大学生开展制度化管理,在实际办学中割裂了扎根中国的独特的规矩文化。就目前情势来看,学生管理者采用一刀切、刚性化的管理模式效果不佳,难以真正起到管理育人的作用。在大学课堂这个教学主阵地上,专任教师似乎只承担了教书的责任,被学生视为单纯的"教书匠",而育才树人之责还未完全融入教育教学方法。在此种管理者与教育者割裂的情况下,辅导员和专任教师应该加强联系,互通有无,相互借鉴,在思想政治教育的第一课堂和第二课堂形成育人合力。弱化制度化管理的功利性目的,适当把刚性规制与柔性教育相结合,在潜移默化中达到春风化雨的效果。

一、"规"的词源阐释

规,有法度也。从夫,从见。[①] 规乃法度的正圆之器,有见识的成年人言行举止必然合乎规矩。因而"规"不仅要着眼于法度政策,还需培育有见识、有志气、有责任、有骨气、有底气的时代新人。本章借古开今,将"规"沿用至高校辅导员教育工作方式的转变与实践,从正反两面揭示真正落脚于高校大学生管理的"规"则章法,即"规"之有度、管服统一的管理模式。通过规度、管服这两只"有形"和"无形"的手更新旧式僵硬的高校辅导员工作方式,坚持循序渐进、有的放矢地培养社会主义建设者和接班人。

二、"规"的现代词义

中共中央与国务院在 2004 年统一印发了《关于进一步加强和改进大学生思想政治教育的意见》,明确提出要着力建设一支高水平的辅导员、班主任队伍;教育部先后出台数份关于建设高校辅导员队伍规定与培训计划的政策性文件,制定了一系列措施以深入加强和推动辅导员队伍的各方面建设。教育部令第43号要求辅导员工作要达到服务育人标准,并且认真做好学生日常思想政治教育,

---

① 《说文解字》陈刻本,第419页.

加强高等学校学生的班级建设和管理工作。随后，教育部在 2014 年印发了《高等学校辅导员职业能力标准（暂行）》，将辅导员的职业定义为"高等学校教师队伍和管理队伍的重要组成部分"，从这个层面和内涵上，不难看出辅导员具有教师和干部的双重身份。换句话说，高校辅导员不仅是各高校思想政治教育课程开展的核心和骨干力量，也是大学生日常思想政治教育工作的引领军、指挥军和执行军。在立德树人、培育新时代青年的目标指引下，辅导员应当努力成为学生成长成才过程中的知心朋友和进退维谷时的人生导师。《中共中央国务院关于进一步加强和改进大学生思想政治教育的意见》曾提出："高等学校各门课程都具有育人功能，所有教师都负有育人职责"，明确了高校要树立全员育人工作理念的基本要求和发展方向。构建辅导员与教育者合作育人的机制，正是践行高校全员育人理念的具体举措。2018 年 5 月，习近平总书记在北京大学师生座谈会上的重要讲话强调，"人才培养，关键在教师。"[1] 也就是说学校教师队伍的整体素质在价值影响方面直接决定着学校的办学水平和学生的学习能力。因此，我们要培育一支高素质、强专业、严作风的辅导员队伍，就要始终铭记总书记对教师建设的目标和要求，即争做"四有好老师"；当好"四个引路人"；坚守"四个相统一"。其次，高校还需要深入贯彻落实《全面深化新时代教师队伍建设改革的意见》的指示和精神，着力建设新时代高素质辅导员队伍，即从政治素质、业务能力和育人水平出发，达到过硬、精湛、高超的目标。

三、"规"在辅导员工作中的意义

除了越来越多关注辅导员工作的政策出台之外，教育事业和教育队伍的发展和难题也同样吸引了很多学者对高校辅导员工作进行全面、深入的研究，自此相关理论成果遍地开花。例如童静菊在《生本理念下高校学生工作体系研究》一文中以辅导员为服务者的视角，改变以往"管理者"本位的思想，强调以学生为主体，以为学生服务为手段，以培养高素质人才为目标，对大学生工作体系的建设和管理进行了细致的分析和讨论；段彦波在《高校辅导员应成为大学生的人生导师》一文中察觉到现阶段高校辅导员顺应时代、与时俱进的必要性和重要性，并认为在新形势之下，辅导员的角色需要不断充电学习，并进行重新认识与调整，

---

① 习近平. 在北京大学师生座谈会上的讲话 [N]. 人民日报，2018-05-03（2）.

高校辅导员不能仅仅围绕"规矩"一词开展工作，应该在大学生的学习指导、就业指导、课外活动等方面成为切实的人生导师；时长江在《试论我国高校学生工作职业化与专业化》一文中初步论述了促进我国高校学生工作职业化应把握的原则，及促进我国高校学生工作专业化的途径。关于高校辅导员的角色定位，出于不同的研究角度，目前存在着许多不同的角色定位看法。例如从工作内容的角度出发，有研究者就将辅导员定位为管理者、组织者和教导者；有研究者将高校辅导员定位为思想政治教育引导者、职业规划引导者、心理健康辅导者、人生发展指导者等。社会各领域皆对高校辅导员的角色定位和工作初心有了新的导向，因此周规折矩的行为方式需要转变为"规"之有度的教育模式。

第二节　理论阐释

新时期，教育目标和人才培养理念的多元化带来了一系列的挑战。大学生群体出现了很多新特点，思想状况日趋复杂，部分大学生受多元化思潮影响，人生观、世界观、价值观开始动摇。高校辅导员工作也遇到了很多新难题、新情形，如大学生心理问题越来越集中，大学生慢就业、缓就业情况日趋严峻等，辅导员工作理念和方法在新的时代背景下面临全新的挑战。但是，目前高校辅导员开展学生工作，好像部分程度上依然没有摆脱传统、僵化的管理主义理念，例如过重地强调"规制"，忽视了教育也是有幅度、温度和边度的，由此导致管理方式和工作模式多以制度化、模板化、公式化管理为主导理念，以集体管理、无差别管理为主要方式，工作方法则侧重于"规章式"约束和"灌输型"教育，这不仅忽视了学生的客观主体性和思想能动性，还忽视了大学生初成雏形的自主意识和独立人格，十分不利于青年学生的德智体美劳全面发展。新时代思想政治教育要强调推陈出新、与时偕行，首先要在原有基础上创新教育方法，如正面激励教育法、艺术感染教育法、角力计较教育法、知行合一教育法、情理结合教育法、疏浚沟通教育法、典型范例教育法、独立意识教育法、批评与自我批评教育法，等等，把握规制的幅度，实现教育松弛有度、收放自如。其次在管理工作中，强调要以点带面，即抓两头、带中间，发挥班级学生干部和党员干部的先锋作用，带领全体学生不负寄托、奋发有为，实现"规"之有边，"规"之有度，既不松懈辅导员工作力度，也不忽视学生自主学习能力。最后在工作作风上，做到以严管生、以情带生、以行带生，严管厚爱、情理得宜，打造有温度、有情怀的教规方式，同时贴近生活、贴近学生、贴近实际。新形势下的学生管理工作，要坚持以学生为中心的管理视角，充分发挥学生的内因作用，探索行之有效的管理方法。

一、"规"的根本内涵

苏霍姆林斯基有一个著名的论断："真正的教育是自我教育，是实现自我管理的前提和基础；自我管理则是高水平的自我教育的成就和标志。"借鉴苏霍姆林斯基的观点，我们完全可以这么说，真正的管理是自我管理。[①] 长期以来，高校辅导员一直处于管理者地位，学生是被管理者的状态。"规"被当作辅导员的工作目的，借助学校的规章制度，对学生进行制度化管理，学生则在辅导员外力的介入下形成了"他律"的学习状态，被动地接受辅导员的管理，被动地执行学校的规章制度，从而失去了主动性、创造性，造成教育的成效不显著。其实，规制不等于管理、惩戒，管理和教育并非二元对立，管理也只是辅导员实现职责的一种手段。其外在的显性作用是激发学生认知能力，让他们在规矩中能够清晰区分是非界限，做到弃恶扬善；内在的隐性作用是通过教育让学生由"他律"转变为"自律"，实现自我管理、自我规划、自我塑造。学生具有这种潜在的自律能力，而现行教育的辅导员管理模式，过多地强调了辅导员的主导管理地位，淡化了学生自我管理的主体意识，忽略了对学生的自我创造力的激发，一定程度上使学生减轻了对集体荣誉感和归属感的追求。著名教育家苏霍姆林斯基说过："没有自我教育，就没有真正的教育。"这一观点告诉我们，学生自我成长力和自我教育能力是当下非常重要但是却被我们忽视的一种能力，而这种能力至关重要。叶圣陶老先生就语文教学说过一句话："教"是为了"不教"，我们在这里引申一下，对学生管理而言，"规"是为了"不规"，当规章制度建设做到有序又有"度"，规则主导性与学生主动性相统一，便能真正实现纪律入心而"不规"。习近平总书记提到思想政治教育时，强调情怀要深、

---

① 刘宇清，陈平．从"他律"到"自律"——谈"班级自我管理与学生自我控制模式"的构建思路 [C]// 全国教育科研"十五"成果论文集（第一卷）．2005：540–543.

温度要暖，"只有打动学生，才能引导学生。"[①]综上所述，高校辅导员要努力实现在新要求、新背景下自我角色的转变，由"牧羊人"转变为"领头羊"，最终有效实现高校大学生的自我管理和自我认知。

二、"规"的基本特征

（一）发展性

高校规章制度不同于法律法规需要较高的稳定性以维持对社会的权威和效力，随着时代需求与学生特点的变化，规章制度也需要作出相应的创新发展。毛泽东主席在《矛盾论》中说："新陈代谢是宇宙间普遍的永远不可抵抗的规律。"[②]换言之，事物在不同性质和条件作用下，可以由次要矛盾上升为主要矛盾，由量变到质变，发生质的飞跃。所以，在"规"的基本构想中，要实现"稳定本位"向"发展本位"转变，不能一味地守着老一套规章制度，以免陷入故步自封、抱残守缺的僵局。

（二）合理性

将平等、公正、法治等社会主义核心价值观融入高校学生管理和教育体系不仅是新时代中国特色社会主义现代化教育的时代要求，也是高校实现依法治校与以德育人相统一的基本前提。因此，高校学生规章制度建设应当做到各方权利与义务合理分配与承担，努力实现既合法又合情、既严管又厚爱。学者蒋来用提出严管厚爱才能有政德，这是制度建设的核心，也是规章管理的导向。[③]通过构建"规"之有度、管服合一的规章制度，推进学生工作合理展开，才能将学生的行为引导至正确的轨道，而非以枷锁的形式束缚学生手脚，真正发挥高校管理的作用，实现高校与社会更为流畅的衔接过渡。

---

① 习近平.思政课是落实立德树人根本任务的关键课程[J].新长征（党建版），2021（03）：4-13.

② 毛泽东.毛泽东选集　第一卷[M].北京：人民出版社，1991：323.

③ 蒋来用.政德培育需要持续严管厚爱——学习习近平总书记在重庆代表团重要讲话[J].旗帜，2018（4）.

（三）人文性

高校规章制度制定过程具有较强的人文特征。首先,针对新阶段的制定需要,对新问题、新目标进行整合分析并确定科学、正确的解决方案,这是学校领导者集体智慧的结晶;其次,规章制度的主体是人,集中体现为重视学生的管理、尊重学生的看法、关心学生的成长、爱护学生的创造等方面。有效的规章制度离不开人文科学的支持和协调,注重对学生精神层面的教育和指导,在执行"规"的同时兼顾人文情怀,尽可能做到有理有节有据有力。

三、"规"的主要原则

（一）以人为本,坚持立德树人原则

战国法学家韩非在《韩非子·饰邪》中言:"悬衡而知平,设规而知圆,万全之道也。"统则必有制,制则需有规,法与规都是实现有序治理必不可少的部分,法是保障秩序的武器,而规是引导秩序的明灯。西方组织管理学著名的权变理论也洞悉了有效的领导模式需要通过外在环境和内在要素的结合,方能最大限度地激发被领导者的能力。学生是学校的核心和主体,以生为本原则便是要强调在高校规章制度的构建和实施过程中,学生的利益是一切工作的出发点和落脚点,高校管理工作不仅需要教师、辅导员以及行政管理人员的服务,还需要充分调动学生的积极性,实现多方联动、以人为本。因此,能调动学生内在动力、与新时代背景相适应的"规"才是正确的辅导员工作指向。

（二）以新为向,坚持创新发展原则

高校是高等教育序列之中至关重要的组成部分,是国家培养高层次时代人才的主要来源。高校教育的目标群体是正处于青春期向成年期过渡的广大青年大学生。在主观上,青年大学生渴求汲取将来能够实现自身社会价值的专业学科知识;在客观上,由于青年大学生对现实世界的认知正处于人生重大转折期,世界观、人生观与价值观并不成熟,需要正确的思想道德政治教育的引导。因此,高等教育的目标不仅在于传业、授道、解惑,更需要注重对大学生群体在思想道德、爱国主义等精神层面的熏陶,以求全面提升大学生群体的整体质量及素质。当前,培养高校大学生群体的思想道德素质主要是以课堂主渠道思政教育和第

二课堂思想道德教育相结合的方式进行，而课外思想道德素质与政治教育由于密切联系大学生群体的学习与生活，是提高大学生群体思想道德素质的主要方式。作为大学生思想道德素质与政治教育实施主体的辅导员，责任重大。辅导员要密切联系青年大学生的思想动向，做好道德规范引导，充分利用课外活动的丰富教育资源，挖掘大学生的创造潜力，发挥大学生在第二课堂的学习探索积极性和主动性，促使他们树立正确的世界观、人生观和价值观，为中华民族伟大复兴提供高知高能高素质的人力资源储备。

（三）以合为力，坚持师生联合原则

高校规章制度的制定和实施都应坚持师生联合原则，通过多方联动使"规"深入人心，得到大家更好的理解与执行。在制定高校规章制度的过程中吸纳学生的意见和需求，提高学生的参与度，尤其是在公告公示方面严格做到公正透明、程序正当，以便广大师生发表观点。在实施高校规章制度方面，更需要得到学生的支持，提高学生遵守规章的自觉性，变"他律"为"自律"，减少实施的阻力，提高实施的效率。学者吴静等人提到坚持"三全"原则，即全员参与、全面参与和全过程参与[1]，通过全方位的师生联合方可实现学生由被动接受转变为自主管理、自主教育、自主发展，构建理想状态下的学生管理模式。

四、"规"的实现路径

"经师易求，人师难得。"传道授业的指路者容易培养，而立德树人的教育者却难以寻觅。辅导员队伍对于大学生的思想政治教育工作的重要性毋庸置疑，一直以来都被各高校置于非常重要的位置。那么在新媒体飞速发展，大学生时代特点尤为鲜明的今天，传统的辅导员普遍采用的以"规"为主导的思想政治教育模式，是否适应今天新媒体时代学生的身心特点，是否适应新技术时代的背景呢？答案是否定的。因此，别开生面的高校思政教育模式需要强调"规"之有度，把刚性教育和柔性教育结合起来，把教育者的教育职责有效地融入管理者的角色中来，正所谓："有人格，才有吸引力。亲其师，才能信其道。"[2]

---

[1] 吴静，斯荣喜. 大学生参与学校管理的实证研究 [J]. 教育发展研究，2005（19）.

[2] 习近平. 思政课是落实立德树人根本任务的关键课程 [J]. 新长征（党建版），2021（03）：4–13.

将规之有"度"落实在高效辅导员工作的方方面面，使严管与厚爱内化于实践之中，才能既有不恶而严的气势，又有春风化雨的效果。因此，辅导员应当创新地将"规制"与"教育"相结合，扮演好"管理者"和"教育者"的双重身份。

（一）提升高校辅导员地位，增强职业的认同感

提升辅导员工作的地位和职业认同度。在我国，对于辅导员队伍的角色定位还是比较"边缘化"，大部分人固有观念中的辅导员还是介于高校专任教师和行政工作人员之间的一种角色，事实上，辅导员属于教师队伍，可以双线晋升，也是高校行政干部的强大后备力量。正因为辅导员是高校中最直接、最经常、最广泛接触大学生的群体，所以他们才应该成为大学生思想政治教育的中坚力量、核心骨干和大学生成长成才过程中的良师益友，也就是在发挥管理者的规制作用之外，辅导员还应该成为学生的良师益友。

（二）转变辅导员管理观念，深化工作可接受力

转化辅导员管理观念，不能将管理者的思维模式固化，应当重视学生的独立意识和自主能力，辅导员要真正深入到学生、深入到实践、深入到特殊群体中去，认真了解学生真正的需求和期望，科学探索新时代青年学生成长成才的轨迹和规律，致力于寻找有利于学生德智体美劳全面发展的管理模式。此外，旧式思政工作难以真正地得到学生们的接受和理解，这就需要思政人员转变传统的、僵化的管理思维观念，将管理、规制转变为教育、引导，这样就可以更好地帮助学生了解思政工作的深刻内涵和重要意义，也可以解决他们在学习生活中遇到的实际问题。[①]

（三）创造师生间双向交流，营造和谐教育背景

创造双向交流，互相探讨的交流渠道。现代学生的特点使得传统模式下单方面管理的办法不再奏效。美国心理学家菲德勒提出的领导有效性的权变模式强调，领导方式的有效性关键在于领导者风格和组织情境的最优匹配，针对不同的形势条件，构建与时偕行的领导—成员关系、任务结构等组织环境，避免管理方式单向或一成不变。在立德树人的核心思想领导下，"规"之有度、宽

---

① 代尤佳 . 新时期高校思政工作的方向略述 [J]. 企业导报，2015（8）.

严相济的工作管理运行方能形成和谐的教育环境，通过教师有效引导、学生自主参与、双向及时交流的方式使得学生积极性和主动性得以增强。

（四）建立新型信息传导制，推动"三级联动"报告

实行"三级联动"的管理报告制，即学生、辅导员、学院三级联动，在行动上齐抓共管、上下联动，随时掌握学生动态与需求，及时落实党和国家的教育方针。通过同辈间相互传导、辅导员护航搭桥、学院统向领导的方式，通过上情下达、下情上传的方式畅通信息渠道，维护安全稳定，使各项事务有序开展。

（五）促进学生习惯外显化，将思想融入行动

落实结合实践，促进外显的习惯养成。"规"只是思政工作的手段，其最终目的是让学生养成良好的学习生活品德习惯。高校管理的着眼点应该落在学生行为习惯的真正转变，而不应该仅仅停留在形式上的转变。以"规"与"引""管"与"教"相结合的新形式吸引学生，引导学生由"他律"转变为"自律"，激发学生成长内生动力，引导学生学会自我管理、自我成长、自我监督、自我创造，适应国内外环境与形势的变化及高等教育体制改革和发展趋势。北宋教育家胡瑗先生在其《松滋儒学记》篇首言："致天下之治者在人才，成天下之才者在教化。"习近平总书记在全国教育大会上强调，学科体系、教学体系、教材体系、管理体系皆要围绕立德树人这个目标来设计。[①]李克强总理要求深化教育领域的"放、管、服"改革，通过创新改革充分释放现阶段教育事业发展的生机和活力，一步步解放传统教育的禁锢和枷锁，鼓励各级各类学校与时俱进创新教育理念和人才培养模式，为社会主义现代化教育注入新的血液和动力。统筹好管服结合、"规"之有度的辅导员工作方法和教育模式则是现下高校办学体制机制改革的重中之重。

第三节 案例分析

案例一：遵纪守规：高校学生奖惩制度规定

习近平总书记在全国高校思想政治工作会议上提出，"我国高等教育肩负

---

① 习近平在全国教育大会上强调坚持中国特色社会主义教育发展道路 培养德智体美劳全面发展的社会主义建设者和接班人 [J]. 云南教育（视界时政版），2018（10）：6-8.

着培养德智体美全面发展的社会主义事业建设者和接班人的重大任务，必须坚持正确政治方向。高校立身之本在于立德树人。只有培养出一流人才的高校，才能够成为世界一流大学。"①培养一流人才、创建一流高校，离不开一流的管理育人制度作支撑。

"规"之有度，关键在"度"。所谓"度"，即限度、幅度、温度的有机结合。限度，是指规定的最高或者最低的数量或程度，高校规章制度的制定和执行要有一定的规则和标准，要有明确的边界。幅度，是比喻事物和规则可以变动的大小。在高校的管理中，要通过研究具体的事件可能发生的环境和影响因素，决定采用哪些最为适宜的管理模式。温度，特指高等院校在管理育人中要更加注重人文的关怀与心理疏导，真正地关注大学生的身体和内心情绪。

"规"之有度要求奖惩制度也应该有限度、有幅度、有温度。

（一）案例背景

"规"之有度，奖惩制度有限度。几乎所有高校都会制定各种管理制度和奖惩条例。二级学院在认真落实学校各种管理制度和奖惩条例的基础上，建立学院配套制度，年级会在遵守学校、学院相关规章制度的基础和前提下，结合本年级情况，制定更加具体更加细化的符合本年级情况的规则。高校规章制度的制定必须有严格的界限和依据。学校对学生的处分，遵循证据充分、依据明确、定性准确、程序正当、处分适当的原则。

"规"之有度，奖惩制度有幅度。高校行政管理的方法和措施随着时代背景的变化和社会要求的改革而不断地调整，并非一成不变。但是调整的目的是为了适应时代的教育导向和育人理念，而不是单纯地为变而变。设计科学有效可操作的奖惩制度，是实施奖惩教育的关键环节。奖惩机制的设计和国家对于高等教育中所需要的人才标准、受教育者的价值取向、思想政治教育发展的规律密切相关，要最大限度地满足学生成长成才以及教育事业发展的需要。正向激励和适度惩戒，其内容、手段和程序，都反映着高校管理育人的思想和理念，是一个有明确目的，有鲜明导向的育人过程。我们应当不断健全教育理念，紧

---

① 习近平在全国高校思想政治工作会议上重要讲话 [EB/OL].（2016-12-09）[2021-10-12]. 中国共产党新闻网. http://dangjian.people.com.cn/n1/2016/1209/c117092-28936962.html.

跟国家大政方针,增强教育的规范性与艺术性,以追求集体利益最大化为目标,精心设计符合教育规律和学生成长规律,对学生真正有益处的奖惩制度。同时,应该了解、比较、鉴别不同国家、不同学校对奖惩措施的定位和做法,深刻理解我们自己施行措施背后的理念和观点。此外,学校要更加注重学习掌握现代教育教学技术手段和教学方法,通过这种宽严相济、资源共享的教学方式,真正挖掘和激励广大学生的教育潜能,培养他们成为德智体美劳全面发展的新时代的合格建设者与优秀接班人。科学合理地组织设计评选奖励制度,设置各种评选奖励条件,能够充分培养和不断提高大学生自我教育、自我管理、自我服务的能力,给予学生正向引导,激发学生良好的行为动机,发掘学生的内生动力。学生在评奖过程以及获奖之后,能够充分表现自我才能、实现个人价值,增加内心荣誉感和自豪感,更加认同学校的育人理念,会继续修正个人的行为和思想,提高学习生活的积极性和主动性,朝着更加优秀更加全面的目标迈进。

"规"之有度,奖惩制度有温度。学校对学生实施奖惩是学校管理育人的重要手段。做好高校的育人管理和高校育人发展工作,必须要始终坚持新时代的高校育人管理观念,把国家对高校管理工作规范化、严谨性、高要求与春风化雨、润物无声的现代高等院校教育管理方法紧密地联系起来,将标准化管理与人性化管理相结合。在深入推进高校大学生争先评优、追求文明进步、涉及学生利益的各个关键环节,不仅应该坚持公平、公开、公正的基本工作原则,还必须探索拓展大学管理育人的创造性发展思路和新发展方式,实现管理育人的功效,达到学校的育人目标,不仅使受奖惩者得到激励或教育,也检测了学生在思想品德、学习能力、综合素质等方面的实际情况。当前新时代教育改革大背景下,对高校依规依制进行学生管理和教育提出了更高的要求。激励制度能通过正激励导向激发学生的荣誉感,挖掘学生的内在向上动力,提高学生的综合素质,从而促进大学生思想行为发生根本变化。若惩罚措施运用恰当,能够引导学生认真反思自身问题,通过反思问题再改进的方式催生内在成长动力,充分调动学生的积极性,对培养全面发展的学生有着重要意义。

（二）实施路径

1.某高校《学生违纪处分办法》

某高校《学生违纪处分办法》（以下简称《处分办法》）明确了具体违纪

行为和相关纪律处分程度。针对涉嫌违反和严重触犯党和国家相关法律法规、构成刑事犯罪的，反对四项基本政治原则、破坏安定团结、扰乱大学校园经济社会秩序的，违背入学考试工作纪律、特别是高等教育教学课程管理规章制度有关规定的，扰乱大学校园安全管理秩序、损害在校大学生的思想形象、有碍学校经济社会秩序公德的，违背《中华人民共和国治安管理处罚法》受到治安管理警告、罚金罚款处罚的，视其情节严重分别给予警告、严重警告、记过、留校察看和开除学籍等纪律处分。

《处分办法》也明确规定了几种可以从轻、减少或者是免予惩罚的情况。对于积极配合协助学校工作、主动积极地挽回损失、主动承认自己错误的学生，应该从轻、减轻或者适当地免予惩罚。对于被免予任何处分的同学，应当给予教育和批评，督促他们改正自己的错误。

学校对于学生的处分，要坚持适度原则，处分应该与学生的违法、非规行为及其过错发生的特殊性和严重程度相适应。学校依据规章制度来管理和处罚学生体现集体的意志，彰显鲜明的育人导向。

在对高校学生进行惩戒制度的设计工作中，程序设计的科学合理性也是很大程度上必不可少的。《处分办法》中的违纪处理仲裁委员会充分借鉴了目前已经相当完备和较为规范的司法流程，引入了诸如听证手续、违纪处分裁定前的争议辩护手续、申诉和审查手续等，避免了行政管理人员主观方面地推测和判断，减少了工作期间的错误和师生之间的冲突。

2. 南方某高校奖学金制度

该高校制定了一套完整的奖学金体系。奖学金的授予范围主要包括各级国家奖学金、国家励志奖学金、上海市优秀学子奖学金、优秀学生单项奖学金、本科生新生奖学金和几十种社会捐资奖学金。

以《本科生奖学金评定条例》为例，评定标准和评选程序如下。

各个本科院系按照学生在本专业中的实际表现状态和学生成绩水平进行打分，具体评定方式和办法，各个本科院系应当参照以下标准自行确立，并上报学生教育工作部（处）备案。

①综合素质评定分（总分为 20 分）

包含了思想道德品格素养和综合身体素质技术能力，具体考虑的指标为：对中国共产党的思想和基本路线有正确的认识和态度；参加大学思政课程所学习的内容；学习的目的、态度、学风等；关心集体，参与集体活动；尊敬师长，团结同学；严格遵守学校的各项规章制度，维护社会公德，是非思想观念；个人基本的道德修养，爱护环境和公物，勤俭节约，热爱劳动，卫生习惯良好；参与社会服务工作，校园文化教育活动和社会实践等；自愿参与无偿献血；积极参加各类运动、竞赛。

②业务学习（占80分）

学习成绩（每科占70分）：按照本专业学生在校所学专业课程中的实际情况进行考核，参照下列方法进行计算：

$$S= \frac{\Sigma\ 加权后各门课程考核成绩 \times 学分数}{\Sigma\ 各门课程学分}$$

创新和实践能力（10分）：根据每个学生在学校一段时间内的学术探索、专业性的学习或实际活动、课外的科技培训活动、实践性知识和技能等各个方面的综合表现进行测评。

上述两个项目中所占的具体比重，由各个院系按照学科及年级的特点，自行做出调整、确定。

本科优秀学生奖学金评选程序为：

①每年9月由学生工作部（处）下发各院系优秀学生奖学金的评定人数，各院系可根据学校奖学金评定条件和细则自行制定相应的实施办法和细则并报学生工作部（处）备案，学生工作部（处）将对细则进行审核及存档。

②优秀学生奖学金的申报采取网上申报的模式，各院系对申请的学生进行打分、初审后，应将获奖学生名单公示5个工作日，无异议后在规定时间内登录系统进行申报，并将相关申报材料提交学生工作部（处）。

奖学金的申报条件应详细规范，明确具体的可计算的方法，学生在申报时有章可循。该校在评奖评优过程中程序完善，科学合理，坚持公平公正公开的原则，在执行过程中公开透明，保护学生的权益，尊重学生人格，通过规范严格的评选程序在学生中树立模范典型和榜样。

3. 北京某大学学生奖励办法

为了适应社会经济新形势的要求和发展，培养德智体美劳全面发展的社会主义建设者和接班人，北京某大学学生奖励办法包括个人奖励和集体奖励。其中，"学生五·四奖章"是高校给予学生个人的最高荣誉，"班级五·四奖杯"是高校授予集体的最高荣誉。

个人奖励评选的基本条件包括思想政治表现、遵纪守法表现、道德品质表现、德智体美劳表现、综合素质表现等方面。集体奖励评选的基本条件包括政治思想引领表现、集体成员遵纪守法表现、集体成员学习情况、班级学风氛围、集体开展各项活动等方面。

学校设立学生奖励奖学金评审委员会（以下简称委员会），委员会主任由主管校领导担任，成员单位包括党委办公室、校长办公室、学生工作部、教务部、研究生院、科学研究部、社会科学部、国际合作部（港澳台办公室）、校团委、教育基金会和医学部学生工作部，委员会应邀请教师代表和学生代表参加。委员会秘书处设在学生工作部。

委员会职责包括制定修订《北京某大学学生奖励评选办法实施细则》、审议确定学生奖励评选结果和研究学生奖励评选相关的重要事项。

学院（系）、研究院（所、中心）（以下简称院系）成立学生奖励奖学金评审工作小组（以下简称工作小组），负责本院系学生奖励评选工作。组长由院系党政主要负责人担任，成员一般应包括专任教师代表、班主任或辅导员代表、学生代表。

评选程序为：工作小组根据学生奖励评选条件组织评选；工作小组将初评结果在院系进行公示，公示期不少于3个工作日；公示无异议后，院系初评结果报委员会秘书处；秘书处对院系初评结果进行审核，提交委员会；委员会审议确定评选结果，在全校范围内公示，公示期不少于3个工作日；委员会将评选工作报告、评选结果及公示情况提交校长办公会审议；颁发荣誉证书。

奖项设置全面科学，重点突出，评选规则清晰明了。以学生为中心，围绕学生，关爱学生，服务学生，通过全方位的先进模范典型的树立，为学生设定优秀的行为标尺，能够在各方面激发学生努力向上，起到了良好的正激励导向作用。程序设计科学，最大限度地避免了管理者主观方面的推测和判断，最大限度地保证了评选过程的公平公正。

4. 某学院《学院学生违纪处理办法（试行）》

某高校的二级学院为了维护正常的教学秩序，为了促进广大学生"自我管理、自我约束、自我成长"，结合学院实际，研究制定通过了《学院学生违纪处理办法（试行）》（以下简称《处理办法》）。

《处理办法》明确规定了违纪行为类别与纪律处理方式。《处理办法》所指违纪行为包括旷课、迟到、早退及其他违反课堂纪律，无故不参加集体活动或者虽参加集体活动但不遵守活动相关要求并且造成一定影响，因个人不良生活习惯对他人造成影响且经教育不改正，晚归、缺寝或者在宿管纪律检查中瞒报、谎报，不履行请销假手续擅自离校，传播有害信息，在公众场合或公众信息平台发布不实信息或攻击他人的言论，扰乱校园及社会安全秩序。

纪律处理的种类分为违纪警示和纪律处分。其中纪律处分的种类分为通报批评（包括年级通报批评、学院通报批评）；警告；严重警告；记过。

《处理办法》规定，如果学生的行为违反了学校违纪处理办法的相关规定，但未达到学校违纪处分情节的，均应予以学院违纪警示。警示期的时间持续到违纪行为发生时所在学期结束，违纪警示应当以书面形式进行。在警示期内再有违反规定的行为发生，视其过错和危害程度给予通报批评、警告、严重警告或者记过处分。

《处理办法》明确规定处分权限及程序。学院、学生工作委员会、年级按照一定分工，具体实施纪律处分。记过处分，由学生工作委员会提出拟处分意见，学院审查决定；学院通报批评、警告、严重警告处分，由年级提出拟处分意见，学生工作委员会审查决定；纪律警示、年级通报批评，由学生所在年级审查决定。

《处理办法》规定学生工作委员会由学院领导、辅导员代表、违纪学生所在年级辅导员和学生代表组成。

《处理办法》有三个亮点。一是"违纪行为"有法可依，二是"违纪处分"有度有量，三是引入"警示制度"和"学生工作委员会"制度，充分尊重学生自我成长，关注学生内心需求，彰显高校的人文关怀。

"违纪行为"有法可依，《处理办法》第六条规定了作为学生所应遵守的各项纪律，参照这一规定可以引导同学们养成正确的学习生活习惯。

"违纪处分"有度有量，《处理办法》中不仅明确界定了"违纪行为"，同时对出现违纪行为的处理办法进行了详细的规定。这主要体现在两个方面：第一，清晰违纪处分等级。在《处理办法》中，对何种违纪行为进行何种违纪处理都有详细的规定，这一细节在于提醒同学严格遵守相关规定，不要轻易触碰红线。第二，明确违纪处理权限。除了细化违纪处分等级外，办法还对实行各处分决定的主体予以确定，该年级处理的，由年级处理，该学院处理的，由学院处理，充分保障了同学们的权益。

引入"警示制度"和"学生工作委员会"制度，彰显人文关怀。老师和学生，在管理系统上称为管理者和被管理者。作为高校的两大主体，在实际的高校管理中通常出现教师为主，学生为辅，两者地位不平等的情况。具体表现为对学生的权利、学生的主动性和自我管理能力的不信任甚至是忽略，因而在制定管理制度时主要从校方的意愿出发，即使考虑学生的利益也多是学校方面意志的实施，缺乏师生直接的沟通和协调。如此制定出来的管理制度必然带有极大的主观色彩，在实施过程中会受到学生的抵触。所以管理者和被管理者双方的换位思考尤为重要。学校的规章不同于社会的法律，规章的核心在于引导同学们养成正确的、良好的生活作息习惯，愉快地度过大学的四年时光。本着批评教育和人文关怀并行的原则，对于一些危害不大的小过失、小疏忽采取了"违纪警示"的处理办法。同时，对于一些需要学院行使处理决定的违纪事件，还专门设置了学生工作委员会，其中的学生代表，可以站在学生群体长远发展的角度上，客观地对违纪同学的错误予以认定，给同学以客观的处理。整体坚持以生为本，注重学生的自我管理、自我成长和自我服务。

（三）经验启示

习近平总书记在全国教育大会上指出，"培养什么人，是教育的首要问题。我国是中国共产党领导的社会主义国家，这就决定了我们的教育必须把培养社会主义建设者和接班人作为根本任务，培养一代又一代拥护中国共产党领导和我国社会主义制度、立志为中国特色社会主义奋斗终身的有用人才。这是教育工作的根本任务，也是教育现代化的方向目标。"[①] "要努力构建德智体美劳全面培养的教育体系，形成更高水平的人才培养体系。要把立德树人融入思想道德教育、文化知识教育、社会实践教育各环节，贯穿基础教育、职业教育、高等教育各领域，学科体系、教学体系、教材体系、管理体系要围绕这个目标来设计，教师要围绕这个目标来教，学生要围绕这个目标来学。凡是不利于实

---

① 习近平在全国教育大会上强调坚持中国特色社会主义教育发展道路　培养德智体美劳全面发展的社会主义建设者和接班人 [J]. 云南教育（视界时政版），2018（10）：6-8.

现这个目标的做法都要坚决改过来。"①《高校思想政治工作质量提升工程实施纲要》也明确指出了高校强化道德科学管理对于丰富道德文化内涵的重要性和意义，明确管理育人的内容和路径，切实强化管理育人作用的发挥，引导学生强化自觉，做到自律。这些文件和讲话精神为高校管理工作提供了基本方向和根本遵循。作为教育工作者，应该提倡什么、鼓励什么、抑制什么、反对什么，都应当遵循"立德树人"这个主要目标来进行。

1. 正确运用激励教育手段，促进学生全面发展

科学的激励制度能够给予学生一定的学习压力和行为指导，给学生正面的导向，旗帜鲜明地表明高校认可什么，提倡什么，赞扬什么，推动学生按照学校的要求去规范引导自己的行为和习惯，有效提高学生在激烈市场竞争中的战斗力，从而能够增强团队的凝聚力和向心力。如各项评优评先、通报表扬，都是激励教育的手段。科学的激励制度，能够引领正确的价值导向，有助于培养学生的集体荣誉感和创新思维，在全校形成比学赶帮超的良性竞争氛围，使管理育人充分发挥作用，形成师生同心同德的良好局面。通过树立典型和榜样，引导学生养成良好的行为习惯和奋斗目标，向榜样学习，自己也力争成为榜样，早日成为合格的社会主义建设者和接班人。

辅导员要善于通过激励手段，激励学生的动机和能力，调动学生的主动性、积极性，引导学生做德智体美劳全面发展的优秀大学生。

2. 客观看待惩罚制度，促进他律变自律

教育部在前期广泛调研、公开征求意见的基础上，制定颁布了《中小学教育惩戒规则（试行）》（教育部令第49号，以下简称《规则》）。《规则》首次对教育惩戒的概念进行了定义，规定教育惩戒是学校、教师基于教育目的，对违规违纪学生进行管理、训导或者以规定方式予以矫治，促使学生引以为戒、认识和改正错误的教育行为，教育惩戒不等于传统意义上的惩罚，而是教育的一种方式。《规则》明确提出，"实施教育惩戒应当遵循教育性、合法性、适当性的原则，符合教育规律，注重育人效果；遵循法治原则，做到客观公正；选择适当措施，与学生过错程度相适应。"

---

① 习近平在全国教育大会上强调坚持中国特色社会主义教育发展道路　培养德智体美劳全面发展的社会主义建设者和接班人 [J]. 云南教育（视界时政版），2018（10）：6-8.

规制不等于管理、惩戒，管理和教育并非二元对立，管理也只是辅导员实现职责的一种手段。其表面的显性作用主要是为了激发学生，让教师和学生在规矩中明确自己的是非和界限，做到弃恶扬善，内在的隐性作用主要是通过教育方式让学生由他律逐渐转变为自律，自我成长、自我督促、自我塑造。通过惩罚措施，使学生真正通过反思、内省认识到自己的错误，长此以往，他律变自律，激发内生成长动力，通过外在约束力促进学生养成良好的行为习惯。

3."违纪处分"有法可依，有度有量

每个高校都有自己的违纪处分办法，通过规定学生所应遵守的各项纪律，引导学生养成正确的学习生活习惯。针对学生的违纪行为，处理办法必须对违纪处分等级和违纪处理权限进行详细的规定，督促学生必须严格遵守相关规定，不要轻易触碰红线。实行各处分决定的主体必须予以确定，职责分明，切实保障学生的合法权益。

对于违纪处分要做到适度适量，过犹不及。站在学生群体长远发展的角度上，客观地对违纪学生的错误予以认定，给学生以客观的处理。惩罚要注意适度适量，教育和惩戒相结合，严格的规则意识和适度的人文关怀相结合，长此以往，在没有外在约束力的情况下学生也能自觉遵守相关规章制度，自觉遵循学习生活规律，健康成长。

案例二：组织文化：班级文化建设管理规定

当前，我国高等教育普遍存在偏离社会需求、教学质量不高、专业倾向明显、人文精神缺失、测评标准单一等一系列亟待关注和解决的问题。在"高校教育改革"方面，最重要也是最基础的应当是把握总体方针，即致力于提升教学质量和培养综合素质人才。文化建设有着促使社会群体在同一模式下形成大致相同的思维方式、价值观念和行为模式的作用。具体到高校教育改革层面，班级是组成高校教育体系的最小单位，班级文化的建设对学生优良学风的养成极为重要。因此，在新时代培育建设促进学生共同发展的班级文化，是高校落实立德树人根本任务的重要环节。

（一）案例背景

班级是学生接受学校教育的最小管理单元，是学生日常学习及生活的重要场所。当前，我国高校主要采用开放式管理模式对班级进行管理，即在日常教学活动中，辅导员管理的行政班大多没有自己固定的教室分配，而是根据教学管理需要把学生编入不同的教学班进行课程学习。在这种管理模式下，学生基于上课流动性大的原因，对特定教室这一物理空间的归属感不强，即便是自习，也是随机寻找空余的教室，较少以班级为单位进行统一活动。此外，课堂学习的分散性在一定程度上弱化了学生心中班级的概念和重要性，导致班级同学之间在课堂外同样缺乏交流与沟通机会，相对于参加班级活动，学生更愿意在自己熟人关系网络构成的团体中活动。这些团体活动对学生日常行为习惯的养成有一定的积极作用，但也存在着覆盖面不广、引导度不够等弊端。基于此，高校教育需要重新强化班级的概念，以班级文化建设的方式更好地发挥班级的作用。具体而言，在教育学生、培养学生的过程中，优良班级文化的形成能助力班级成员培养优秀的共同价值理念，营造积极向上的学习氛围。班级文化的建设一方面需要依靠班级同学充分发挥自身主观能动性和集体荣誉感，群策群力为班级建设建言献策；另一方面，也需要学校层面制定、完善班级管理制度，以制度约束的模式，实现正向激励和反向处罚相结合的方式，规范班级成员的日常行为举止，为引导班级营造和谐融洽的班级文化打下坚实的基础。

（二）实施路径

1. 上海某大学新型奖励办法

为了顺应社会发展需要，更新、完善学校人才培养模式，提升学生综合素质，培养德智体美劳全面发展的新时代高校学子，上海某大学制定了新型的奖励办法，对学生评优评奖方面的内容进行了细化，重点阐释了学生及所在班集体获得评优评奖资格的各项条件，对营造良好的班级文化，指引学生正面塑造自身形象、提升自我素质有着积极的作用。

对于班级文化建设而言，该校新制定的奖励办法中的一个亮点是其在充分评价学生个人日常表现的基础上，以班级为单位对平时在学习生活中表现突出的同学进行嘉奖并对获得嘉奖的学生进行了奖励性加分。加分的范围覆盖了三好学生、优秀学生干部等个人奖项，先进班集体标兵、五四红旗团支部等集体奖项以及其他经学院团总支认可的奖项。

在加分规定方面，该校简化了加分证明程序，由学院团总支将评优评奖的名单在该学院官网上进行公布，各年级、班级直接根据公布的名单进行加分，减少了学生申报、证明，班级、年级审核等诸多步骤。在具体加分中，个人奖项和班级集体奖项按照对应级别实行梯次加分，如果获得省部级及以上奖励的，也只需携带获奖证书原件复印件和相关文件证明，经个人申请、学院审核通过后，由学院团总支统一加分，手续便捷性强。对于优秀班集体的评选，则是先由学院相关部门进行分数统计，再由学院团总支进行统一审核，按照班级学年总得分排名确定优秀班级，并通过纸质文件、网络公布、迎新大会宣读等方式进行表彰公告，提升班级成员的集体荣誉感。

2. 重庆某大学新型考评办法

2021年8月25日至26日，教育部召开2021年重点工作推进会。教育部部长怀进鹏在会议上指出，要强化改革创新，完整、准确、全面贯彻新发展理念，调整优化教育结构，改革创新育人方式，坚持把教师队伍建设作为基础工作，优化高校科研管理和服务保障，扩大教育对外开放。为了探索适应当前社会发展进程的高校教育模式以及班级文化建设措施，重庆某大学对此进行了尝试，主要通过采用新型考评办法的方式，提升了该校学生的学业挑战难度，促使学生在班级的带领下，实现全面发展。

该新型考评办法充分考虑了学生们的实际情况，以班级为单位，分别从学业成绩、课堂内外、寝室建设、班团会素质活动、班级建设特色活动、班导师及班助考核、竞赛得奖、证书获取等八大模块对各班级进行综合评定，充分体现出学生个体在评价中的主体作用。整个评价重视过程，通过学生综合素质每期评价记载表来呈现，设计更加科学、合理。

（1）基本模块

该新型考评办法有学业成绩、课堂内外、寝室建设、班团会素质活动、班级建设特色活动、班导师及班助考核、竞赛得奖、证书获取等八个基本模块。实现了对班集体及学生个人在校表现的全方位覆盖，其中，班团会素质活动模块、班级建设特色活动模块、班导师及班助考核模块对班级文化建设起到了直接的推动作用。

班团会素质活动模块力求加强班团会素质活动的开展，提高基础活动质量。这一模块重视的是班级基础的夯实，包括班级意识、班级凝聚力、班级基本规划等，通过素质活动的开展，使学生习惯于以班集体为家，在班集体内学习、生活，加深班级成员之间的了解，为班级文化的进一步建设打下基础。

班级建设特色活动模块的目的是为各班级提供一个展示班级特色项目活动的平台，以展现出班级特色与班级整体风貌，达到学院育人、强人的目的。这一模块在班团会素质活动模块的基础上，在班级共识、成员之间相互了解的基本前提下，引领各班进一步形成具有本班级特色的文化。班级文化的形成并不是流水线上的生产，而是应当充分调动班级同学的积极性、发挥班级成员的特长、寻找不同班级的特色，从而实现"百花齐放"的目标。

班导师及班助考核模块以加强班导师对学生的带领及引导作用为目标，树立良好的班风、学风，深入班级，全面了解和掌握学生德智体美劳的发展情况并且对学生的思想品德、专业学习、综合素质和个性发展等方面进行个别指导，促进学生成才。班级文化建设不仅需要班级学生携手共建，同时也需要学校层面进行适当的引导与管理。与班级管理直接相关的便是班级导师与班级导师助理这两类主体。班级导师及班助在经验、学识、阅历等多个方面都有着较大的优势，尤其是在高等学校教育方面颇有心得，其可以通过日常交流、召开班会等模式对班级文化建设做出指导，提供切实可行的建议，使班级文化建设活动走上正轨。

班级风采展示模块以提升班集体凝聚力为依规，本模块由老师对各班级的PPT演讲展示进行点评打分，对各班提出新学期发展方向的建设性意见。这一模块实质上是对班级文化建设的一个阶段性验收，班级成员通过风采展示，向外界展现了其自身的形象与风貌，有助于提升班级文化的感染力，接着再由专业老师进行评分、指导，可以使班级成员明晰班级文化建设中存在的不足，以期对标对表，更好地完善。

该新型考评办法的其他基本模块也改变了"唯分数论"的旧思路，本着综合发展、全面培养的理念进行了改革，对学生个人的成长以及班级文化的建设也有着积极的作用。

（2）评判标准

该新型考评办法的综合总分由平时分和期末分两个部分组成，其中平时分占比80%，即各班级从八大基本模块中考核获得的分数，期末分则占比20%，即各班级在风采展示模块中获得的分数。考评期限为一学年。每学期末将对各班最终总得分进行核算并通过学校官方网站公示，最终在新学年迎新大会加以表彰。这种评判标准体现了对班级文化建设以及学生个人培养的全过程评价特色，尤其是平时分占据绝大比重，有助于促使班级和班内成员，于日常学习生活中下足功夫，将班级文化建设落到实处，避免"为考核而考核"的错误。

3. 广东某大学二级学院班级特色建设计划

相较于传统高校从学生自身着眼，着力挖掘学生个人潜力，塑造优秀个体的理念，广东某大学二级学院则通过班级文化建设，以集体建设带动个人发展。通过营造和谐有序、勤学向上的班级氛围，营造温馨、舒适的学习生活环境，使班级成员感受到温暖和归属感，并获得强大的同学助力与心理支持，为自己在校内外的发展打下基础。同时，通过特色班级的打造，以班级的力量带动个人的发展，改变以点带面的困难局面，变换成学院可随时关注调控的以面带点，既能让同学们感受到所在学院的重视和关切，亦能响应国家号召，不失为一种好的借鉴方法。该班级特色建设计划具体如下。

（1）召开特色班会

各班应当在充分了解和沟通的基础上，挖掘班内成员的特长，逐渐形成班级特色，并从发展班级特色出发，定期召开特色班会。特色班会应当在学院、年级的指导下进行，就班级成员的出勤率、班会具体内容、班会特色展示等方面进行评分。其中，尤其要注重对班会氛围以及班级特色的评价，将其作为评判的加分项目。在特色班会结束之后，应当定期进行总结交流，以进一步完善班级文化建设。

（2）特色团日活动

各班除了定期召开特色班会以外，特色团日活动的开展也是必不可少的。通过团支部的建设，学习先进的思想理念，提高政治站位，是班级文化的主基调，也是需要重点发展的方向。特色团日活动由班级团支部委员组织开展，其他班委成员应当积极配合，在活动前策划、活动中开展、活动后总结三个方面都应下足功夫。学院团委、年级团总支委员等应当到场进行观摩，并就团日活动的开展情况进行打分、评价。特色团日活动的开展也应当具有班级特色，这一点在具体评分时应有体现。关于团组织生活的参与度，将以点名方式来衡量班级的参与度，具体的评分标准为"实加分数 = 参与人数 × 参与人数全班人数 × 参与活动所对应的加分标准的分数"。活动特色鲜明或者会场氛围优良的，将得到相应的加分。此外，团组织生活策划、总结、照片以及 PPT 吸引度较高的班级，每次将进行公开表扬并给予相应的实物奖励。

（3）打造班级特色活动

除了定期开展特色班会和特色团日活动之外，班级还需要打造自身活动品牌，可以从体育竞技、文娱艺术、公益实践、理论学习等多个方面入手进行打造。应当充分发挥班级成员的主观能动性，凝聚班级智慧，对活动地点、时间、方式等进行详细规划，每学期至少需完成1个以上的模块内容，活动参与人数不少于班级总人数的80%。

在活动开展之前，应当向学院提交活动申请表及策划，经批准后方可开展，在活动开展的过程中，学院应当派员进行观摩、考核、评分等，各学生组织、各班级应当予以配合，其中，班级特色分应当作为一个重点指标予以关注。在活动结束之后，应当及时提交新闻稿、照片等各项材料，以便后期宣传推送。

（4）文明寝室建设

在寝室安全纪律方面，强调"八不"即不大声喧哗和吵闹，不在寝室内使用电热器，不破坏寝室公共财物，不随意带外来人员进寝室，不留客住宿，不抽烟、不饮酒，不打麻将，不组织、参与影响他人学习和休息的文体活动。

在寝室卫生方面，强调"五"整齐即：被褥叠放整齐，衣服挂放整齐，鞋子排放整齐，书籍陈列整齐，用具摆放整齐。"七"整洁即：门窗整洁，六面整洁，阳台整洁，桌柜整洁，床铺整洁、灯具整洁，厕所整洁。

在寝室生活方面，主张"六勿"即：勿旷课，勿迟到，勿早退，勿沉迷电脑游戏，勿浏览不健康网站，勿浪费粮食水电。

在生活检查方面，由学院团总支定期安排专人到宿舍检查寝室安全纪律和寝室卫生情况，并及时了解同学们的学习和思想建设情况。

（5）特色班级风采展示

每学期期末将定期举办特色班级风采展示活动，该活动由院团总支、学生会主办，院研究生会及青年志愿者协会协办，共同策划、开展，以期全面覆盖本科生与研究生的各个班级。

比赛形式：以 PPT 的形式展示，各班派代表上台进行演讲，在现场观众和老师面前展示班级本学期的活动及成果，在讲台上展示出班级的风采。

内容要求：PPT 展示内容涵盖本学期的所有活动。各班需展示出本班的班级风貌和班级日常活动两个方面。班级活动主要包括：特色班会、特色团日活动以及班级特色活动。班级风貌则主要结合班级活动和文明寝室建设综合评分。

成绩评定小组：主要由学院老师组成。评委老师将根据先前各班的活动内容进行提问，由各班级的讲解人进行答辩。采用模糊评分法进行评分。

评分细则：①PPT制作，概括性地展现出班级特色活动的亮点；②演讲者的口才及演讲水平；③与观众的现场互动；④班级展示的形式；⑤现场问答质量。

结果评定：班级风采展示结果按由高至低的顺序排序，分别在各年级评出一至五等奖若干名，再按获奖等级折算加分。

4. 北京某高校二级学院深化教育改革方案

北京某高校二级学院在学校原有的考评方案基础上进一步进行细化和改进，开展了"深化教育改革，激发学生活力"的成才培养计划。该院的培养计划从对学生个体的考察转化到对班级这一个整体的考察，从单纯通过书面检测，考试检查学生对知识的掌握情况，转化到对学生的才艺、技术、创新能力、知识面以及整体协调与合作能力的综合评定。随着成才培养计划日趋完善，该院学生在学习、活动和社会实践等方面的积极性大幅提升，学院的学习风貌得到很大改善。具体方案如下：

（1）教学管理

具体执行主体：该培养计划由北京某大学某学院团总支负责，并交由某大学某学院的学生会具体执行和实施；

适用对象：适用于北京某大学某全日制大学本科大一至大三的学生。

执行要求：

①学生需出席早晚自习。早晚自习的出勤情况将计入学习成绩。早自习的点名、出勤的情况，由学院团总支学生会学习部进行负责。学院将根据学院团总支学生会学习部点名的情况对各个学生进行评价、打分。

②学生需按时上课，做到不迟到、不早退。对于学生上课的出勤率和课堂积极性，由每节课的任课老师进行打分签字，并于课后提交相应班级的学习委员，再统一上交学院团总支学生会学习部。

（2）课堂内外

①各班应积极开展自主交流的学习活动，具体要求如下：

各班级应当加强班干部的管理和作风建设；

各班级要定期开展经验交流会，如畅谈英语四、六级的学习经验；举办考研交流会等。

②为提升学生学习的积极性，推进学院学生综合素质的提高，积极引导和鼓励在学习上取得突破和参与课外艺术、文化、科技等活动，进一步提升学生创新意识、创新精神和创新能力，全面提升综合素质，各班应积极组织班内同学参与学术科技类活动。对积极参加学术科技竞赛（全国"挑战杯"竞赛，数学建模、电子设计制作等竞赛，全国英语竞赛笔试或口语竞赛，以及其他国家级学术科技竞赛活动）的同学，以及取得学生科研立项的团队或个人，按参项等级分别给予相应的奖励分。

③各班级要定期开展班级活动，比如小型模拟辩论赛、技能训练赛、羽毛球赛、篮球对抗赛、乒乓球赛等。各班对校、院级所安排活动应当积极参与，如本学期的新生辩论赛和新生运动会、"笔墨书香"大赛、"四季如歌"晚会，等等，各班干部应维持好现场秩序并做好班级人员参与活动的数据统计。后期将根据数据统计结果并结合现场签到表对积极参与人员给予相应的奖励分。非主管部门举办的各级各类文化艺术体育类活动，由学院参考以上办法酌情加分。

④对于学生的社会实践和校外兼职，由学院在参考相关单位证明的情形下，酌情进行相应的奖励加分。

（3）班级辅导员计划

①工作职责：围绕大学生成长成才这一主题，深入班级，了解和掌握学生德智体美劳全面发展的情况对学生的思想品德、专业学习、综合素质和个性发展等方面进行个别指导是每位班级辅导员的工作职责。一、二年级班级辅导员的重点是指导学生掌握专业学习方法、学习规律；三、四年级班级辅导员重点是在学生就业、学业深造方面给予帮助和指导。

②班级辅导员考核：班级辅导员考核遵循"定性与定量相结合、平时考查与期末考核相结合、学生会对班级辅导员助理评价和学院学生工作办公室对班级辅导员打分相结合"的考核原则。考核内容包括对班级辅导员助理的考核、对班级辅导员考核和班级违纪处理（减分项）。

③具体执行方案。

学生会对班级辅导员助理进行考核。

班级辅导员助理是积极配合学院协助班级辅导员做好学生思想政治工作和日常管理工作，发挥班级辅导员和班级学生之间的桥梁作用的重要节点。

考核方向：是否能积极参与指导班级的各项活动，合理提出意见，协助班委带动班级积极性；是否能及时高效地完成学院下达的通知、任务；是否能团结同学，具有积极的影响力，在同学间有不错的口碑；是否能和其他班级辅导员助理多交流沟通，推动班级间的友好互动，良性竞争；是否能协助班级辅导员做好学生思想政治工作和日常管理工作。

具体执行方案：学生会可不定期与各班班级辅导员谈话了解助理的工作情况，且进行不定期抽查记录各班班级辅导员助理的出勤情况，客观地做出评价和打分。学生会还可以采取询问调查，与班级辅导员助理谈话，走访学生等方式对各班班级辅导员助理客观评价打分。

学院对班级辅导员进行考核。

组建考核小组：由学院领导、学办老师和年级辅导员组建学院考核小组，负责开展班级辅导员考核工作

总标准：学院考核小组需对班级辅导员进行科学、合理、公正、公平的评价，同时开展经验交流，提出合理的建议。此不仅有利于及时改进班级辅导员的工作作风和工作方式，提高工作质量，而且有利于促进班级间的良性竞争。

考核小组应先根据如下方面进行学生意见的反馈收集：在思想表现方面，是否具有较强的奉献意识和事业心；在学生班级建设方面，是否有计划地指导并参与学生活动，学生对班委会、团支部工作的满意程度；在思想政治教育方面，是否能够比较熟悉地掌握学生思想、学习、心理等状况，经常和学生谈心并有记录，积极协助做好学生入党启蒙教育和党员发展工作；在学生生活方面，是否做到关心每一位学生，特别是学习和生活有困难的学生，了解特殊群体情况，认真做好记录。能深入学生宿舍，进行走访慰问，关心学生宿舍秩序和卫生方面的状况；在学生未来规划方面，是否有同班级助理做好新生入学相关工作或协助年级辅导员做好学生就业指导教育工作。

考核小组还应当结合实际情况并根据如下方面对班级辅导员进行考评：是否能够与班级任课老师取得联系，及时反应学生的学习情况，思想状况，协助学院做好班级学风建设工作；是否能够做好慰问了解学生，加强思想建设，巩固军训成果的工作；是否能够和其他班级辅导员多交流沟通，推动班级友好互动；能否制定有特色的班级建设方案，提出有价值的年级管理意见。

班级违纪处理（减分项）。

凡班级学生违反校规校纪，受到校院处理的按下列标准减分：通报批评（院系）扣3分，警告5分、严重警告10，记过处分20分，留校察看30分。

期末制定调查学生满意率问卷表下发各班，班委和班级助理统计总分并签字确认，存档记录。并综合这三个得分，累计最终积分。

④具体评分细则。

学习成绩：考试成绩评分要求以班级为单位，根据学科专业课程的重要性计算平均分、绩点，同时计算班级中成员挂科率的高低进行比对。具体的成绩核算需要结合考试成绩得分、班级挂科率、学生自考情况、学术科研加分等进行综合评价。

评比办法：此项加分需以班级为单位，按获奖人次加分；院级及校级比赛活动获奖者，将直接由学院团总支公布获奖名单，据以加分；省级及其以上的比赛获奖者须提供获奖证明，如：奖状、荣誉证书复印件。

加分标准：对于学术科技竞赛按不同情况，最高加5分，最低加0.2分；对获得学生科研立项的团队或个人，按立项等级分别给予奖励分。

奖励标准：对于国家级、省部级、校级和院级奖励最高加5分，最低加0.2分；对于其他非主管部门举办的各级各类文化艺术体育类活动，事先须经学院批准，由学院参考以上办法酌情奖励；体育类竞赛凡破全国大运会及其以上纪录者，除获奖加分外另加分2分；破省纪录者除获奖加分外另加分1分，破校纪录者除获奖加分外另加分0.5分，破学院记录者另加分0.2分。

（三）经验启示

1. 案例解析

通过上述四个案例可见，当前班级文化建设的规范制度主要着眼于变革传统的教学方式和考评方式，采取综合评价的模式，依托集体建设，实现对学生的全面培养。上海某大学主要着眼于考评规范的层级设置，改革传统单一的测评标准。同时，通过考评标准的层级设置，更深层次地追踪该校学生的学习生活动态。不同于上海某大学考评标准的纵深化发展，重庆某大学的考评规范改革主要是横向深化，通过细化分解考评标准，结合学生实际学习情况，进行考评标准的内在填充。而广东某大学二级学院的规范改革方向则致力于打造"特色班级"，此有些类似现今上海部分高校专属打造的"中国系列"思政课。此种"特色班级"的打造既能结合各班级的特点，又能打造专属标签。北京某高校二级学院的规范改革方案则侧重于以小见大，更加具象地对该院学生考评办法进行改革。

上述院校的规范改革方案均有一定的可取之处，相较于此，本校关于优秀考评以及班级文化建设的管理模式、规范制度存在一些可圈可点之处，同时也有着可以进一步完善的地方。

从优秀考评方面来看，我们学校是"个人申报—班级审核—年级评议"的班级、个人考评模式，优势在于能够充分发动学生个体的积极性，提高评优评奖制度。班级文化建设方面的参与度和民主性，使得评议结果更易为学生认可，进入良性循环。而不足之处则在于，许多考评项目实际上是由多主管部门分别进行的，相关的证明文件也是各部门自行开具，再由学生汇总、提交。在此前提下，学校、学院的领导功能，不仅是需要发挥规范制定、争议解决等功能，还需要依托各级团委，进行信息的收集与整合，一方面可以减轻学生、班级、年级在申报、审核时的负担，另一方面也可以为证明材料的真实性提供依据，这对班级文化建设以及学生个人发展都大有裨益。

从班级文化建设方面来看，本校对于班级的组建、管理，班级活动、团日活动的开展，班级导师、班助的设置，在规范层面上规定的较为详细，实行多年以来也取得了良好的效果，涌现了一批先进班集体和先进个人。尤其是校院两级团委对班级团日活动的参与、监督、考评制度以及学生组织和班级层面的交流机制是较有创新性和制度实效的，不仅发挥了各层级、各部门的力量，共同助力班级文化的建设，同时也将学生的班级圈和生活圈相结合，使整个学校更好地融合成一个和谐的大家庭，有助于学生的健康发展，同时也能更好地群策群力，为学生个人发展、班级文化建设、学校教育改革提供更多的思路和助力。与此同时，在班级文化建设活动方面，还需要进一步的提高，现在各学院、年级虽然定期开展班级风采展示活动，但整体来看形式比较单一，主要采取文艺汇演的方式进行，每一个班级展示的时长也不够充分。在此基础上，可以适当借鉴兄弟院校关于班级特色活动建设的做法，拓宽班级展示渠道，采取"平时观察＋期末总结"的模式，进行常态化考评，以期促进班级文化建设落到实处。

2.案例总结

从上述四个案例中可以看出，无论是采取何种具体模式进行班级文化建设，都离不开一份科学、完善的考评规范，换言之，在班级文化建设中，规范制度的重要性是不言而喻的。通过制定、完善班级文化建设规范制度，可以将班级文化建设的总体理念、具体路径通过书面的方式进行表达，让班集体及班级成员可以按照规范文件中所载明的要求，找寻班级文化建设的方向，并发现目前建设过程中存在的不足，从而加以改正、完善。完善的规范制度对于班级文化建设必不可少，然而，班级文化建设之规应当有度，这就要求做到以下两个方面，一方面，规范制度应当随着社会发展和学生需求，不断更新变化。任何一项制度都需要体现时代的特征，也都需要符合具体现状，班级文化建设制度也是如此，其目的是促进班集体以及学生在高校生活中更好地发展，故而，必须做到以学生为中心，以实际情况和各班特色为准绳，定期更新规范文件。另一方面，规范文件的制定应以原则性规定为主，不宜制定得太过死板、详细，需要鼓励各班级发挥班内成员的主观能动性，寻找到适合本班情况、体现本班特色的班级文化。通过规范指引和自主建设相结合，更新班级文化建设理念、创新班级文化建设模式，实现从传统教育到综合教育的转变。

具体而言，各高校进行班级文化建设、制定相关规范文件时，最重要的是结合实践，具体问题具体分析，用实践进行检验修正。比如，在上述案例中，各院校都根据自身的专业特色、学生特长、组织架构等，选择了不同的班级文化建设模式，在基本主线保持一致的基础上，凸显了院校特色，提高了规范落地的可能。

具体到本校的班级文化建设，应当在吸收过往本校办学经验以及其他兄弟院校班级文化建设方案的基础上，结合本校的实际情况，打造具有本校特色的班级文化建设方案。

在班级文化特色方面，应当结合本校政法院校的性质，将"崇法"融入各班级建设过程中，成为班级文化的厚重底色，展现政法院校班集体的精神风貌；在制度完善方面，应当修改、完善当前评优评奖的细则，加大对先进班集体的表彰力度，同时，细化评选条件，突出文化与特色这两个关键词，不单纯以分数、学业论高低；在制度实施方面，全校各部门，尤其是党委学工部和校团委应当牵头负责班级文化建设事项，各学院、职能部门应当配合，给予各班级指导，并对建设过程、建设成果进行监督和验收；在对外宣传方面，应当及时将各班级文化建设的材料进行分类汇总，并依托网络媒体进行发布，向全社会展示本校班集体、学子的精神风貌，提升学校的美誉度和社会认可。

本章小结

"规"，乃规章制度，"严格管理、友情操作"，这是刚性的条文管理和柔性的引导教育相结合、严明纪律与人文情怀相统一的整体；"度"，即高校辅导员推行规章运行工作中所采取的引导、教育与服务，是高校规章制度运行发展的应有之义。当前高校辅导员工作所采取的管理主义模式在某些方面忽视了规章制度中内在隐性作用的必要性，其过于硬性和程序化的约束割裂了管理与教育的辩证统一，使辅导员难以应对新形势下出现的大学生管理中的突发问题、突发情况。随着实践检验和政策指导，高效规章制度管理模式有了新的改变，无论是特色、原则，还是实施办法，都转向"规引""管教"相结合的新型工作模式，即"规"之有度的管理模式，该模式不仅重新定义了高校辅导员的职责规范和行为模式，而且有利于树立辅导员队伍建设的正确工作导向，更有利于推动教育事业围绕立德树人的目标来发展，充分释放学生的能动性和积极性。

第四章 "助"之有爱 *

> 思想政治工作从根本上说是做人的工作，必须围绕学生、关照学生、服务学生，不断提高学生思想水平、政治觉悟、道德品质、文化素养，让学生成为德才兼备、全面发展的人才。
>
> ——习近平总书记在全国高校思想政治工作会议上的讲话
>
> 2016 年 12 月 7 日至 8 日

第一节 概 述

孟子曾说："爱人者，人恒爱之；敬人者，人恒敬之；助人者，人恒助之。""关爱之心"应当是与生俱来的，在一起就要相互温暖，相互帮助。辅导员需要用心去帮助人，用爱去感化人，使学生"内心有温度，外行有深度"，从而获得发展自身、奉献社会、造福人民的能力。当辅导员拥有爱与情怀，才能用心去对待每一位学生，才能使学生工作有"温度"和"高度"。辅导员在学生的思想教育和日常管理工作中扮演着不可替代的角色，通过开展线上线下工作对学生在校期间的心理状况、思想动态以及成长困惑进行有效把握，体现出了重要的"立德树人"功能。

一、"助"的词源阐释

"助"的字形演变与字源演变是相互作用，共同发展的。从战国文字、篆文、

　　＊ 本章编者简介：党红，女，法学硕士，西南政法大学辅导员教研中心综合办公室主任，担任一线专职辅导员 15 年，主研、参研思政类课题多项；周月，女，西南政法大学民商法学院辅导员，发表 CSSCI 论文 2 篇，外文论文 4 篇，参编著作 2 部，主持或参与国家级、省部级课题多项；简敏，西南政法大学教授、硕导，担任专职辅导员 20 多年，重庆市首届辅导员名师工作室"简敏工作室"主持人、西南政法大学辅导员教研中心执行主任（兼）。

隶书、楷书，逐渐演变为现代"助"的字形、字义。助，指辅助。本义：帮助协同，辅佐，帮助。如：辅助、帮助、助手、助人为乐、助桀为虐、拔苗助长、爱莫能助。《孟子·公孙丑下》："得道多助，失道寡助。"《诗经·小雅·车攻》："射夫即同，助我举柴。"大意是说弓箭手们会拢，辅助我（周宣王）共同猎获禽兽成堆。

二、"助"的现代词义

"助"的本义为帮助协同，指在物质上或精神上给予协助，常用的有帮助、互助、援助、助人为乐等。

百年大计，教育为本。经济困难学生的受教育问题越来越受到国家和社会的高度关注。我国的学校资助项目由少到多，资助面由窄到宽，学生资助政策也日益完善，国家的财政和资金支持也日益增大。由国家资助中心牵头，设立了国家奖助学金、国家助学贷款、勤工助学等多类别的资助项目，形成了体系较为完善的资助制度。资助政策也实现了"三个全覆盖"，从制度上保障了"不让一个学生因家庭困难而失学"。"绿色通道"在全国范围内推广开来，有效地解决了家庭经济困难的大学生入学的问题。千万个贫寒子弟就此迎来了命运的转机，助学政策的阳光普照到更多大学生身上。

三、"助"在辅导员工作中的体现

辅导员作为学生的人生导师和知心朋友，既要帮助学生解困纾压，也要引导学生健康成长。辅导员帮助学生要做到针对性强、效果良好，必须首先了解学生的需求是什么，困惑是什么，然后进行"对症下药"，才能"药到病除"。所以，辅导员既需要深入学生，也需要提升自己；既需要把握方向，也需要了解细节。《高校思想政治工作质量提升工程实施纲要》对于如何做好思想政治工作以及更好地育人，给出了指导性的建议。该纲要要求构建"资助育人质量提升体系"，将"扶困"与"扶智"及"扶志"相结合，建立国家、社会、学校、家庭层面"四位一体"的发展型资助体系，即帮扶工作从"保障型"向"发展型"转变。

第二节　理论阐释

言传身教，躬亲示范。春风化雨，润物无声。辅导员应心怀"国之大者"，把对家国的爱、对教育的爱、对学生的爱融为一体，转化为培养社会主义建设者和接班人的能力。我们要坚持教育者先受教育，更好地担起学生健康成长指导者和引路人的责任。"助之有爱"要求我们以炽热的情怀开好每一次班会、关爱每一个学生，帮助学生扣好人生第一粒扣子，做一名无愧于时代的思政工作者。

一、"助"的根本内涵

"助人"工作，即要在帮助学生的过程中，以爱化人，实现教育功能。党的十九大以来，高校思政工作质量提升工程全面铺开，课程、网络、心理、服务、资助、组织等十大育人体系完全构建。"助人"的内涵也不断丰富。"助"的落脚点主要在于大学生思想政治教育的开展方式，着眼于"如何做"和"做的效果如何"这两方面。"助"的范围主要涉及心理健康教育、学生资助、就业指导教育等。在思想政治教育制度机制研究中，结合高校发展实际，聚焦"三全育人"，深化协同育人机制创新研究，从过去以经济资助为主，发展形成更加注重"资助育人""心理育人""就业育人"的新模式，其核心是"帮助学生走出思想上的困境"。

"助"的内涵除了是要帮助学生摆脱困境，更重要的是帮助学生提升自我效能感，即帮助学生建立自信，重新找到自我，从而"遇见更好的自己"。要做到"助之有爱"，就要充分尊重00后学生的个性差异。因为世界上没有两片完全相同的树叶，在欣赏与尊重"两片不同树叶"的前提下，我们更要注重因材施教，采用不同的助人方法。另一方面，助人是个持续性的过程，这也需要我们以"仁爱之心"持续关注学生的发展变化，成长成才。通过"助"之有爱培养学生"自立自强、诚实守信、爱国奉献"的高尚品德，提升学生的社会责任感，促进全面发展。

二、"助"的基本特征

新时代高校辅导员"助人"工作有以下四个特征：一是"实"。助人工作要落实落细，围绕大学生发展面对的主要问题，针对不同学生采用具体的、适宜的、分类帮扶的方式，确保助人工作落到实处，产生实效。二是"新"。新时代的助人工作，必须跳出传统工作套路，立足于00后学生实际需求，从内容、形式、方法等各方面对工作进行改进和创新。而新思路、新方法的前提是辅导员要有新思想，善于发现新问题，所以辅导员要有持续学习和终身学习的理念。三是"广"。辅导员要将所学理论与具体实践相结合，能够"推己及人"，能够将学生工作中的经验集成辐射到社会大众，能够将"育人"经验推向社会，帮助更多需要帮助的人。四是"高"。助人工作既要着眼于当下，更要着眼于未来，既要帮助学生解决眼前困难，也要帮助学生进行能力的提升，以适应未来社会更激烈的竞争。

三、"助"的主要原则

"助"之有爱是在帮助学生的过程中，在学生内心种下真、善、美的种子。这就要求我们的工作从"助困"走向"育人"，逐步完善。资助育人要着眼于构建长效机制，以形成"帮困—育人—成长—回馈"的良性循环体系。

（一）从"保障型"到"精准型"与"发展型"的转变

助人工作要从"保障型"向"精准型与发展型"转变，不仅是构建精准的物质帮扶，同时还必须要对有困难的大学生，进行有针对性的能力拓展和精神鼓励。既要帮，也要管，只有这样，"助人"的工作才能做到既"解困"又"育人"，即"帮扶上马再稳妥地送上一程"。目前，各高校正积极推进的教育大数据平台建设能够有效助力于"精准型"和"发展型"的转变。

（二）辅导员助人工作与人才培养的有机融合

在转变观念、创新方式的过程中，资助育人在辅导员队伍中慢慢铺开。资助育人实际上是要求把资助工作与人才培养这个核心任务相结合，将真善美的种子播撒在学生心中，使与人为善、乐于助人的品格积淀在学生心里。

"助"人工作从单一功能走向多样功能。当前"助"的工作主要体现在物质和心理帮助两方面，辅导员应该考虑怎样从这两方面扩展到其他方面。随着现代社会的不断发展和人的主体性的提高，高校学生工作在促进人的全面发展的同时，也应当由"助人"逐步过渡到"自助"，培养学生解决问题、自我成长的能力。

（三）助人工作需要辅导员的感情投入

"助"之有爱要求辅导员具有爱心、耐心、恒心、细心和责任心。助人工作是一件既需要真诚也需要技巧的良心活。如果说学生与学生之间因为生长环境和家庭条件的不同存在"起跑差距",那么在人生这场漫长的征程中,辅导员需要做的就是为困难学生提供必要的物质和精神支持,让他们缩小差距,甚至弯道超车。当困难学生能够在与其他学生的公平竞争中胜出时,他们才能拥有真正的自信,而这种源于内心的自信,才是未来发展的最大保障。

四、"助"的实现路径

辅导员帮助学生,主要可以从以下三方面入手:经济上的"雪中送炭"、心理上的"纾压解困"、就业上的"方向指引"。从以上角度出发,"六点工作法"团队制定了"困难学生登记制""心理谈话交流制""就业指导帮扶制"等,用"五心"即爱心、耐心、恒心、细心和责任心,坚持与学生进行全方位交流,让学生在平安和谐的校园里健康成长。

(一)困难学生登记制

党的十九大报告指出,"健全学生资助制度"。随着国家资助力度的加大和资助工作向资助育人、精准资助转型,助人工作贯穿学生工作始终。我们应当把一份份沉甸甸的助学金、奖学金,变成改变学生命运的礼物。

家庭经济困难学生是需要辅导员重点关注的学生群体,西南政法大学学生工作队伍以"智志双扶"的理念,精准剖析家庭经济困难学生的致困根源,进行"对症下药"。在"六点工作法"的指引下,我们积极探索建立了经济困难学生登记制度和经济困难学生帮扶体系。

除了在校内开展勤工助学、发放困难补助、解决寒暑期返程路费外,西南政法大学还组织辅导员和志愿者走出校园,宣传奖助政策,深入家庭经济困难学生家庭走访慰问。通过不断的理论学习和实践探索,辅导员们对自己的工作有了更新的认识:对学生的关爱帮助,不应仅仅在经济上,更应该在心上,在前途上,在发展上。家庭经济困难学生应是高校辅导员重点关注的对象,应将对这类大学生的关爱和帮助落实、落细。辅导员在工作中还需要注意,不同大学生群体身心健康状况的个体化差异较为明显,针对不同的学生应采用不同的助人方法。

(二)心理谈话交流制

心理困惑感是困扰大学生的重要影响因素,可能会使学生处于压力、焦虑和抑郁状态之中。辅导员要关注学生的心理健康状况，强化心理咨询与指导，帮助学生以合适的方法调节负面情绪，解决心理困惑。一是通过沙盘游戏、心理咨询等方式帮助学生疏解消极情绪和不良感受，促进大学生的身心健康；二是通过心理干预、定期心理培训等方式解决心理危机，增加大学生心理自我调节能力与心理危机防范意识。

西南政法大学的辅导员们化身"树洞君"，每周定期开启心灵树洞服务，陪伴与倾听，与学生互动交流。在新冠疫情期间，学生的心理问题主要表现为长期居家而导致的焦虑、忧郁、自我怀疑等，面对学生因各种现实情况而产生的心理问题，辅导员应坚持因材施教的原则，及时了解学生的心理困惑，提出富有针对性的解决策略，灵活运用各种心理健康教育方式帮助学生平稳度过心理迷茫期。在学生工作中，要注重加强人文关怀和心理疏导，通过多方合力，助力学生们以更理性平和，积极向上的心态度过大学生活。

（三）就业指导帮扶制

加强生涯规划、重视社会实践，建立从单向指导到多维服务的"就业指导帮扶制"。"授人以鱼不如授人以渔"，在就业帮扶中，除了为学生们提供充分可靠的就业信息，还要帮助学生掌握更多的择业知识与技巧，促进大学生就业能力的不断提升。同时，也要创造更多的实践机会，着力帮助大学生培养实践能力。

在职业规划与就业指导方面，应努力做到循序渐进，因材施教；融入生活，符合实际；重视实践，知行合一；分类指导，逐层推进。运用综合性的方法，网上网下相结合，丰富职业生涯规划体系，实现从单一、静态、平面化育人向多样、动态、全方位育人转变。

助之有爱，要求辅导员将解决学生实际问题与解决学生思想问题相结合，有效发挥成长辅导作用。在学生管理过程中注重激发学生应对问题和解决问题的自发性，坚持"辅导"而非"主导"，帮助学生实现自我塑造和自我提高，增强育人的实际效果。

第三节 案例分析

教育部令第 43 号指出，"辅导员是高等学校教师队伍和管理队伍的重要组成部分，具有教师和干部的双重身份。辅导员是开展大学生思想政治教育的骨干力量，是高校学生日常思想政治教育和管理工作的组织者、实施者和指导者"①。有"为"才有"位"，辅导员只有做好了"心理健康教育与咨询""家庭经济困难学生资助""职业规划与就业指导""学业指导"等助人工作，才能更好地成为学生的人生导师和健康成长的知心朋友。

"助"的出发点是辅导员对于工作和学生的热爱。辅导员要用"爱心""耐心""恒心""细心""责任心"做好助人工作，帮助学生成长成才。"助"的落脚点在于"如何做"和"做的效果如何"。习近平在全国高校思想政治工作会议上的讲话中指出，做好高校思想政治工作要因事而化、因时而进、因势而新②。新形势下，辅导员开展"助"人工作必须积极探索"助"人工作的新方法，实现"助"人工作的新作为。

"助"的范围非常广泛，其中大学生心理健康教育、家庭经济困难学生资助、大学生就业指导等，是辅导员助人工作的重中之重，下文将结合具体案例探讨辅导员开展这三大类助人工作的方法和途径。

案例一：心理暖人

心理学家荣格指出"一切成就，财富都来源于健康的心理"。心理健康教育是高校学生工作的重要组成部分，是关乎每个家庭和社会稳定和谐的重要保障。将高校心理健康教育融入平常的学业教育、思想政治教育、就业指导中，既是需要，也是必然。

心理困惑是困扰大学生的重要影响因素，也是致使大学生处于较强压力下的原因之一。目前，随着社会发展，特别是新媒体背景下，网络信息的快捷便利，更加催生了大学生心理健康问题的复杂化和多样化，也逐渐成了影响学生成长和高校稳定的重要因素。当下，我国各大高校均非常重视大学生的心理健康工作，心理健康教育已构建起较为成熟的体系，科学化、规范化、专业化水平不断提高。

① 《普通高等学校辅导员队伍建设规定》.

② 习近平在全国高校思想政治工作会议上强调：把思想政治工作贯穿教育教学全过程 开创我国高等教育事业发展新局面 [EB/OL].（2016-12-09）[2021-03-13]. 中国共产党新闻网 . http://dangjian.people.com.cn/n1/2016/1209/c117092-28936962.html.

作为高校大学生心理健康教育工作队伍的重要力量，辅导员要关注学生的心理健康状况，强化心理咨询与指导，适时帮助大学生调节负面情绪，减少心理困惑。

从一些机构和学校所做的调查来看，目前我国大学生的人际关系适应不良已经超过择业和学业压力，成为诱发大学生心理问题的主要原因。人际关系适应不良中，宿舍人际交往是最困扰大学生的问题。2016 年 11 月 19 日，团中央学校部（2019 年 1 月更名为"学校共青团"）公众号发文指出，中国青年报社会调查中心曾通过问卷网对 1355 名大学生进行调查，结果显示，70.5% 的学生曾为寝室矛盾感到烦恼，67.6% 的学生曾想调换寝室[①]。对很多大学生而言，宿舍是他们在大学里待的时间最多的地方。原本陌生的几个人，要在一个狭小的空间内一起相处四年，这无疑是对学生人际交往能力的巨大考验。

（一）案例背景

李老师所负责的学生是大一新生，为了更好地了解、关心学生，李老师时不时地深入寝室，跟学生亲切交谈。在走访寝室的过程中，细心的李老师发现，二班的十一个寝室中，有三四个寝室的氛围有点异样，室友之间不怎么交流，空气里好像弥漫着些许压抑、紧张的气氛。在年级心理委员的例行会议上，二班的心理委员反映他们班有几个寝室的关系比较紧张，有一个甚至爆发过激烈冲突，其中一个同学有调换寝室的想法。

（二）实施路径

根据多年辅导员工作经验，李老师认为宿舍人际交往既是个性问题，又是共性问题。大一新生正处在从高中到大学的转折时期，很多学生渴望与室友处理好关系，但对如何进行人际交往、怎样处理人际冲突所知甚少，难免会引发冲突。大一上学期是引导学生构建良好寝室关系的关键时期。如果在大一第一

---

① 学校共青团. 亲爱的室友，这些话已经藏在我心里很久了……[EB/OL].（2016–12–09）[2021–09–04]. 学校共青团微信公众号. https://mp.weixin.qq.com/s?__biz=MjM5OTAzNDE3NA==&mid=2659601370&idx=1&sn=76c0fd4b538818b5510156f108b64873&chksm=bdb3478b8ac4ce9d7a4fb596ed9885f326ae15b74cedb98e3d2bbc515cd779a64d11a2e7ee80&mpshare=1&scene=23&srcid=0808IjEQ2B0qHz8WcFV27LwL&sharer_sharetime=1628388995445&sharer_shareid=bfc617a75f2f6afbffc0b15f5dcaa754#rd.

学期学生没有较好地学会处理寝室人际关系，那么，大一下学期到大二上学期将会是宿舍矛盾集中爆发的时期。针对二班出现的问题，李老师决定点面结合，利用谈心谈话法和主题班会法针对性地解决二班面临的寝室关系问题。

1. 参考心理测评结果和心理健康档案，做到心中有数

首先，李老师调取了二班存在寝室关系问题学生们的心理普测数据，发现其中几个学生的症状自评量表（SCL-90）中，"人际关系敏感""敌对""强迫"的分值较高。其次，李老师再次仔细查看、梳理这些学生的心理健康档案，重点了解学生的家庭成员及经济情况、教养方式、既往重大经历、社会支持系统等，对学生的情况做到心中有数。

2. 开展一对一谈心谈话，局部化解矛盾

第一，建立关系。借着学校心理普测之后要跟学生进行谈话的机会，李老师逐一约谈了存在寝室矛盾的学生。在谈话过程中，李老师注重运用共情、倾听、鼓励等心理咨询技术，跟学生建立信任关系。对于学生面临的寝室人际关系冲突，李老师用正常化技术在一定程度上消解了部分学生的焦虑、无助等情绪。对学生聊到的在处理寝室关系时遇到的困难、不如意，李老师表示了充分的接纳和理解。

第二，开展心理健康教育。之后李老师根据学生情况进行了关于寝室人际关系的心理健康教育：首先，由于地域差别、个人生活习惯不同、性格特质不一、缺乏人际交往经验等原因，在宿舍这种空间狭小、亲密距离近的地方，比较容易产生人际关系冲突。其次，学会如何妥善处理人际关系是大学期间的必修课，平时要有意识地学习人际交往的方法和技巧，学会有效沟通、换位思考、宽以待人，等等。

第三，探讨应对之策。针对学生遇到的寝室矛盾，李老师和学生一起具体问题具体分析，探讨了寝室产生冲突的原因以及遇到冲突时的应对方法，并鼓励学生直面矛盾，积极行动，多多关注和学习人际交往的技巧。在以后跟其他人尤其是室友的相处中，学以致用，逐一验证哪些方法是行之有效的，善于思考和总结，逐渐提升自己的人际交往技巧和能力。

3. 召开主题班会

针对当下二班部分寝室存在的寝室关系不和谐问题，李老师打算召开题为"大学第一课——构建和谐寝室关系"的主题班会。为了充分调动班委尤其是心理委员的积极性，在主题班会的筹备阶段，李老师召集全体班委讨论、制定班会的具体方案，并就班会 PPT 制作、物资采购、班会召集等事项进行了详细分工。

在全体班委的积极参与下，主题班会进行得非常顺利。这次主题班会共四个环节，分别是"寻找不同""锦囊妙计""巧化干戈""行动宣言"。

第一，寻找不同。这个环节旨在让学生充分认识彼此的差异，意识到良好寝室关系的构建，需要在承认差异、尊重差异的基础上，求同存异、用心经营。班会伊始，李老师通过热身活动将全班学生分为五个小组，然后让各组围绕寝室室友之间的差异进行五分钟的自由讨论，找出尽可能多的室友之间的不同，然后各组依次派一人分享，后面组的内容不能跟前面一组重复。记录员一一将各组分享的不同记录在教室多媒体屏幕的 PPT 上。分享结束之后，面对满屏的不同，不少同学觉得触动很大，积极踊跃地表达自己内心的真实想法。学生甲："差异很大，寝室关系确实需要用心经营。"学生乙："我觉得我们寝室很了不起，在这么多的差异下还能相处融洽。"李老师适时加以总结："的确，差异会产生吸引力，同时差异也会导致矛盾。所以寝室关系需要大家用心经营。咱们班的同学已经迈出了经营寝室关系的关键一步。"

第二，锦囊妙计。在人际交往过程中，人们会习得一些人际关系处理方式，有的是正向、有助于促进人际关系的，有的是负向、有损于人际关系和谐的。鉴于寝室关系比较敏感，且大一第一学期的寝室关系尚在建立过程中，如果学生彼此间直率地谈论不利于人际关系和谐的行为，有可能会引发不良后果，所以李老师设计了"锦囊妙计"这个环节，打算运用焦点技术引导学生聚焦正向的方面，探讨哪些方式是有利于人际关系的。"长满鲜花的花园不会长草"，学生在相处过程中采用的正向人际关系处理方式越多，寝室关系也会越和谐。李老师将彩笔和卡纸发给学生，让他们以寝室为单位，创作寝室自画像。创作完成之后，请他们结合以往处理人际关系的经历，思考促进寝室关系的技巧、成功经验有哪些，一一写在纸上，最后进行分享。在分享环节，有学生发言："经过刚才热烈的讨论，我们认为在相处过程中，要学会赞美、尊重、宽容，懂得理解对方的处境。我们寝室经常一起看电影、交流剧情，一起学习、泡图书馆，一起追星、追剧、开黑，这些都使我们的关系更加亲密、融洽。"李老师予以及时的肯定和鼓励，"通过刚才的分享，我很欣慰的是你们现在已经建立了比较好的寝室关系，而且也掌握了一些非常好的处理寝室关系的技巧。其中有些共通的部分，比如尊重、真诚、赞美、宽容、谅解。这些是人际交往的基本原则。相信大家在处理寝室关系中学到的方法可以用于其他人际关系。"

第三、巧化干戈。人际交往中，遇到摩擦是难免的，朝夕相处的生活难免会磕磕绊绊。如何应对这种冲突是每个大学生在人际交往中必须修习的。这个环节的目的是引导学生思考和学习如何巧妙化解人际冲突。李老师让学生分组进行讨论，列出常用的解决人际冲突的方法，然后尝试用情景剧的方式演绎其中的一种。经过前面的几个环节，学生的热情被调动起来了，表现得更加开放、积极，热烈地讨论化解人际冲突的妙招，表演的情景剧贴近生活、惟妙惟肖。通过这个环节，学生进一步认识到，遇到人际矛盾时要积极面对，学会沟通，而不是消极逃避。寝室的很多矛盾是有解决之道的，甚至有些还可能避免发生。

第四，行动宣言。教练技术的核心信念是"相信每个人已具备他们需要的所有资源""人们有能力做出改变"。良好的寝室关系的建立，需要每一个成员付出切实行动，所以李老师按照教练技术的理念，通过"行动宣言"这个环节引导学生做出承诺、开始行动。李老师让学生思考：在未来的一个月内，为了进一步促进寝室关系，自己具体可以做些什么，至少想出三条以上，而且要写清楚由谁来监督实施以及如果做不到将会有什么惩罚。惩罚必须是让自己感到痛苦的。比如罚做寝室卫生一个月，一个星期不上网。随着李老师的引导语，学生们陷入了沉思。意料之外，也是意料之中，学生们之后的分享异常精彩。学生甲："我想做的三件事，一是每周末邀请室友参观一个重庆的地标建筑，二是每周五跟室友看场电影，三是每周跟室友一起尝试吃一种重庆的水煮鱼。我想让室友来监督我。如果做不到的话，我愿意清洗寝室地垫一个月。"学生乙："我要为室友做的事情是睡前关门关灯，每天早起叫室友起床，每周末与室友一起讨论法学问题。监督人是室友，如果做不到，就罚做一个月寝室卫生。"李老师真诚地感谢了每一个学生的用心参与，并勉励他们："相信通过努力，你们的寝室关系一定会更加融洽、温馨。良好的人际关系是一个人幸福感的重要源泉。让我们从处理好寝室关系入手，主动提升自己的人际交往能力。最后跟大家分享我非常喜欢的一句话作为今天主题班会的结束语，人际交往更多的不是技巧，而是我们发自内心地对他人的尊重、关心。"

李老师组织开展的这次体验式主题班会取得了预期的效果。苏霍姆林斯基指出："只有激发学生自我教育，才是真正的教育。"体验式主题班会结合教育教学规律和学生发展规律，以学生为主体、以体验交流为载体，为学生提供了一个交流思想、相互教育、共同成长的时间与场所，能够充分调动个人、小组和班级这三级的力量，最大限度地唤起学生的热情、发挥学生的主体作用，达到学生自我服务、自我教育、自我管理的目的。

（三）经验启示

1. 高度重视，切实提高自身修养和工作技能

首先，辅导员要重视心理健康工作。在快节奏、高速度、竞争激烈的时代特征下，21世纪学生发生心理疾病的概率显著增加。大学生不仅是高校中学习的主体，也是维系高校稳定的主体。学生的心理健康与否，在很大程度上决定了家庭、学校和社会的稳定与和谐。高校学生处在青春期，正在逐步完成成人期的过渡，对大学生开展心理工作是应有之义。作为最基层的一线学生工作者，高校辅导员对大学生心理健康成长发挥着举足轻重的作用。辅导员应该高度重视学生的心理健康工作，这既是学生的需要，也是社会的需要。

其次，辅导员要加强自身修养。行教胜于言教，辅导员的精神面貌、工作态度、心理素质，对周围的学生会产生非常大的影响。辅导员要发自内心地关心学生，热爱工作，严于律己，具备高尚的道德情操、良好的心理素质和乐观向上的精神状态。

最后，辅导员要提升工作技能。辅导员要掌握国家的教育方针，明确教育培养目标，努力完善自身知识结构，不断提高专业化水平，练好谈心谈话、主题班会等基本功，不断探索新形势下开展心理健康教育的有效方法，做好学生的心理调节和疏导工作，促进学生的健康成长和全面发展。

2. 建立档案，实行全方位、立体化、过程性评估

全面了解学生是做好心理健康教育工作的基础和关键。每个时代的大学生都有着鲜明的时代烙印。同时，每个学生在成长经历、家庭背景、个性特质、兴趣爱好、心理困惑等方面也有着非常大的个性化差异。只有全面了解学生，辅导员才能更好地跟学生拉近距离、走进学生内心，才能更有针对性地开展思想教育、心理疏导工作。

辅导员在大一新生入学之初，就要通过查看学生档案、体检表、心理普测结果等资料，以及一对一谈心谈话、座谈等方式，详细了解每个学生，并建立

完备的心理健康档案。心理健康档案要力争全面反映学生情况，应当包括家庭成员及家庭经济状况、教养方式、社会支持系统、个性特征、既往病史（尤心理疾病）、重大事件、恋爱情况、寝室关系、历次心理普测结果、每学期学业成绩、历任职务等重要信息。此外，每个辅导员所负责的学生一般比较多，需要针对性重点关注才能将心理工作做实做细。所以针对特殊学生群体，可以建立重点关注学生库和心理预警学生库，并根据学生的具体情况进行分级管理，如可以分为严重、困难、一般三个等级。

通过心理健康档案，辅导员可以尽可能全面地了解学生情况，把握学生存在的共性问题，并重点排查、关注特殊群体学生。

心理健康档案不是一成不变的，要根据学生情况不断进行更新和完善，实行动态管理。对于一些突出的心理事件，要进行详细记录，并进行归纳总结，吸取经验，在实践中摸索最有针对性的疏导方法，突出心理健康工作成效。辅导员要对学生的心理状态进行全方位、立体化、过程性评估，从而为心理健康工作的开展奠定扎实的基础。

3. 善于借力，形成高效心理协同工作机制

根据岗位职责，辅导员处理的事物比较繁杂，且心理问题具有隐蔽性的特点，因此在心理健康工作中，辅导员要善于借力，积极与学生干部、心理咨询师形成高效心理协同工作机制。

第一，辅导员与学生干部的心理协同工作机制。为了充分搜集和掌握每个学生的心理健康信息，辅导员可以根据实际情况建立三至四级心理信息网络（如年级心理总班—班级心理委员—寝室长），借助学生干部的力量更好地发现潜在的心理问题。为了更好地发挥学生干部的作用，辅导员要重视对心理委员等心理学生干部的培训和指导，借助心理委员工作章程、心理委员工作指南等，切实提升心理学生干部队伍的工作能力。建立心理主题班会、心理健康零报告等工作制度，实现心理工作的规范化、制度化。

第二，辅导员与专任教师（如班导、硕博导师）的心理协同工作机制。中共中央、国务院《关于加强和改进新形势下高校思想政治工作的意见》提出了坚持全员、全过程、全方位育人（简称"三全育人"）的要求。大学生心理健康教育是一项庞大、复杂的系统工程，辅导员和专业教师应该互相配合，积极合作，实现优势互补和系统优化，从不同角度、不同场景、不同环节，对大学

生的思想、道德、心理等各个方面进行潜移默化的教育、熏陶和引导，对学生在学业、生活、交友、情感等方面遇到的实际困难给予有效的指导和帮助，构建协同育人新格局，切实有效地推进学生心理健康工作的开展。

4. 分类施策，针对性、多举措进行心理疏导

大学生处于人格形成关键期，自我同一性尚未完全形成，认知力、情绪的自我调节能力、意志力和行为控制力尚不能完全做到协调统一，很容易表现出冲动性人格。当下大学生中存在的心理困扰，既有共性的，比如新生适应问题，人际沟通障碍，学业困难和就业压力，等等，也有个性的，比如自卑、抑郁等。

对于绝大多数大学生群体的心理困扰（如大一第一学期的新生适应问题），辅导员要充分发挥心理健康教育的作用，积极帮助大学生调节心理状态。辅导员可以根据大学生所处的阶段和面临问题的不同，有针对性地制订心理健康教育计划，并通过年级大会、心理主题班会等形式加以开展，使学生学会正确认识心理压力，正确面对挫折，掌握常见的心理问题应对技巧，防患于未然。其中，心理主题班会是大学生心理健康教育的主要形式之一，能够有效提高大学生对于心理健康的认识，促进学生的健康成长和三观塑造。心理班会的主题要进行精心策划，应该综合考虑学生所处的阶段、面临的主要问题、学生的兴趣等进行合理设计。班会形式要不拘一格、丰富多彩，符合学生的特点和需求。此外，班会的组织实施非常关键，应该充分信任学生、依靠学生，使学生成为主题班会的主人，这样可以提高学生的参与热情，也非常有利于学生综合能力的提升。对于部分大学生群体的心理困扰，有心理咨询和团体辅导背景及经验的辅导员，可以利用团体心理工作坊的方式进行针对性疏导。欧文·亚隆曾言："人们内心的困扰均源于人际关系的冲突，最好的解决之道就是利用团体的动力去化解"。对于那些有着相似心理困扰的人而言，团体心理工作坊是一种经济有效的干预方式。在团体心理工作坊中，成员之间相互支持，每个成员既是"求助者"又是"助人者"。个体可以从多个视角洞察自己，获得多重反馈，学习模仿其他成员的适应行为。全体成员可以集思广益，共同探寻解决问题的办法，这种在合作中参与的关系不仅有利于增进成员之间的亲近感，促进互相教育，也能够增强成员的自我效能感，从而更好地增进心理健康。

谈心谈话法是辅导员开展心理健康教育时非常实用、有效的工作方法，具有针对性强、较为灵活的特点，可以较好地实现师生互动。采用该方法时，要遵循目的明确、保密和平等尊重等原则。对于个别学生面临的较复杂的心理困扰，比如情感挫折、寝室矛盾等，辅导员可以通过一对一谈心谈话来进行深度介入和疏导，帮助学生改变心理认知，学会心理调适技巧，排解心理困惑，克服心理问题，朝着积极、健康的方向发展。对于可能有较严重心理问题的学生，可以建议和鼓励学生寻求心理健康咨询，或者视情况求医问诊。危机预防与介入也是辅导员心理健康工作的重点内容。辅导员要经常深入到学生当中，通过各种途径来了解学生的实际情况，增强危机的辨别和干预能力。

5. 与时俱进，探索多媒体网络工作方式

新媒体时代必须要重视网络媒体的力量，发挥新媒体舆情导向功能。当今社会信息传播的主要载体是多媒体，而多媒体的作用具有两面性，既可促进发展，也可破坏稳定。一方面，辅导员可以利用新媒体传播心理正能量。比如通过微博、微信公众号、抖音、B 站等平台，发布学生喜闻乐见的心理健康知识，为大学生的身心健康助力。另一方面，辅导员可以借助新媒体，通过"心理树洞"等方式，给大学生提供宣泄、调适的出口，疏解大学生的消极情绪与不良感受，促进情绪健康与心情舒畅。

案例二：资助育人

党的十八大明确指出："要大力促进教育公平，合理配置教育资源，提高对家庭经济困难学生资助水平，让每个孩子都能成为有用之才。①"高校资助工作是我国家庭经济困难学生资助工作的重要一环，党中央、国务院历来高度重视家庭经济困难大学生的资助工作。

习近平总书记在关于扶贫工作的重要论述中指出，扶贫必须与"扶志""扶智"相结合。辅导员在对家庭经济困难大学生开展资助工作时，要将资助和育人相结合，在解决学生经济困难的同时，也要注重引导学生树立爱国感恩、诚信负责、自立自强、乐观向上的观念，帮助学生掌握一技之长，提升就业创业能力，顺利完成学业并实现就业，继而带动整个家庭稳定、高质量脱贫。

---

① 胡锦涛. 胡锦涛在中国共产党第十八次全国代表大会上的报告 [EB/OL]. (2012-11-09)
[2021-09-04]. 人民网. http://cpc.people.com.cn/n/2012/1118/c64094-19612151.html.

（一）案例背景

吴老师是大一年级学生辅导员，所负责的157名学生中，有33名学生是家庭经济困难学生。相较于一般大学生，吴老师深知这个群体的大学生需要更多的关心、关爱。9月底，根据学校、学院的指导和要求，年级组织评议小组完成了大一学年的家庭经济困难学生认定工作并按规定进行了公示。公示第二天，琳琳找到吴老师，表示其家庭经济十分困难，希望能被认定为家庭经济特别困难学生。聊天中，吴老师得知因担心被其他同学轻看，所以琳琳在填写家庭经济困难信息表时有所保留，而且入学以来，她也一直对自己真实的家庭情况守口如瓶。然而，鉴于家庭经济困难等级会直接影响以后的国家助学金等资助，琳琳思虑再三，决定主动找吴老师反映情况。

（二）实施路径

1. 实地走访，全面了解家庭经济情况

鉴于年级的家庭经济困难认定工作已经进入公示阶段，为慎重起见，吴老师将琳琳反映的情况如实上报学院领导，在征得学院及琳琳同意之后，吴老师亲自前往琳琳家中进行家访。根据实地走访，吴老师了解到琳琳的真实家庭情况：一家三口住在租来的房子里，屋里的陈设非常简陋；在琳琳四岁时，父亲拿着家里全部积蓄与一女子私奔后杳无音信，母亲积怨成疾，身体一直不太好，患有眩晕症，不能干重活，只能打点零工，收入较低且不稳定，因为入不敷出，借了亲戚朋友几万块钱；琳琳的弟弟有智力残疾，生活不能自理，因为家庭经济困难，弟弟的康复训练时断时续。通过这次实地走访，吴老师不仅了解了琳琳的家庭情况，也更多地了解了琳琳，跟她拉近了距离。

2. 启动异议程序，重新认定经济困难等级

根据实地走访掌握的情况，吴老师在公示期内重新组织开展了家庭经济困难认定工作。在评议会上，吴老师如实介绍了琳琳的真实家庭经济情况，评议组成员一致同意将琳琳的家庭经济困难的等级认定调整为特别困难。针对这次公示期间的特殊情况，在评议结束之后，吴老师引导评议小组的成员进行思考分析，并发表自己的看法。通过交流讨论，大家意识到家庭经济困难学生对于家庭经济困难等级认定、助学金评定等工作可能会有一定心理包袱，所以在开展资助工作时，要学会换位思考，尊重和保护他们的隐私，做到更加人性化；

日常生活中，普通同学应该平等地对待家庭经济困难学生，不带有色眼镜。

3. 召开座谈会，扎实开展"扶志"工作

在多年一线辅导员工作中，吴老师始终坚持每学期召开一次家庭经济困难学生座谈会。在座谈会中，吴老师除了了解家庭经济困难学生的情况、拉近跟他们的距离，还会根据学生所处的阶段，有针对性地设定座谈会的主题，将诚信教育、感恩教育、励志教育等融入座谈会当中。在大一第一学期的座谈会上，吴老师向同学们详细介绍党和国家对资助工作的重视及投入，引导学生学会感恩；仔细梳理各级各类的资助政策和资源，让学生放下经济包袱；结合这次公示期间琳琳提出异议的情况，跟学生一起讨论、分析导致家庭经济困难的原因，解开学生的心结。座谈会尾声，琳琳主动发言，坦诚自己的心理转变：之前一直因为家庭经济困难抬不起头来，经过座谈会老师的引导和与会同学的分享，意识到家庭经济困难不是自己的错，应该甩掉心理包袱；经过前后两次的家庭经济困难认定，她感受到了来自外界的善意和尊重，觉得跟同学的关系更近了一步。在大二的家庭经济困难座谈会上，吴老师会邀请已经毕业的家庭经济困难校友来分享他们的故事，通过身边人的故事，激励家庭经济困难学生自立自强、学会感恩。

4. 分层帮扶，将"扶贫"与"扶智"相结合

辅导员吴老师给所负责年级的 33 名家庭经济困难学生一一建立《家庭经济困难学生档案》，主要包含家庭经济情况、接受资助情况、面临的困难及期望的帮助。对于家庭经济确实非常困难，仅凭国家助学贷款和国家助学金尚不能完全解决经济压力的学生，吴老师积极为他们争取社会捐资及校友资助，并推荐他们到学校的勤工助学岗位。对于综合素质有待提高的学生，吴老师鼓励他们积极参加学生活动和社会实践，在实践中提升自己的能力。对于缺乏自信、比较敏感的学生，吴老师充分利用年级、班级的平台，让他们通过服务同学从而提升自我效能感。比如，吴老师发现琳琳比较自卑，不善于跟同学交流，所以鼓励她参加班级生活委员的竞选。成功当选后，因为工作的关系，琳琳跟班级同学有了更多交集，在服务同学的过程中，不仅锻炼了自己的能力，也受到了大家的肯定，琳琳逐渐融入班集体，变得更加开朗、自信。毕业季，吴老师对家庭经济困难学生的就业能力进行量化评估，对就业能力较弱的学生进行针对性指导和帮扶，并优先推荐他们就业。

四年期间，吴老师所负责年级的资助工作受到了学院领导和家庭经济困难学生及家长的肯定，家庭经济困难学生认定、国家助学金和各类社会捐助助学金的评定等资助工作零投诉，年级各种帮困措施落实到位；三管齐下的"扶贫"和"扶志""扶智"取得了良好效果，33 名家庭经济困难学生学业有成，心态积极，就业率高于年级整体就业率一点二一个百分点。

（三）经验启示

1. 扶"真"贫困，确保资助对象的准确

2015 年，中共中央、国务院印发了《关于打赢脱贫攻坚战的决定》，强调要"坚持精准扶贫、提高扶贫成效，做到扶真贫、真扶贫、真脱贫"。高校对家庭经济困难大学生有效开展资助工作的重要前提是受资助对象必须是真正贫困、需要帮助的大学生。随着国家经济社会发展，学生及其家庭的居住地、收入来源、工资标准及工作方式等都日趋复杂多样，这些问题使得获取学生家庭经济的真实信息面临重重困难。辅导员在开展大学生家庭经济困难认定工作时，要注意把握精准资助的核心关键，高度重视学生家庭经济信息的真实性问题。总的原则是坚持贯彻 2020 年 10 月印发的《教育部等六部门关于做好家庭经济困难学生认定工作的指导意见》的精神，明确家庭经济困难学生认定的工作原则、工作依据和工作程序，做好家庭经济真正困难的大学生的鉴别和认定工作。

《大学生家庭经济信息表》是掌握学生家庭经济情况的一手资料，辅导员要科学设计信息采集内容，并引导学生如实填报。同时，辅导员可以通过谈心谈话，走访寝室，向室友、学生干部了解情况、大数据分析等方式，多角度、全方位了解大学生的家庭经济情况。此外，实地走访困难学生家庭是确保资助信息真实性的有效方式。实地走访不仅可以及时纠正单纯家庭经济信息填报可能出现的偏差，还能增进辅导员与学生及其家庭的感情、普及宣传国家资助政策，为后续资助工作的顺利开展奠定良好的基础。辅导员可以根据实际需要，通过实地走访的方式更加客观地考察、了解学生的家庭真实情况。

2. 精准资助，提高资源配置的效益

党和政府历来高度重视教育脱贫工作。党的十八大以来，全国资助总金额不断增加，成为一项重大、重要的民生支出。尽管如此，相较广大经济困难学生群体人数不断增加及其日益增长的资助需求而言，资助资源尚存在一定程度的匮乏和不足。十九大报告明确指出，要坚持精准扶贫，精准脱贫，而教育"扶贫工作"要做到精准则是更艰难的事情。这就要求辅导员在资助工作中，必须努力提高资助资源配置的效益性，将有限的资助资源分配给最需要资助的经济困难学生。

在掌握家庭经济困难大学生真实家庭经济情况的基础上，辅导员可以将学生的家庭人口数量、收入状况、消费支出、成员健康状况、居住条件、影响家庭经济的其他情况等列入量化指标，并视其对家庭经济情况的影响程度设定相应权重，构建经济困难程度量化测评模型，科学客观地认定学生的家庭经济困难程度，为后续助学金评定等资助工作的开展奠定基础。值得注意的是，除了家庭经济困难程度，大学生的资助需求还与其基本学习生活支出、阶段性发展需要等因素密切相关。辅导员要充分考虑前述因素，将家庭经济困难学生划分为不同的资助等级，并实行动态管理。在开展资助工作时，辅导员要对各种资助项目进行认真梳理，在符合资助规定和政策的前提下，精准滴灌，将大额资助向资助等级高的家庭经济困难学生适当倾斜。

3. 三"扶"并举，增强资助育人工作的实效

由于受到家庭经济状况的影响，家庭经济状况困难的大学生在眼界视野、学习条件、社会资源等方面都相对有限，并且家庭现状往往会促使这部分大学生心怀更强烈的愿望改变当下生活，从而可能背负上较为沉重的心理包袱。教育的根本任务是立德树人。因此，我们更加重视发挥资助工作的"育人"功能，对家庭经济困难大学生的帮助应该从简单的保障型向发展型转变，除了物质帮扶，同时还要进行有针对性的能力拓展和精神激励，"扶困"与"扶智""扶志"并举，力争完成教育扶贫工作的最后一公里。

除了家庭经济情况，辅导员还应该全面关注、关心家庭经济困难学生的学业，人际关系，心理健康，综合素质，成长规划等情况，教育和引导家庭经济困难学生自立自强，诚实守信，爱国爱党，提升能力，全面发展。辅导员要不断完善日常思想政治教育的途径，努力形成"解困—育人—成才—回馈"的良性循环，切实做好资助育人工作。在各类资助工作中，辅导员可以通过主题教育活动和资助育人载体，尊重和发挥家庭经济困难大学生的主体作用，将资助工作与培养学生爱党爱国爱社会主义意识、感恩意识、奋斗精神，以及全面提升学生身心健康、综合素质结合起来，实现物质帮助、道德浸润、能力拓展、精神激励

的有效融合。

案例三：就业扶人

就业是最大的民生，我国各级党委和政府一直十分关心就业工作，积极创造条件确保就业。大学生就业事关学生成长、经济发展和社会稳定，大学生就业创业工作更是得到了党和政府的高度重视。新冠疫情以来，习近平总书记高度重视就业工作，在考察调研、出席会议等多个场合对当前的就业形势作出科学研判。2020 年 7 月 7 日，习近平总书记在给中国石油大学（北京）克拉玛依校区毕业生的回信中强调："各级党委、政府和社会各界要切实做好高校毕业生就业工作，采取有效措施，克服新冠肺炎疫情带来的不利影响，千方百计帮助高校毕业生就业，热情支持高校毕业生在各自工作岗位上为党和人民建功立业。"①

随着高等教育的普及和入学率的提高，近些年我国高校的毕业生人数连创新高。大学生就业难的问题越来越突出，"史上最难就业季"也成了就业新常态。2016 年 11 月，教育部发布《教育部关于做好 2017 届全国普通高等学校毕业生就业创业工作的通知》，提出要"进一步提升就业指导水平和服务能力"。高校辅导员是促进大学生就业的重要力量，对大学生开展职业规划和就业指导是辅导员的重要工作职能。

（一）案例背景

大学生就业难，早已不是新鲜话题。近年来，我国人社部、教育部等提出要"精准发力"，完善"一对一"个性化精准帮扶机制，提高帮扶实效。如何推进精准帮扶，尚处在探索阶段。湛老师是毕业年级辅导员，在做好所负责学生全面就业工作的同时，根据上级要求以及学生需要，还对部分就业困难的学生进行一对一帮扶。小汪就是其中的一个。小汪基本情况如下：男，汉族，广西南宁人，专业法学，学历本科；家庭经济特别困难，家中人口 5 人，父亲在外务工，收入微薄且不固定，母亲患病在家休养，弟弟和妹妹都在读高中。

---

① 今年以来，习近平这样论述就业这个最大的民生 [EB/OL].（2020-07-08）[2021-04-04].
中国共产党新闻网 . http://cpc.people.com.cn/n1/2020/0708/c164113-31776031.html.

（二）实施路径

1. 进行就业观念引导，帮助找准定位

为做好就业指导和服务，大三第二学期末，湛老师组织全体同学填写了《就业意向统计表》。在意向调查表上，小汪填写的就业意向地域是南宁，就业意向单位是国有企业、律师事务所、法院检察院以及自主创业。根据多年的就业指导经验以及小汪自身实际情况，湛老师觉得小汪的就业意向地域过于狭小，而就业意向单位却过于宽泛，看得出来小汪有点迷茫。于是湛老师将小汪约到办公室，进行面对面沟通。

关于就业意向地域，湛老师建议小汪做加法。小汪告诉湛老师，之所以打算回南宁工作是觉得方便照顾生病的妈妈。然而连续找了两个多月工作之后，小汪发现南宁适合自己的就业信息很少，仅有的几个单位，投递简历之后也是石沉大海。针对这种情况，湛老师帮他进行分析：第一，现在他母亲的病情已经稳定而且恢复得不错，并且家人能够帮忙照顾母亲，小汪不是必须回南宁工作。当下他们家面临的主要问题是经济压力，所以小汪最好尽快找到一份收入还不错的工作。第二，经过本科几年，小汪比较熟悉和喜欢学校所在的地域——川渝。另外，川渝在城市建设、经济增长、薪酬水平等方面具有相当的竞争力，对求职者来说是一个比较好的选择。在国家统一法律职业资格考试结束后小汪一直留在学校，方便就近参加川渝单位的招聘。经过交谈，小汪觉得湛老师说得有道理，于是改变了原先的想法，将就业意向地域调整为川渝为主、南宁为辅。

关于就业意向单位，湛老师建议小汪做减法。首先自主创业对个人能力、人脉资源等方面的要求很高，小汪目前还不具备这些条件，所以优先排除这个选项。其次，从小汪的兴趣、能力、价值观等方面分析，他更适合在企业、律师事务所工作，所以不建议他报考公务员或者在这方面投入太多精力。为了让小汪做出更加适合自己的职业选择，湛老师给小汪布置了几项"家庭作业"：第一，登录学校就业办网站，再次进行"兴趣""能力""价值观"等职业测评，更好地认识自己。第二，搜集关于公务员、企业和律师事务所的职场信息，并结合自身的实习经历，考虑这些单位的企业文化、薪资待遇、晋升空间等是否跟自己的职业规划相契合。第三，借助"决策平衡单"，对自己的意向单位逐一评分，之后参考评分结果，再次审问内心：什么单位才是最适合自己的，自己该朝什么方向发展。小汪非常用心地完成了湛老师布置的作业，对自己的职业选择进行了重新定位和排序，最终决定集中精力，主要面向企业、律师事务所求职，不再报考公务员。

2. 加强就业技能指导，提升就业能力

湛老师发现小汪的简历比较粗糙，没有突出自身优势，没有按照任职匹配理论，围绕拟应聘岗位的需求针对性地量身打造。因为小汪拟应聘的单位以企业、律所为主，应聘此类单位主要是通过投递简历的方式进行，简历作为敲门砖显得尤为重要。鉴于此，湛老师发了一些有关简历制作的资料给小汪，比如《好简历 VS 坏简历》、优秀简历模板等，让她先行学习，然后重新修改简历并交给湛老师。湛老师根据多年指导学生简历的经验，对小汪的简历提出了许多修改意见。经过反复打磨和不懈努力，最后小汪修炼成了所在年级学生中简历制作方面的佼佼者。在年级举办的某次就业经验交流活动中，湛老师让小汪给参会的年级其他同学分享他简历制作的经验。交流会邀请的来自国企、证券公司、律所以及法院的校友，对小汪的分享以及精美、职业化的简历给予了高度肯定。与会的本年级其他同学也表示很受启发，纷纷借鉴、学习小汪的简历制作经验。

小汪拟应聘单位的面试方式多为结构化面试，主要考察应聘者的语言表达能力，逻辑思维能力，组织协调能力，综合分析能力，情绪调节能力，等等。湛老师引导小汪对自己以上各方面的能力逐一进行评估，找出短板。经过分析，小汪认为自己的语言表达能力及情绪调节能力较弱。湛老师建议他通过理论学习、模拟演练和面试实战的方式加以针对性提升。小汪通过上网、查阅书籍等方式，很用心地对面试常见问题、回答要点、注意事项等进行了解、梳理和归类，做到心中有数，有备无患。同时，小汪积极参加学校举办的模拟面试大赛以及各类双选会，主动求职、努力积累面试经验。

3. 进行经济帮扶，解决后顾之忧

因为小汪家庭经济比较困难，湛老师安排小汪在年级设置的勤工助学岗位进行兼职。同时，湛老师积极向学院反映情况，帮小汪申请到了 2000 元就业困难补助。以上举措在一定程度上减轻了小汪在求职时的经济压力，解除了小汪的后顾之忧，让小汪能够卸下心理包袱，专心求职。

4. 积极提供就业信息，优先推荐就业

根据小汪的实际情况和自身需求，湛老师积极主动、有针对性地向小汪点

对点推送各种就业信息，并向合适的用人单位优先推荐小汪。同时，湛老师主动与有关用人单位联系，及时跟踪掌握小汪求职面试的结果，对其给予相应反馈和专门指导。

经过帮扶，小汪如愿应聘到自己心仪的某省报业集团，从事法务相关工作。小汪在成功求职后，积极关心帮助其他尚未就业的同学，不仅热心地分享了解到的就业信息，还帮助有需要的同学修改求职简历，传授面试经验。

（三）经验启示

1.加强生涯规划指导，帮助学生找准定位

正确认识自己和职场，做好职业生涯规划是大学生成功求职的基础和前提。辅导员要加强对大学生的生涯规划指导，帮助大学生树立长远的、合理的生涯发展观，让大学生能真正在高校里得到受益一生的指导与帮助。

第一，大一阶段是职业生涯规划的启蒙阶段。首先，辅导员可以通过新生入学教育、主题班会等方式，向学生传授职业生涯规划的相关理论，帮助学生建立职业生涯规划的意识，让学生意识到做好职业规划对每个人而言意义重大。其次，辅导员可以借助学校资源，让学生进行职业测评，对自己的职业兴趣、能力和价值观等有个初步的了解和认知。再次，辅导员可以通过"走出去"（带领学生到用人单位参观学习）和"请进来"（邀请职场人士到学校讲座、座谈）等方式，让学生对职场和职场人士有直观的感受和认知。最后，可以通过开展职业生涯人物访谈活动引导大学生进行职业探索和启蒙。通过职业生涯访谈可以帮助学生进行零距离职业体验，了解访谈职业的有关情况，思考自身的优势和不足，从而制订更加合理的职业计划。辅导员可以充分利用寒暑假，通过布置寒暑假作业等形式，让学生开展职业生涯人物访谈。为了调动学生的积极性，让访谈活动取得实效，在后期辅导员可以组织开展职业访谈大赛。

第二，大二阶段是职业规划的制订和实施阶段。大二阶段（最好是大二第一学期），辅导员可以开展职业规划大赛活动，让学生对自己大学期间甚至未来的规划进行思考，并付诸行动。大赛的评委可以尽可能邀请有社会经验的毕业生校友和成功的职场人士，他们的点评和建议对大学生而言更加有说服力和影响力。大学生职业生涯规划的常见问题是"头重脚轻""虎头蛇尾"，不少学生对于规划的计划实施不够重视，马虎了事，或者泛泛而谈。辅导员可以引导学生用 SMRT 原则制定具体的行动目标。

2. 重视社会实践，帮助学生夯实基础

社会实践能够有效提升学生的就业能力。大学生职业能力培养的实施途径主要有两条：一是课堂教学，二是社会实践。课堂教学是职业能力认知和养成的基础，社会实践是职业能力展现和提升的关键。[①] 社会实践能够帮助大学生提前感知真实职场，了解职场需求，形成正确的职业价值观，确定合理的职业定位，培养良好的职业道德，训练提升职业能力。经验表明，大学生参加社会实践的情况与就业能力有正相关性。凡是在校期间有担任学生干部经历，且参加社会兼职或实习比较多的学生，在求职时对自身的定位更为准确，迷茫、跟风的情形较少。同时，这些学生在求职时也更加主动，就业能力也更强。《中共中央国务院关于进一步加强和改进大学生思想政治教育的意见》（中发〔2004〕16号文）明确指出，要积极探索社会实践与专业学习相结合、与勤工俭学相结合、与择业就业相结合、与创新创业相结合的管理体制，增强社会实践活动的效果，使大学生在社会实践活动中受教育，长才干，作贡献，增强社会责任感。[②] 辅导员应该高度重视社会实践，创造更多实践机会，鼓励学生尤其是就业困难学生多参加社会实践，在实践中找准职业定位、提升就业能力、拓展求职资源。

3. "授人以渔"，帮助学生提升求职能力

在择业期，提升大学生的就业能力和技巧是重中之重。其中，简历制作、面试技巧以及职业决策方法尤为重要。辅导员可以在对学生的就业能力和技巧进行全面评估的基础上，做好针对性指导和帮助。

首先，辅导员可以通过讲座、团体辅导等形式，漫灌式向全体学生传授简历制作等就业能力和技巧。

其次，辅导员可以通过一对一指导的形式，滴灌式辅导一些特别需要帮助的学生。值得一提的是，单位反馈可以有效促进学生就业。不少毕业生学生认为，如果用人单位对他们在投递简历、面试等过程中的表现进行反馈和评价，这样可以让他们学得更快，能够更好地促进他们就业能力的提升。在就业服务工作中，

---

① 李宇靖.社会实践中大学生职业能力培养的调查研究[J].生涯发展教育研究，2015（12）.

② 关于进一步加强和改进大学生思想政治教育的意见[EB/OL].（2004–11–18）[2021–04–11].人民网.http://www.people.com.cn/GB/40531/40746/2997127.html.

辅导员可以主动联系用人单位，了解应聘学生在简历制作、面试技巧、入职后表现等方面的情况，并将其反馈给学生，与学生一起探讨改进和努力的方向。

在职业决策方法的指导上，辅导员要引导学生反思自己的决策风格并弄清每种决策风格的优劣，知道影响决策的主要因素，并教会学生使用一些常见的决策工具，比如生涯决策平衡单。

职业价值观是影响大学生就业的重要因素之一，不少大学生无法做出生涯决策的重要原因之一是不清楚自己的职业价值观。辅导员可以引导学生通过自我审视、职业测评、最欣赏的五个人、八十岁生日宴会等方法，澄清自己的职业价值观。一些学者的研究显示，女大学生在选择单位时更加注重物质生活和人际关系方面以便满足她们的生存、适应社会的需要[1]。一方面是女大学生对职业的更高追求，一方面是严峻的就业形势。辅导员要引导女大学生做好充分的心理准备，适当调整求职预期。

最后，充分发挥朋辈作用，让学生组建就业互助小组，开展简历诊断、模拟面试等活动。

4. 精准发力，做好对特殊群体的帮扶工作

在就业形势比较严峻的当下，大学毕业生中的一部分特殊群体——就业困难大学生，将面临更加激烈的竞争和强大的压力。对就业困难大学生开展"精准帮扶"显得尤为重要。辅导员要进一步加强对家庭经济困难、少数民族学生等特殊群体的就业帮扶工作，提升就业服务质量，多措并举、精准发力，帮助特殊群体充分就业。

第一，就业帮扶贵在准。所谓准，即要准确了解特殊群体的就业情况，突出帮扶的针对性。首先，辅导员要对就业困难学生的情况进行调查摸底，根据就业困难类型分类建立数据库并进行动态管理。在这个环节，对就业困难学生的实际就业能力进行分析和评估是工作的重点。辅导员可以从家庭资源、就业观念、就业心理、专业及学业情况、简历制作能力、笔试及面试能力、实践经验、软实力等方面对就业困难学生的就业能力进行量化评估，然后根据评估结果确定重点帮扶对象。其次，要结合就业困难学生的具体情况、求职意愿、就业能

---

[1] 都三强，李娟. 当代大学生职业价值观的特点研究 [J]. 湖北函授大学学报，2009（22）

力等，进行针对性的帮扶。比如针对家庭经济困难学生，可以为他们提供适合勤工助学岗位，发放一定的就业困难补助；针对残疾学生，要给予职场形象、求职技巧等方面的专门指导，主动与残疾人工作部门联系，组织参加专门为残疾毕业生举办的招聘会，重点推荐就业，等等。

第二，就业帮扶难在精。所谓精，即在帮扶就业困难学生时，既要抓面，更要抓点，甚至要进行"一对一""点对点"的服务，如此才能保证帮扶效果。因为辅导员的带生量普遍比较多，所以如果要做到这一点，就要发动更多的人比如就业指导部门、专业课教师、校友等参与就业困难学生的帮扶工作，实现一人一策、精准发力、全程帮扶，从而提高帮扶实效。

第三，就业帮扶的重点在女性就业困难学生。由于社会文化、生育保险制度不健全、社会保障机制缺失等因素，女大学生就业难，而家庭经济困难女大学生就业则难上加难。这就要求我们在开展就业工作时，应积极组织女性毕业生参加各类招聘会，充分发掘女性毕业生的优势，有针对性地进行就业推荐。此外，还应充分动员教职工、校友等各方力量，有针对性地组织相关讲座、论坛或者交流活动，为女性毕业生提供更多的就业信息、就业指导和服务。

本章小结

"助"人工作是高校辅导员的重要工作职责。新时代新形势对高校辅导员"助"人工作提出了新的挑战。

方法要"新"。立足新情况新要求，跳出传统工作套路，全方位改进和创新"助"人工作。教育是一门艺术，辅导员只有依据一定的方法进行教育实践，才能收到良好的教育效果。具体而言，辅导员可以根据自己的专业、兴趣、特长，在做好基础工作的同时，聚焦重点、难点问题，创新工作方法，结合工作性质和需要，采用多种方式，灵活地开展助人工作。只有运用综合性的方法，采用显性帮助与隐性帮助相结合、网上网下教育相结合的方式，丰富"助人"的方法体系，实现从单一、静态、平面化的"助人"向多样、动态、全方位育人的转变，才能获得好的育人效果。

质量要"高"。辅导员要不忘初心、守土尽责，着眼于"立德树人"的根本任务、党和国家的事业发展全局，进一步提高"助"人工作的质量和水平。助人工作是集科学性和实践性于一体的工作，不仅要求辅导员具备良好的心理素质、较高的道德品质和职业责任感，而且还要求辅导员熟悉心理学、教育学、管理学、社会学等专业知识，掌握助人的原则、技巧和方法。为更好地开展工作，辅导员应当明晰自身优势和劣势，根据工作需要和自身定位，加强理论学习，补足自己的短板。同时，辅导员要善于经验集成，不断推动"帮困助人"升华到"帮困育人"，使助人工作具有可持续性。

效果要"实"。辅导员要按照习近平总书记重要讲话精神，紧扣大学生发展面临的主要问题，针对不同对象采取具体的、适宜的、分类帮扶的方式，确保"助"人工作落地落实。我国的高等教育已经进入大众化阶段，总体上国民素质明显提高，但同时对高等教育也带来极大挑战。通常情况下，高校辅导员面对的学生数量比较大，学生的情况千差万别，且呈现动态变化，给辅导员的教育和管理工作造成了一定困扰。高校辅导员要与时俱进，主动适应新变化，建立健全相关大学生档案，增强"助"人工作的分析、预判能力，提高"助"人工作的针对性和主动性，根据具体情况分类施策、分层帮扶，切实提升"助"人工作实效。

第五章　"带"之有术*

> 不忘本来才能开辟未来，善于继承才能更好创新。对历史文化特别是先人传承下来的价值理念和道德规范，要坚持古为今用、推陈出新，有鉴别地加以对待，有扬弃地予以继承，努力用中华民族创造的一切精神财富来以文化人、以文育人。
>
> ——习近平总书记在中共中央政治局第十三次集体学习时的讲话
>
> 2014年2月24日

第一节　概　　述

教育强则国家强。习近平总书记强调，我国有独特的历史、独特的文化、独特的国情，决定了我国必须走自己的高等教育发展道路，扎实办好中国特色社会主义高校。我国高等教育发展方向要同我国发展的现实目标和未来方向紧密联系在一起，为人民服务，为中国共产党治国理政服务，为巩固和发展中国特色社会主义制度服务，为改革开放和社会主义现代化建设服务。[①]新时代高校思政工作，也应围绕这一目的，恰当地采用"带"的方法，开展思政教育工作。

一、"带"的词源阐释

"带"的甲骨文字体像是前巾与后巾之间扣结的布条，小篆字形的上面表示束在腰间的一根带子和用带子的两端打成的结，下面像垂下的须子，有装饰作用。

---

* 本章编者简介：肖丽霞，女，硕士，西南政法大学政治与公共管理学院党委副书记，主要从事思想政治教育研究；宋夏冰，女，硕士，西南政法大学政治与公共管理学院研究生辅导员，主要从事校园危机管理、中华民族共同体意识等研究；樊雪，女，硕士，西南政法大学政治与公共管理学院团委书记、2020级本科生辅导员。

① 把思想政治工作贯穿教育教学全过程开创我国高等教育事业发展新局面 [EB/OL]（2016–12–09）[2021–10–09]. 人民网 . http://politics.people.com.cn/n1/2016/1209/c1001–28936072.html.

《史记·项羽本纪》中，"哙即带剑拥盾入军门"的"带"有佩带之意；到了现代，"带"有了更多的含义，例如"带兵"有引导的含义，"带班"有兼管之意，"车带"有轮胎之意，"面带笑容"有呈现的意思。衍生有引导某人或某物之义，如：带将（带，领）；你带路，我们跟你走。

二、"带"的现代词义

"带"在现代的词意主要是率领，引导，即带领，带头，带动，以点带面。"传帮带"是我党的优良传统，毛泽东同志曾经提到，"一切革命队伍的人都要互相关心，互相帮助，互相支持"[1]，而搞好"传帮带"便是这种关心、帮助和支持最直接、最生动的体现。"传帮带"也是我党培育干部的经验做法。习近平总书记指出，要发挥老年人对社会成员的言传身教作用，发挥老年人在化解社会矛盾、维护社会稳定中的经验优势和威望优势，发挥老年人对年轻人的传帮带作用。[2]

三、"带"在辅导员工作中的意义

（一）传理论、帮解惑、带践行

"传帮带"在辅导员语境中是一种工作方法，具体而言，就是传理论、帮解惑、带践行。

传理论，即理论灌输和理论学习。理论是行为的先导，理论武装是思想政治教育的首要任务。理论武装的主要途径和手段就是理论灌输和理论学习，因此大学生思想政治教育的先行性手段即为政治理论学习。正如马克思主义的观点，通过理论灌输，才能为无产阶级提供"精神武器"，才能以"思想的闪电"击中"人民园地"。

帮解惑，即联系实际解决疑虑。大学生思想政治教育不能搞教条主义与形式主义，要针对大学生思想、学习、生活、就业创业等实际问题，倾听他们的想法和要求，排解他们的疑虑，给予其必要的人文关怀，让大学生在理论和实

---

① 毛泽东.毛泽东选集第三卷[M].北京：人民出版社，1991：1004–1006.

② 习近平：推动老龄事业全面协调可持续发展[EB/OL].（2016–5–28）[2021–10–9].人民网.http://politics.people.com.cn/n1/2016/0528/c1024–28387123.html.

践紧密结合的基础上受到教育和启迪。

带践行，即师德过硬，"示范"带动。高校辅导员的师德修养不但关乎己身，更对大学生思想政治教育发挥着"示范"作用。由教师和学校带动大学生知行合一的带践行有三层意思：一是理论联系实际，以理论的习得、理解、笃信，付诸思想品德修养的实践；二是施教者本身在政治理论修养和言行举止方面堪称人师，能够对学生起到"示范"作用；三是教学双方都做到知行合一，在互动中传递正能量。

（二）"带"思想、"带"方法、"带"标兵

学习指导"带"思想。习近平新时代中国特色社会主义思想为我们解答了新时代下如何坚持发展中国特色社会主义这个重大时代命题，辅导员除了要先学一步、学深一层以外，更要融会贯通，将所学所思与大学生分享交流，及时了解他们的思想动态和学习、工作、生活情况，有针对性地进行教育引导，激发他们的学习、工作热情，发现不良倾向和苗头及时提醒，切实纠正他们存在的各种认识偏差。将政治理论结合到自己的实践工作中，形成工作典型案例指导和教育青年，牢固树立大局意识和责任意识，将共产党员的坚定信仰和坚强意志传承下去。

关心爱护"带"方法。辅导员的关心爱护体现在两个方面：一是对于新入职辅导员的关心爱护。资深辅导员只有充分发扬"传帮带"精神，真正补齐辅导员的短板，全面提升他们服务大学生的能力水平，使年轻的辅导员队伍更快地掌握工作技能和工作方法，尽快成长，早日担负起重担，堪当大任，真正成为推动党和国家事业发展的生力军；二是对于大学生的关心爱护。辅导员应冲锋在前，树立榜样，在生活、学习、社会交往等方面给予大学生全面的教育和启迪，真心关爱学生，融入学生，赢得学生尊重和信任，帮助大学生树立正确的世界观、人生观、价值观，帮助他们成长为合格的中国特色社会主义建设者和接班人。

以身作则"带"标兵。新时代下对辅导员的要求是坚持党建引领促进改革发展，要想帮助大学生在工作生活中实现自我教育、自我管理、自我净化，帮助年轻辅导员快速成长，就必须做到言传身教，培养严谨守正的工作作风和严明敬畏的工作态度，做好本职工作，克服重大阻力、解决重大矛盾，在工作中补齐短板。综合而言，辅导员"传帮带"工作方法的实质就是示范和传承，目标是超越。

第二节 理论阐释

党的事业和国家教育事业薪火相传，如今的岁月静好是老一辈同志历经磨难、克服阻碍，用执着和信念换来的，新一代年轻辅导员和大学生身处思想多元、信息交错的复杂成长环境。"授人以鱼，不如授之以渔"，这就需要在实践锻炼中帮助年轻一代端正"三观"，培养其责任心、进取心，做好"传帮带"，帮助树立时代新人敢做善为、忠诚担当的形象。《中共中央关于进一步加强和改进学校德育工作的若干意见》指出："加强德育队伍建设，要优化队伍结构，建设一支专兼结合、功能互补、信念坚定、业务精湛的德育队伍。各级党委以及教育行政部门和学校都要采取措施，稳定德育骨干队伍，不断补充新生力量。要积极开展各种培训工作，提高队伍素质。"

一、"带"的根本内涵

在高校辅导员的语境中，"带"表达的是"传帮带"的内涵。"传帮带"是我国传统意义上的一种经验做法，是前辈对晚辈，老手对新手，先进对后进，在理论、技术、经验等方面的引导和教授。本书所介绍的"带"之有术，在辅导员工作中主要包括三个方面：资深辅导员带新入职辅导员、通过辅导员党团工作引领学生、辅导员带学生一起成长。

（一）资深辅导员带新入职辅导员

为进一步做好学生思想教育工作，不断加强辅导员专业知识业务培训，提升辅导员工作能力和理论研究能力，通过有经验的老辅导员带新入职辅导员开展工作，发挥好辅导员队伍建设中的"传帮带"作用。在辅导员队伍建设工作中，研究制定符合辅导员发展实际的工作措施，切实加强高校辅导员队伍建设，保持这支队伍的持续、健康、稳定发展。

"传帮带"源于现代学徒制[1]，即我国教育部在 2014 年提出的一项创新技能技术人才培养模式，辅导员作为学生管理工作中的主力军，更应顺应时代要求，积极创新，将现代学徒制引入到辅导员管理工作中来。

"传帮带"是经由指定导师个人或群体具体指导特定对象的个别化教育实

---

[1] 中华人民共和国教育部 2014 年 8 月印发《关于开展现代学徒制试点工作的意见》.

践，以促进个体不断创新发展的程序模型。^①传就是传授，即"我"讲，"你"听，强调教育主体在实践过程中的引导作用，教育客体通过听讲、观察等获得知识和技能，重在直接经验的传授。帮就是帮助，即"你"做，"我"指导，强调教育客体在实践过程中的主导作用，教育主体起着协助、纠偏作用，重在引导，使教育客体沿着正确的方向努力。从教育角度来看，教育的主客体在这里就发生了转化。带就是带领，即"我"做，"你"看，"是在思想上、理念上以及实际工作中的示范"^②，重在间接经验的传授，通过内涵、魅力的影响，指导形成成熟的工作方法。

"传帮带"是教育客体学习的三种境界，是一个螺旋上升的、不断提高知识和技能的学习过程。"传帮带"有着优良的历史传统，在保持职业的认同感、岗位的忠诚度、建构人才梯队、凝聚人心方面起着重要的作用，因为它是"隐性知识传播的重要途径"，而隐性知识则是核心竞争力的主要体现，所以"传帮带"本质上就是团队化工作的具体呈现。^③当前辅导员队伍的发展现状表明，辅导员急需通过"传帮带"来提升专业化、职业化水平，老对新、老师对学生、团队对个人，等等，都能"带"出成效。但是目前在学生思想政治工作中，仍然有一些工作需要进一步加强。

1. 思想重视程度有待提高

从表面上看，这是由于年龄差异、不同经历和概念冲突造成的角色整合困难。其深层次原因在于二者相距甚远，甚至不排除因权利纠纷和利益纠葛而形成的分离和警惕。一方面，同一院系的辅导员需要合作，另一方面，各自在奖励和工作表现方面存在有竞争。由于老牌的辅导员指导新入职辅导员的工作，办公室同事之间的关系存在明显差异，这使得辅导员之间的竞争与合作难以平衡。

2. 亟待建立完善的导师制

在许多高校，没有明确的制度和规章来实施老带新的师徒制，只能参考现代教学制来实施。随着高等教育的快速发展，辅导员导师制的迟延已不能满足现代学生发展变化的特征，导致在学生管理过程中问题层出不穷，学生管理难

---

① 姜洋，马振峰. 浅谈"传帮带"在高职青年教师培养中的作用[J]. 辽宁高职学报，2011（1）.

② 高卫东. 浅析新时代企业管理的"传帮带"[J]. 内蒙古科技与经济，2016（4）.

③ 胡婷婷，王岳. "传帮带"是科研院所重要的培训途径[J]. 华北电业，2017（3）.

以发展。

3. 职业生涯规划有待探索

虽然"老带新"显著提高了新辅导员的工作效率,但从辅导员的长远未来看,在同一个系或一所学校很容易趋于统一的学生工作风格,以至于会阻碍辅导员队伍健康成长。[①]而且,过于单一地强调"经验",新入职辅导员往往只能看到一隅,而不能观全局,这势必扼杀新辅导员职业生涯初期的创新意识,也压抑了其在工作中充分发挥原有专业知识的可能性。辅导员的日常工作本身就涉及多头管理和千篇一律,这就更易形成"按旧规则办事"的僵化观念。

(二)通过辅导员党团工作引领学生

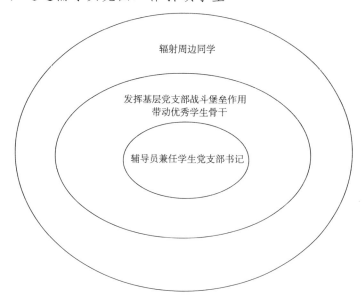

辐射周边同学

发挥基层党支部战斗堡垒作用
带动优秀学生骨干

辅导员兼任学生党支部书记

图 5-1 辅导员兼任学生党支部书记作用图

习近平总书记在全国高校思想政治工作会议上强调,"实现全程育人、全方位育人,努力开创我国高等教育事业发展新局面"。[②]新形势下,全员、全过程、全方位育人的提法无疑为将高校党建和人才培养工作相结合的良效机制提供了

---

① 江来登.高校辅导员专业化建设的路径选择 [J].湖南社会科学,2009(4).

② 习近平.把思想政治工作贯穿教育教学全过程 [EB/OL].(2016-12-08)[2021-03-12].新华网 .http://www.xinhuanet.com/politics/2016-12/08/c_1120082577.htm.

新的发展思路。

1. 发挥辅导员党建引领作用

辅导员与学生的接触最为密切，也最适合担任学生党支部书记。辅导员作为党支部书记要不断探索和创新党支部联系大学生的路径和方法，进一步完善学生党员密切联系普通学生的工作制度。

教育部令第43号明确了辅导员的使命、责任及工作职责范围，辅导员是开展大学生思想政治教育的骨干力量，是高校学生日常思想政治教育和管理工作的组织者、实施者、指导者。同时教育部令第43号第五条第二款提出辅导员的工作职责包括指导学生党支部建设，他们有坚定的政治信仰，战斗在学生工作第一线，承担着培养人、教育人的双重任务。他们队伍相对稳定，自身能力素质符合党组织对党务工作的能力要求。

2. 发挥基层党组织"堡垒"作用

高校党建工作是党的建设的重要组成部分，是巩固党执政地位的重要基础，是高等教育事业发展的根本保证。高校担负着为党培养"政治素质可靠，专业素质过硬"的合格人才的重要职能。高校把党的领导、建设贯穿办学治校全过程，坚持马克思主义指导地位，坚持社会主义办学方向，坚持为党育人、为国育才，推动中央大政方针和决策部署在学校落地落实。

党的根本宗旨是全心全意为人民服务，也是建设基层党组织的鲜明主题。辅导员作为基层党支部书记，要带领基层党组织站稳政治立场，增强政治定力，严把政治方向，强化政治引领，履行好党章赋予的全部职责，更好地为学生们服务。

3. 发挥学生党员先锋模范作用

学生们在校期间，辅导员与他们关系最为密切，辅导员的工作范围包括学生管理工作和思想政治教育工作，大学生们成长过程中的每个环节，都需要辅导员的指导和陪伴。特别是在学生党支部建设的过程中，辅导员兼任党支部书记，我们实行党员同学"引进来与走出去相结合"战略，扩大党员同学的先锋模范作用，用自己的言行去影响、去感化身边同学共同进步。

大学生正处在人生发展的关键阶段，面对纷繁复杂的社会形势和网络时代带来的爆炸式信息增长，极易受到各种不良思潮和价值观念的影响，无疑使得高校人才培养工作面临严峻的挑战。特别是在新时期如何更好地发挥学生基层党支部战斗堡垒作用，发挥学生党员先锋模范作用还缺少具体抓手。

（三）辅导员带学生一起成长

辅导员在与学生的交往中，充当着多种角色，是老师、伙伴也是榜样。思政工作本身就是用生命影响生命的过程，只有使用恰当、高效的工作方法才能帮助辅导员高质量完成纷繁复杂的工作，达到更优的教育目的。由于辅导员工作的特殊性，在工作中采用"传帮带"的工作方法有着得天独厚的便利条件。辅导员与学生的关系更接近，更紧密，更利于发挥"传帮带"的功效。辅导员带个体学生，既能近距离言传身教，又能因地制宜，根据学生的特点和发展阶段因材施教，提升学生解决问题的能力，帮助学生塑造正确的价值观、在学生心中埋下真善美的种子；辅导员带学生团队，帮助团队完成制度建设、文化建设，树立团队自我管理、自我服务、自我成长的理念，营造团结、向上、奋进的团队氛围，从而打造一支品行正、明是非、有担当、能力强的学生干部队伍；通过树立先进典型，在学生中营造力争上游的良好班风、学风，在学生群体中发挥榜样的力量，同时，通过充分发挥学生干部的纽带作用，将辅导员对先进学生和学生团队的"传帮带"作用辐射出去，产生共振，形成凝聚力。

但是，在辅导员对学生的"传帮带"具体操作中，容易忽视学生对辅导员的影响和促进作用。时代在进步，学生的特征也在不断变化，高校辅导员只有在尊重学生的基础上，认真了解、研究不同年龄阶段、不同学历层次、不同民族学生的特征，才能真正地走进学生、帮助学生、赢得学生信任，这就要求高校辅导员不仅要不断更新自身理论知识和专业技能，还要不断向学生学习，用心发现学生的长处和闪光点，实现师生间的合作型学习。

二、"带"的基本特征

（一）资深辅导员带新入职辅导员

新时代，"传帮带"的特点是项目团队形式，即团队承载于项目。真正的团队不单是团队指导与个人指导的联结，更是赋予精神层面的指点。因此，当辅导员处于团队协作中时，常规事务管理的内容应该落到制度层面并遵循规则；媒体传播应以信息为基础，简易迅捷；在方式上，平台建设应以项目为基础，导向聚焦；在人际相处中，要做到协同效力、职责分明；在精神上，思想教育要政治化，传播正能量。

1. 有利于提高职业热爱、稳固团队

作为一种职业，辅导员的存续时间短暂，前进的倾向和前景也不太明确。如果没有正规的集体团队合作，将始终是一个临时职位，更不用说职业生涯。过渡职位背离了辅导员职业产生的发端。

2. 有益于加强工作效率和水平

集体的工作效率高于个人，智慧高于个人，这是在社会达成一致的普识。通过团队成员间的合作，展现每个人的优势，突出自己的能力，可以快速完成既定的目标。与此同时，我们可以在实践中各取所需，沟通协同，优化自己的工作模式，达成融洽团结的行业文化，促进行业人员综合素质的提升。

3. 有助于深化社会认可，促进辅导员职业化

团队合作增加了工作效率，益于拓宽影响面并得出结果。如此一来，社会将更加重视和深化职业认同感，促进辅导员职业化。这是一个周期性的互利上升闭环。

4. 有利于合理配置人员，促进辅导员团队融洽发展

队伍有其独有的运作范式和适者生存的性质。在集体中每个成员都有协同共进步的义务，队伍在运作过程中会渐渐进行人员选择，优化更益于团队发展的结构。队伍的壮大能振兴整个集体的自豪感和归属感，前途明朗可观。

（二）通过辅导员党团工作引领学生

1. 发挥党在高等学校思想政治工作中的引领作用

作为学校基层党组织，在办学过程中要发挥政治核心作用，要坚持社会主义办学方向，坚持弘扬社会主义核心价值观。辅导员兼任基层学生党支部书记，要充分调动优秀学生党员的积极性，以点带面。为使基层党支部工作强化着力点，辅导员要首先了解学生党员和普通学生的思想状况，了解他们在班级中是不是有一定的群众基础。大学生思想政治教育工作是针对所有学生，辅导员需要通过平时走进教室、走进寝室、走进班团活动，与大家经常交流沟通，全面了解他们的思想状况，建立完善的信息反馈体系。特别重要的是，我们要做好调查研究，这是一个非常重要且有效的方法和途径，随时掌握学生的思想状况，有利于我们及时调整对他们的培养方式。

2.创新基层大学生党支部的设置模式和活动方式

根据高校思政工作的重点和新时代大学生的特点，为更好地发挥基层党组织战斗堡垒作用、更有利于大学生党员参加活动，应紧紧围绕促进学风建设、提高学习能力、推进就业工作等方面，创新党支部的设置模式和活动方式，灵活设置党组织，探索在学生社区、学生公寓、学生社团和科研组等建立党的组织，保持原有"支部建在年级"的好做法，并有所突破，确保党组织对大学生党员全覆盖。根据新型党组织建设模式，深入开展党史学习教育等系列主题活动，组织引导大学生党员开展志愿服务活动，发挥他们在学习生活、网络群体等方方面面的先锋模范作用。

3.党支部影响力扩大到普通群众同学

立德树人是新时代教育的根本任务，高校牢固树立育人为本、德育为先的理念，组织开展丰富多彩的思政教育活动，统筹第一课堂和第二课堂思想政治教育。高校基层学生党支部是推动开展大学生思想政治教育的组织者和实践者，党支部通过加强班级文化建设、开展社会实践、主动占领网络思想政治教育阵地等抓手，增强工作的针对性和实效性，发挥基层党支部在联系、教育和团结大学生方面的优势，将党支部影响力辐射所有同学。这样，可以进一步拓展思想政治教育的新路径，做好大学生管理和思想政治教育系列工作，把解决思想问题与解决实际问题结合起来，创造更有利于大学生成长成才的内外部环境。

（三）辅导员带学生一起成长

1.方式的多样性和灵活性

辅导员作为高校最贴近学生的教师，有其工作的特殊性。辅导员既要走上讲台，又要完成学生的服务和管理，课堂和管理相结合的工作特性，造就了辅导员多样的工作阵地。辅导员的工作阵地除了课堂以外，更多的是在学生服务和管理之中，辅导员可以通过学风建设、班级建设、团队建设、校外实践、志愿服务、评优评奖、贫困资助等多种方面对学生进行理想信念、理论修养、专业技能等方面的"传帮带"。

另外，随着网络思政的兴起，线上和线下相结合的工作方法日益被学生所认可，"传帮带"同样可以在这一方面，发挥重要作用。

2.言传与身教相统一

"传帮带"最突出的特征在于示范性，信仰坚定、品性高洁的师傅，才能带出同样优秀、甚至青出于蓝而胜于蓝的学生。高校辅导员长期深入学生中间，自身的学识和品行对学生存在深远的影响。辅导员通过长期的"传帮带"，可以在学生心目中树立为人师表、知行合一的形象。

3.影响具有长期性

辅导员对学生的"传帮带"需要长期坚持才能有所成就。辅导员在工作岗位上关爱学生、帮助学生，长年如一日，坚持信仰、坚持师德、坚持操守，传播正能量，在学生心中种下真善美的种子，不断加深学生对自己的尊重和信任，与学生形成长期的情感羁绊，不仅可以在大学期间影响学生，甚至可以在学生毕业后继续影响他们的价值观。

4.影响具有辐射性

"传帮带"对学生形成的影响具有很强的辐射性，辅导员对学生党员和干部的"传帮带"可以辐射到其他同学，使学生党员更好地发挥先锋模范带头作用；辅导员对学生团队的"传帮带"可以辐射团队几届学生，甚至感染其他团队，用"传帮带"的方式，通过对团队精神、文化和纪律的塑造，打造精英团队和品牌活动，可以吸引学生参与和效仿，不断扩大影响力。

5.兼顾普遍性和特殊性

辅导员对学生的"传帮带"既可以面向大众学生进行具有普遍性的引导和教育，例如线上思政宣传或活动、班级带动和引领；又可以面向个别学生或特殊问题，例如贫困学生、心理问题学生，或就业困难问题等。在完成普遍性任务的同时，关注学生的特殊性，从人本出发，尊重学生成长规律的同时尊重学生的个性发展。

三、"带"的主要原则

（一）资深辅导员带新入职辅导员

1.明确实现通识发展的目标

通识教育目标包括科学培养、平台引导和专业化。通常面向初级辅导员，要求其全面了解工作流程，熟悉辅导员的常规事务；平台化主通常面向中级辅导员，打牢根基、适时归纳、实现标准化；专业化发展通常面向高级辅导员，通过科学的调查研究，从中找寻法则，从现象中看到本质，并加以概括推行。

2. 打造"传帮带"式辅导员团队化

其途径可以通过结合线上与线下、正式与非正式等多种渠道，从而达到资源的合理归整，充分实现"传帮带"的作用最大化。目前包括但不限于以下方式：专题培训、工作会议、社交软件、项目课题、辅导员沙龙、短视频网站平台等，通过这些方式，能够激发思想的火化、打开限制、获得创新点，找到突破口。比如，专题工作会就是特别围绕某个特定中心进行探索展开，聚焦主旨来深入开发，在这个阶段，能够越来越明晰研讨的逻辑出发点，梳理研究路线，从而逐渐完善主旨论点等，以让成员均可掌握有效的研讨方式来进行专注的研究。再如 QQ 群，截至目前，它依旧是线上使用最关键的、最常用的媒介，许多话题都能够随时随地进行讨论，很自然地开展对话，快速地交互。

3. 达成"传帮带"式辅导员队伍化渠道

我们以辅导员职业能力的三级分类为基础，将辅导员分为初级、中级和高级，只有明确"传帮带"各级的职能和任务，才能逐步达成队伍建设的终极目标。

基层辅导员的主要职能是打好坚实的基础，学习广泛的知识，以达到专业化的目标；中级辅导员的主要职能是梳理、总结、凝练经验，拓展自身的知识平台；高级辅导员的主要职能是研究辅导员指导方法，改进和推广常用方法，提高专业化水平。初级、中级和高级辅导员之间的职能和任务也是一个逐渐趋同、互相成就的过程。在确定了互助关系之后，高校还应该围绕本校具体实际订立对应的规则，充分动员资深辅导员扶植新辅导员，使现代学徒制成为辅导员工作中必不可少的环节，增加帮扶新人的思想觉悟。

但是，现代学徒制不是传统的"你教我受"，应基于传统教学，借鉴新辅导员的新理念和创新点，互通意见，相互吸收高效成果，再考虑自身工作特色，持续总结学生管理不同阶段中的新难点和隐患，改善工作模式，在高校学生管理中实施现代学徒制。

在我们学校最大的"带"的形式就是通过"简敏工作室"，形成师生共同体，"带"出了一批优秀的年轻辅导员，有全国高校辅导员年度人物、有全国高校辅导员年度人物提名奖获得者、有重庆市年度人物，等等。

（二）通过辅导员党团工作引领学生

1. 提高"政治三力"

辅导员履行岗位职责必须具备过硬的政治素质，即必须具有政治判断力、政治领悟力以及政治执行力，也就是"政治三力"。政治素质更是抓好和落实党建工作的基本素质。教育部令第 43 号明确，辅导员选聘的标准，政治强体现在坚定的共产主义理想和社会主义信念；坚定的政治方向和鲜明的政治立场；强烈的事业心和对党对人民高度负责的精神等。

2. 提升学习能力

高校辅导员应具备较高的文化素质，能够分析并解决问题，这些都是对高校辅导员素质能力的综合要求。相关学科专业背景，让辅导员与学生有更多的专业话题可以探讨；较强的组织管理能力，让学生的第二课堂生活更加丰富多彩；良好的沟通表达能力，让辅导员可以更好地成为学生们的知心朋友、人生导师；较高的政治辨别力和判断力，帮助辅导员在与各类不良思潮的斗争中不断成长。这些能力在高校基层党组织党建工作的过程中都是必不可少的。

3. 发扬"三牛精神"

发扬为学生服务、奉献的孺子牛精神，开拓创新的拓荒牛精神，艰苦奋斗的老黄牛精神。辅导员兼任党支部书记，要充分发挥党员同学的先锋模范作用，组织、调动一切积极因素，平衡、沟通各种关系，协调、处理各种矛盾，做到师生间和谐共处。

（三）辅导员带学生一起成长

高校辅导员的工作对象归根结底还是学生，为完成教育立德树人的根本任务，辅导员带学生一起成长的主要原则包括以下四个方面。

1. 传承道路

高校辅导员工作的使命是为党育人，为国育才，培养德才兼备，又红又专的社会主义建设者和接班人是对高校辅导员工作的本质要求。习近平总书记强调,思想政治工作是学校各工作的生命线。①只有把思想政治工作抓牢、抓实、抓出效果,学校立德树人的各项事业才能蒸蒸日上、基业长青。思想政治工作的本质和真谛就是做人的工作,尤其是做人心的工作,也就是要通过各种方式、途径来感化、征服学生的心。

高校辅导员工作具备极高的政治属性,讲政治、有党性是对辅导员的基本要求,辅导员不仅要有坚定的共产主义信仰,做党和国家政策的坚定执行者和拥护者,还要做积极的践行者和宣传者。具体来讲,就是以中国特色社会主义核心价值体系为根本准则,教育引导学生牢固树立共产主义远大理想和中国特色社会主义共同理想,切实增强学生对中国特色社会主义道路、理论、制度、文化的高度自信,对学生做好政治启蒙和价值塑造,引导学生时刻准备着为共产主义事业而奋斗,确保红色基因代代相传,确保党的事业后继有人。

2. 坚持理论

马克思在《黑格尔法哲学批判》导言中讲到"理论要说服人,就能掌握群众;而理论只要彻底,就能说服人"。②高校辅导员是思想政治教育的骨干力量,身负"言传"和"身教"的重要使命,这就要求高校辅导员要有扎实的理论基础,坚定对中国特色社会主义的道路自信、理论自信、制度自信和文化自信,通过课堂和实践完成对学生"言传"和"身教",帮助学生树立辩证唯物主义和历史唯物主义的世界观和方法论。

3. 熏陶情操

习近平总书记在全国教育大会上明确要求,"要在加强品德修养上下功夫,教育引导学生培育和践行社会主义核心价值观,踏踏实实修好品德,成为有大爱大德大情怀的人。"③这就要求高校辅导员要以身作则,带头践行社会主义核心价值观,通过"示范"作用,引导学生"扣好人生的第一粒扣子",树立

---

① 坚持中国特色社会主义教育发展道路 培养德智体美劳全面发展的社会主义建设者和接班人 [EB/OL].(2018-9-11)[2021-10-10].人民网. http://edu.people.com.cn/n1/2018/0911/c1053-30286253.html.

② [德]弗里德里希·恩格斯,卡尔·马克思.马克思恩格斯选集(第一卷)[M].北京:人民出版社,2012:10-11.

③ 以优秀家风文化教育助力大学生修好品德[EB/OL].(2018-11-29)[2020-10-15].新华网. http://www.xinhuanet.com/politics/2018/11/29/c_1123783082.htm.

远大理想、热爱伟大祖国、担负时代责任、勇于砥砺奋斗、锤炼品德修为。

4. 习得技能

高校辅导员可以通过课堂、网络、实践活动等多种途径，帮助学生树立职业目标，做好职业规划，打牢专业基础，提升专业素养和科研能力，提高解决问题的能力，提升职场竞争力，练就过硬本领，引导学生到祖国最需要的地方贡献青春力量。

四、"带"的实现路径

（一）资深辅导员带新入职辅导员

1. 完善"传帮带"的制度体系

实施"以老带新"塑造专职辅导员，是高校加强辅导员队伍建设的重要举措，是落实教育部令第43号的重要抓手。如若让辅导员团队中更好地体现"传帮带"效果，需要配备一套完备的规范作为依据。

按照《高等学校辅导员职业能力标准（暂行）》（教思政〔2014〕2号）对辅导员素质的基本要求，指导教师要帮助专职辅导员树立正确的职业道德，掌握系统的专业知识和职业素养，明晰辅导员岗位职能任务和工作流程，加大辅导员的职业认同感和归属感，能够用符合高等教育要求的思想观念和教育理念指导学生管理工作。

提倡高校根据自身的具体实际，打磨一套新时代与本校相匹配的辅导员导师轨制。此项工作应由党委学生工作部（学生处）负责组织，人事处协助，各院（系）要明确负责此项工作的分管领导。在培养专职辅导员工作的管理方法上，要注意个别指导和集中培训相结合、指导教师主导和专职辅导员主动相结合、日常管理和培养提高相结合，积极、稳妥、扎实地把这项工作做好，推动学校专职辅导员队伍建设水平的提高。

导师制应明晰界定新辅导员与资深辅导员彼此的责任义务、成长阶段、预计将要实现的培养程度、工作完成度、对彼此的考察及考查结果的运用及培养全过程的跟进等。

比如，号召资深辅导员将自身的体味、职责辐射面、工作技能等传递给新辅导员，对其考核应包括培养工作总结，对培养对象做出评价，同时上交指导工作记录等材料，若具备指导教师资格与条件而不愿担任指导教师者，或指导工作考核成绩为不合格者，均不得参与年终评优评先，不得参与评聘专业技术职务；新入职辅导员在一开始，需要在资深辅导员的指导下开展为期数月的跟踪学习，考核其培养提高情况，考核成绩不合格者，要进行下一轮培养学习，待培养学习合格后再办理转正手续。

还要倡导"自由配对，双向选定，推荐为辅，多方考核"。完善《受带辅导员成长记录》和《导师教育特色库》等，记载"工作成长诉求""工作疑虑""结对因素""教育特征""当前热点"等。辅导员可以从上述材料中互相了解，互相选定；并基于双方的深入认识，建立"传帮带"关联。并对照任意一组"传帮带"关系中，新入职辅导员的发展进度、阶段成效，及资深辅导员在其中的作用等。以此推动新老辅导员更加负责地进行沟通、交互，提高双方的能力。基于这样一个明确的体系，新辅导员能够很快上手自己的工作，在老辅导员的指导下奠定工作根基，为今后开创工作方法提供了系统的参考。

2. 打造思想政治教育团队

"传帮带"可以创建进修型组织和队伍，有利于促成融洽、和善的行业文化，以帮助新人为首要目标，引导被帮助对象开展学习行动，在互动中实现共同成长，即呈现"传"出智谋、"帮"出发展、"带"出艺术。

（1）构建辅导员职业发展教育团队

以大学生职业生涯与就业指导课程组为主体，通过聘请部分资深辅导员、引进人力资源专业研究生、邀请职业生涯规划教育专家和专兼职辅导员共同组成辅导员职业发展教育团队，充分发挥资深辅导员的专业水平的引领作用，以科学、合理、有效的沟通交流途径，帮助新辅导员"充分展现自我，形成极富个性化的规划，达到自我发展的最优化"。

（2）构建辅导员心理素质教育团队

以心理健康咨询中心为主体，通过聘请部分资深辅导员、引进心理专业研究生、邀请有心理教育背景和国家级心理咨询师资格证的老师、吸纳学生心理委员和专兼职辅导员共同组成辅导员心理素质教育团队，充分发挥资深辅导员掌控事务能力的优势，以实现心理健康教育和思想政治教育的紧密协同，提高新辅导员心理素质教育工作的科学性、有效性。

（3）构建辅导员资助帮扶教育团队

以学生资助管理中心为主导，通过聘请部分资深辅导员和专兼职辅导员共同组成辅导员资助帮扶教育团队，充分发挥资深辅导员协调社会资源的优势，通过见实效、可持续的沟通交流形式，帮助大学生树立"自信、自立、自强"精神。

（4）构建辅导员党建党课教育团队

在组织部的支持下，学校学工部聘请资深辅导员担任党课教育组成员，成立学生党课教育组，传授新辅导员党课的讲授、学生党员的发展谈话等工作。

（5）构建辅导员联系学生组织团队

学校学工部、团委共同聘请资深辅导员或团委书记担任学生社团顾问组成员，带领新入职辅导员进行学生社会实践活动工作。在对学生开展思想政治教育时，资深辅导员们充分利用自己的优势，倾其精力和心血，聚焦大学生重视的各类热点、焦点和难点，还有其自身普遍发生的各类困难，通过第二课堂对学生进行以爱国主义教育为核心、以思想政治和品格教育为主线、以创新教育为动力、以实践教育为重点的素质教育，积极引导学生提高自身政治素质、品格素质、心理素质和文化素质。

3. 加强信息共享，创新工作运行机制

（1）在共享理念下建立大"传帮带"观

"共享"是一种双向交流，给予和分享的过程。"传帮带"实则就是辅导员彼此互相传递和沟通教学经验、交换各自的想法和主张的过程。在这一观念下，"传帮带"行动虽以资深辅导员为核心，但最终主张双方处于同等地位、彼此敬服和倾囊相助，规避了资深辅导员"霸权"倾向和受带教师"默声"现象，致使彼此关系和谐，在交互中持续充实自我。

教师们根据各自的教育特点邀请加入对应的支持小组，并打造外部"帮助和引导特色支持小组团队"。此番"共享"观念尽可能地打通了辅导员的学习渠道，形成了全员"互帮、互助、互学"的气氛和系统，对提升团队支持、加深集体核心力和成立学习型结构具有举足轻重的意义。建立起一支致力于育人、甘于奉献、对大学生思想政治教育抱有热忱的辅导员队伍，对推动高校组建可持续发展的专兼职学工队伍意义非凡。

（2）定期举办经验分享和培训会

为充分地交流经验，促进学工队伍职业素质的提升，倚赖高校思想政治教育研发中心，根据年度思想政治教育工作时间表，按期筹备辅导员沙龙（每月一次）、案例分析座谈会（一学期两次）、跨校辅导员经验研讨会（每学期一次）、思想政治教育课题经验会（每月两次）等，为老中青辅导员"传帮带"工作提供平台和空间，使辅导员队伍既有个体层面的微观个案学习，又有宏观层面的群体教育，不断提高整体水平。

一是岗前培训，这是针对新辅导员，可以结合学工的具体实践，囊括教育学、心理学、社会学和人力资源管理的背景体系，提供专项培训。二是岗中培训，主要是针对某个阶段的工作任务进行的培训。例如，可以专门设置分管学生资助的辅导员进行资助、诚信、贷款、勤工助学等主题培训。三是骨干研修，利用现有的高校辅导员研修基地，吸收各级各类学校的辅导员进行培训，促进各高校之间的交流，实现经验在成员间的传递。

（3）建设合理的职业培训梯队

高校辅导员队伍的资质、结构、实践、理论、制度和发展等传承性对于辅导员队伍的科学发展极其重要。故此，以职位的职业化设置和分工的专业化程度作为工作的切入点，通过建立和完善高校辅导员规范化培育系统，才能加快辅导员队伍的标准化、规范化进程。

首先，从能力的层次性分布入手。将院系的辅导员队伍按照工作年限建立适度的梯队，通过资深辅导员带年轻辅导员的方式，逐步提高人员间的素质传递，实现新老结合，形成老带新局面。

其次，从职位的层次性分布入手。在各院系可以设置就业、心理、助学、社区生活等各种角色的辅导员职能，尽可能地展现各类辅导员的功能作用，推动学生思想政治教育和学生日常事务管理的标准化和规范化。

再次，从专业的层次性分布入手。目前我国还未形成辅导员专业，多数学校招聘辅导员还是喜欢以文科为主，且非思想政治教育出身占大多数。所以，为服务各样学生的需求，在确保个别辅导员所攻读专业与所带学生专业相仿的情形下，建议要扩大非本专业辅导员的交叉任职，提倡师生的文理科交融，这会在潜移默化中引导学生全面发展。

最后，学历的层次性分布。辅导员的结构传承性还可以从职称和学历结构方面形成教授辅导员、副教授辅导员、讲师辅导员、助教辅导员系列和博士辅导员、硕士辅导员、学士辅导员等层次的辅导员，这有助于提高辅导员队伍的科研传承性。形成专业化的学科设置、岗位培训、素质能力、知识系统及生涯发展规划方向的分工专业化，将使辅导员队伍具备良性的发展机制，拥有相对独立的专业研究领域，有自己的学科知识和发展思路、出路，队伍发展进入良性、稳定状态，形成"老、中、青"三代互相影响的结构传承；鼓励辅导员研究理论、编辑业务手册、创作工作论文集等，逐步形成辅导员工作理论研究与实践探索的系列丛书，为强化内部素质传承性奠定基础。

（二）通过辅导员党团工作引领学生

高校党政干部和共青团干部、辅导员、班主任要拓展选拔视野，强化实践锻炼，健全激励机制，抓好基层党组织建设，把党建和思想政治工作优势转化为高校发展优势。高校辅导员兼具思政教育的"一线战士"与人才培养"灵魂工程师"双重身份，既要做好思政工作，把握和引导高校学生正确的政治思想方向，又要通过教育实践，培养学生能力，促进学生成长发展。高校辅导员大都具有党员身份，因此，党建"带"团建十分适用于高校辅导员的实际工作。

1. 辅导员兼职学生党支部书记

教育部令第43号指出，辅导员的主要工作职责之一是开展学生骨干的遴选、培养、激励工作，开展学生入党积极分子培养教育工作，开展学生党员发展和教育管理服务工作，指导学生党支部和班团组织建设。由此可见，学生党建工作是辅导员开展思想政治教育工作最为核心的内容之一，辅导员兼任学生党支部书记也应是义不容辞。党和国家赋予我们辅导员的责任，我们必须勇于担当，承担起学生党建工作职责，不忘初心、牢记使命，扎实开展学生党员的发展、教育等工作。辅导员和学生党支部书记角色融通，以落实立德树人为根本任务，担当此崇高使命，彰显较强政治性，当然工作职责也存在一定交叉与重叠，所以高校辅导员易于担任学生党支部书记充分发挥党的引领作用。

高校辅导员可在所在年级或所管理的学生社团中，充分运用党建"带"团建的方法，建立党支部，吸收优秀党员进入支部，以此凝聚年级或社团学生党员的力量，并通过如"半月汇报"等定期汇报制度，引导和把握年级或社团学生活动的大方向，吸引高校学生向正确的政治方向靠拢。辅导员担任学生党支部书记，可以通过全方位提供社会实践平台，带领学生党员和普通大学生了解民情、社情和国情，让学生们在社会实践活动中受教育、长才干、做贡献，增强社会责任感。辅导员通过党支部建设、教育的重要平台，可以引领大学生教育发展、服务管理、心理健康教育、就业指导等各方面的学习，还可为提升自己的理论和实践水平拓展重要的途径。

2. 党支部书记带领党员发挥基层党支部战斗堡垒作用

党的力量来自组织，组织的力量源于基层，如果说党员是党的"细胞"，那基层党组织就是直接联系、管理党员的"毛细血管"，党的全面领导要靠党的坚强组织体系去实现。只有充分发挥基层党组织力量，让每个"细胞"都充满活力，党的全面领导才能坚如磐石。因此，在高校学生社团中建立基层党组织——基层党支部，发挥其在群团组织中的政治引领作用，把握政治大方向，使社团学生在党的旗帜下，通过各种社团活动深化对党和党的基本理论的认识，抓实抓好党的各类教育培训，与各种错误思潮和言论"绝缘"，并使学生在社团活动中锻炼自己的能力，构筑良好的人际关系，丰富学生的校园生活。

辅导员在开展工作时，在承担支部建设时，可以很好地利用新媒体资源，巧妙地发挥新媒体的作用，在网络平台和广大同学建立联系，无论是学生工作还是党建工作都"有声音有画面有形象"。新媒体不仅在开展支部活动中能够发挥信息传递及学习传播的作用，活动结束后，还可以发挥新闻舆论的功效，将党支部的影响力扩大到普通的群众同学中去。

3. 党员发挥先锋模范作用

新生入学时，为了让他们更好地适应大学生活，激发他们的入党热情，充分展现党员先锋模范作用，我们可以为每个班级选配 1~2 名"辅导员助理"，由高年级学生党员同学担任，他们可以在学习生活上起到积极表率示范作用，学习上，认真听课，在课堂上做好示范，按时完成作业；生活中，保持宿舍和谐、整洁，督促同学合理利用网络，发挥先锋模范作用；工作中，树立大局观念、服从组织安排，积极支持配合学校、学院的各项工作，维护校园安全稳定。通过表率作用，让新生认识到党员的先进性，也是新生入党启蒙教育最佳途径。

同时，高校要加强对学生党员的监督制度，促进党员自律，扩大党员在普通学生中的影响。实行党员寝室挂牌制度，这是学生党建进学生公寓的一个举措。每个党员在公寓中实行责任田制度，承担维护所住楼层清洁、纪律和带领寝室同学共同进步的任务。挂牌制度能进一步促使学生党员更加严格地要求自己，增强为同学服务的意识，从而促进党组织和党员影响力的扩大。我们还通过多种方式，扩大党员在普通学生中的影响。如编写《党员寄语》，每个学生党员写一段最想对大一新生说的话，汇编成册，发给新生；对经济困难学生，党员多次自发组织交纳特殊党费活动，给他们捐款，并对他们进行一对一帮扶；学院党委出台学生党员的志愿者服务时数的规定，最少服务时数的规定有利于在大学生志愿者服务活动中扩大学生党员的影响力，体现党员的先进性，带领同学们共同进步。

（三）辅导员带学生一起成长

1. 工作行之有效的前提

"传帮带"的工作方法重点在于"示范"和"传承"，所以对辅导员的能力要求较高，主要有以下几个方面。

（1）信仰守正

高校辅导员必须首先做到"信仰守正"，做到坚持中国共产党的领导，坚持以马克思主义为指导，坚定共产主义远大理想和中国特色社会主义共同理想。任何时候、任何情况下都必须"坚定这份信仰、坚定这份信念、坚定这份忠诚"。只有做到信仰守正，才能明辨哪里是来路、何处是方向。做到信仰守正，就要守正信仰的大门，夯实信仰的大厦，"铸牢坚守信仰的铜墙铁壁"，绝不做"课上讲马列、课下信鬼神""人前讲信仰、人后丧信念"的"政治两面人"和"信念两面人"。

同时，高校辅导员必须具备较高的判断是非对错的能力，特别是在意识形态领域，需要辅导员时刻保持高度的政治敏锐性和辨别力，透过现象看清本质，以坚定的理想信念和政治立场去发现、矫正学生群体中存在的不良价值取向。要以严格的政治纪律规范辅导员队伍建设，辅导员要做好学生的"领头羊"，就要严格自身的政治纪律，守牢政治底线，做到遵纪守法，做政治明白人，做到对党彻底的、无条件的、不掺任何杂质的、没有任何水分的忠诚。

（2）业务精湛

高校辅导员只有自身业务素质过硬才能在对学生的"传帮带"过程中，有所成就。高校辅导员要系统掌握马克思主义的各项理论，特别是中国特色社会主义理论体系，具备思想政治教育的理论素养；熟练掌握辅导员的各项专业技能，在心理咨询、危机处理、职业规划、贫困资助、团队建设等方面需经过系统的培训和经验的积累；善用教学艺术和教育方法，站上讲台"理直气壮"地向青年学生讲政治、讲信仰，实现辅导员专业化、终身化、专家化。

（3）关爱学生

学生对辅导员的尊重和信任是"传帮带"工作方法行之有效的重要前提。高校辅导员作为一线教育工作者，要围绕学生、关照学生、服务学生，对学生充满爱心，真心关爱学生，帮助学生解决切实问题，走进学生心灵，成为学生的知心朋友，赢得学生的信任；同时，要正派做人，为人师表、做到管理育人、服务育人，赢得学生尊重。只有赢得学生的尊重和信任，才能受学生喜欢和认可，才能拉近师生之间的距离，才能更好地发挥"传帮带"的作用。

2. 分类分析

辅导员对学生的"传帮带"工作方法，由分类标准的不同，可以进行多样的分类。以工作场域不同，可以分为线上带和线下带，课堂带和课外带等。以工作方式的不同，可以分为服务带和管理带。以工作对象的不同，可以分为带团队、带个体、辐射带。

（1）带团队

辅导员对学生团队的"传帮带"具体体现在对学生团队的理念建设、制度建设、纪律建设等方面。辅导员对团队的"传帮带"不仅需具备指导老师的角色，还应具备"伙伴"的角色。

辅导员带团队应帮助团队制定受团队认可的规则和制度，设置积极向上的团队目标，定期进行团队考核和评优，引导团队在学生中发挥先锋模范带头作用。同时，带团队还应陪伴团队共同成长，积极参与团队活动、团队成员考评等，在陪伴中更深入地了解团队发展和团队成员的特性，引导成员增强团队意识和荣誉意识，形成良性竞争机制，帮助团队整体和团队成员快速成长，不断增强团队的辐射带动作用。

（2）带个体

辅导员在带学生的过程中，应尊重学生特殊性的同时，兼顾学生的普遍性。针对不同阶段、不同问题的学生应有不同的关注点和侧重点，例如：带大一学生应重点关注学生的适应能力，侧重点在心理健康、学风建设、校园活动、寝室生活、生涯规划等方面；带大四学生应重点关注学生的核心竞争力，侧重点在专业基础、科研能力、实践经历、职业技能等方面；带家庭经济困难学生应重点关注学生自信心的培养，侧重点在生活关照、学业帮扶、目标规划等方面；带少数民族学生应重点关注中华民族共同体意识的培养和巩固，侧重点在民族习惯特征、寝室生活、学业帮扶等方面。

（3）辐射带

辐射带是指辅导员带团队或学生，再由团队和学生辐射带动周围其他学生或集体的工作方法，是由辅导员激发的一种朋辈帮扶。辐射带的具体形式有：团队帮助学生、党员一对一帮扶，学生干部帮扶班级或寝室、先进带后进等。辐射带是"传帮带"工作对象无意识或自发带动集体或个人共同成长的感染效果，能更大限度、更大范围地发挥辅导员对学生的"传帮带"作用，是辅导员工作技巧的更高追求，高质量的辐射带可以达到星星之火可以燎原的理想效果。

第三节　案例分析

案例一：重庆市辅导员名师工作室——简敏工作室

不同时段入职的辅导员因为培训方式和培训手段的不断变化，如何进一步在理解和融合上跨越代际间的隔阂，达成互补的默契，简敏工作室给了我们答案。

（一）简敏工作室的建立背景

安全稳定与风险防控工作不单单是高校关注的焦点，也是教育主管部门和社会各界共同关注的重点事项。当前高校突发事件融合了意识形态、民族因素、宗教因素、边疆地域、国外境外等多重风险因子，移动互联的时代背景，使高校安全稳定与风险防控面临更加复杂和艰巨的形势考验。

辅导员作为高校学生管理的一线工作者，如何以团体的形式在提升处理各类学生突发事件能力的同时，更好地为学生办事、为学校办事、为社会办事，于营造平安校园及和谐社会都有极其重要的现实意义。重庆市教委对首届辅导员名师工作室的定位和要求就是要做好立德树人、学生工作研究、学术交流、成果推广等工作任务，努力建设一支优秀的大学生思想政治教育队伍。

为此，在西南政法大学党委的重视下，学校整合全校资源组建了以"立德树人"为中心环节，以"高校突发事件预防与处置"为成立使命、以"学生减压救助全覆盖"

为设立目标的"简敏工作室",并成为重庆市首届辅导员名师工作室,肩负起引领西南政法大学辅导员队伍从事理论和实践研究的重要基地的职责。

（二）实施路径

1. 简敏工作室的总体建设情况

简敏工作室是2015年创设的重庆市首届辅导员"名师工作室",自2015年11月入选首批"重庆市高校辅导员名师工作室"以来,在校党委的关心和支持下,以"立德树人"为中心环节,按照重庆市教委对辅导员名师工作室的定位和要求,从立德树人、制度建设、学生服务、协同配合、成果扩展等方面,制定了工作室的任务分工、工作计划、工作方案,积极开展了下述一系列工作,努力做到全员、全过程、全方位育人,构建大学生思想政治教育工作优秀组织。

由于工作室的成员来自不同学校、不同专业,其学生志愿者也是项目制管理,所以,形成的是一个由教师和学生组成的学习、科研和创新社区。近年来,仅工作室教师团队就主持国家级及省部级的精品项目和科研课题近20项,出版著作10余部,发表学术论文80余篇,获市级以上荣誉称号20人次,入选重庆市优秀辅导员择优资助计划,所教辅学生获市级以上奖项多达1000人次。

2. 简敏工作室团队建设情况

（1）思政工作创新团队

团队由思想政治教育专业博士杨化担任组长,共同致力于思想教育的热点探索,研究思想政治教育新模式、新观念,结合实践,培育德才兼备的接班人。该团队融合了人才培养与道德修养理念,找寻大学生思想政治教育新观点,联系学术和实务,践行社会主义核心价值观。

（2）网络舆情引导团队

网络舆情引导组由简敏教授带领,丁柯尹老师负责项目运行,研究方向涵盖网络舆情理论和实践。团队以把握动态、研究规律、提炼成果、助力教育为目标,透过全方位挖掘高校突发事件网络舆情的共同点、个性特征,掌握新媒体背景下高校突发事件舆情的催化、演变规律以及其网络舆论的趋势,寻求高校网络舆情疏导的有力和有效战术,为高校安全稳定管理提供智力支持。

（3）心理危机干预团队

心理危机干预组团队由周月老师主持,致力于高校心理危机预防与干预专题，定期开展心理团体辅导，开展心理健康教育，组织对外专题交流、从而增加区域影响力，增强辅导员心理危机预防与干预技能和加强高校学生骨干心理危机识别能力，营造和谐校园。

（4）队伍能力提升团队

队伍能力提升团队由肖丽霞主持开展。团队成员理论和实践结合，旨在增强工作室成员自身应急能力培养及校内学生骨干应急能力培训。

（5）实践训练营团队

团队由蒋莉担任组长，成员由资深本科生辅导员和研究生辅导员构成，在实践育人方面卓有成效。训练营旨在从实践实训实习项目和训练学生骨干队伍项目中，研究大学生生涯发展风险规律及应对策略，指导学生提升生涯发展风险应急能力，探索提升大学生危机应急能力的途径，帮助辅导员提高生涯指导的能力和效率。

（三）简敏工作室"老带新"制度保障

1. 成员学习培训制度

学习培训的规定是加强工作室成员素质能力的关键保证，是深化构建辅导员队伍的关键途径。工作室为实现塑造学习型组织，以及工作室成员的职业化和专家化的目标，决定将工作室成员个人职业发展纳入工作室整体发展规划，并定期邀请国内外相关领域的杰出学界大师到工作室开展专题讲座和业务指导，每年保证安排工作室成员外出进行理论学习、交流或培训，拓宽视野，更新知识体系。还定期选拔优秀的工作室成员参加境内外交流学习和考察访学，参加提升辅导员职业能力的培训，择优推荐参加校内外组织的挂职锻炼和社会实践活动，鼓励工作室成员完成与学生工作相关的专业资格培训并取得证书。

2. 指导导师制度

为更好地坚持以"立德树人"为宗旨,完成工作室任务,增强工作室人才培养,调动工作室的带头性，以同心、同向、同行的团队协作方式为校园安全稳定保驾护航，工作室向市内外高校及相关实务部门聘请为人师表、治学严谨，热爱学生工作、教育教学经验丰富，熟悉有关教育政策，具有较强的管理水平、危机应对能力和科研能力的顾问和咨询顾问，指导工作室人员的业务培训、活动开展、素质能力大赛及学术研究等。全国"时代楷模"曲建武教授、云南大学朱丹副教授、沈阳工业大学李青山副教授和西安交通大学学工部教师库来希·依布拉音都是工作室聘任的"政策咨询顾问"。

导师每学期对工作室成员进行不少于一次的指导，指导形式多样，包括但不限于研讨会、学习会、沙龙、实务训练等。每月实行学习读书会，由项目组主任组织本组成员集中学习或分散自学，紧跟形势，了解学科前沿理论和热点难点，并在学习完成后，成员结合本人工作写心得体会，工作室将不定期选出优秀心得，在网络或微信上分享。带领工作室利用新闻简讯、亮点活动、文章、演讲会、报告会、观察学习等方式，在重庆市乃至全国内形成了成果扩展。

（四）经验启示

1. 形成理论指导

工作室在以往的工作中不断总结、凝练出具有高度概括性的"六字工作法"，从"引、学、规、助、带、训"六个方面开展学生的思想政治教育，在"道术合一""管服合一""知行合一"的系统中，为党育人、为国育才，培养出了高质量的大学生。

（1）"引"。主要采取线上、线下及线上线下相结合的渠道，开展党建团建工作。例如，近期，"简敏名师工作室"联合其他工作室和企业党支部，组建了跨学院跨年级的本硕博学生宣讲团，分别走进重庆宝圣南路社区、沙坪坝区青龙庙村、金鹏实验小学、长安汽车全球研发中心、中国移动以及以重庆为始发地的中欧班列车站等地，开展了十余次以"学史力行、学法守信"为主题的党史与《民法典》志愿宣讲活动，宣讲团还向听众们发放自制的普法宣传册以及自购的《民法典》。居民和学生都表示这种学史教育活动形式入耳入脑入心。

（2）"学"。工作室成立了理论研究协会、社会状况和民意调查小组、法律学校等，通过开设"10分钟早读""每周一例卧谈会"等，允许学生每周针对一个案例进行学术研讨；还设立有促进大学生心理健康的心理剧场；以及利用网络媒介引导大学生的思想和行为的"e路引航等"①。如今，工作室已打造了一套事务与理论融合的教育配置，创立了一批高质量的学生实践活动品牌。鼓励并指导学生参加各项大赛，有针对性地激发学生的学习兴趣。

---

① 简敏工作室网络舆情引导组充分利用网络 e 平台，结合微博、微信、微视频、微课（网络课堂）以及移动客户端等"四微一段"平台开展宣传教育工作，以期达到正向网络舆论引导和网络思政教育的目的，真正做到为学生 e（一）路引航。

（3）"规"。在认真落实学校的各种管理制度和奖惩条例的基础上，工作室尝试建立了"危机信息三级联动报告制"等制度，培养了学生敬畏法律，遵守规则的意识。

（4）"助"。工作室制定了"心理疾患谈话制""贫困学生登记制""就业指导帮扶制"等机制，辅导员们用爱心、耐心、恒心、细心和责任心，坚持平均每天找学生谈心，让学生在平安和谐的校园里健康成长。

（5）"带"。工作室由简敏教授带领22名辅导员，通过老手带新手、老师带学生、学生带学生的途径，定期开展学生骨干培训、构建"1+n+X"模块（即"1位项目主任+n位指导教师+X位学生"），探索"4+1"的师生运行模式，围绕"名师带动青年、团队带动学生"的模式，用"实践与学术"相结合的教育模式，塑造出学习型、创新型的师生共同体。如今，简敏"名师工作室"以提高大学生思想政治教育的团队战斗力和感染力为出发点，已孵化出"蒋莉工作室""杨化工作室""胡绵娟工作室"等四个校级辅导员工作室。

（6）"训"。组建学生"理论研究会""创新调查队"等，指导学生开展专题研讨、进行事务特训、调查社情民意，使大学生聚焦校园危机干预与大学生突发协调能力、城市留守儿童现状、重庆市婚姻家庭情况等项目及课题，组织社会调查、实践、公共志愿服务等，培养大学生的担当意识和脚踏实地的实干精神。

2. 培养杰出人才

（1）带出新老师

带出新老师"简敏工作室"除了采取前述五种团队化模式来分版块、多维度成就新人，还一直延续着"老带新"品牌活动——"名师有约"，其活动宗旨为荟萃业内名师，畅享多校经验。工作室邀请国内各高校学生工作专家学者或资深一线人员做客西南政法大学，介绍所在高校学生工作特色，从不同的视角探讨高校学生工作领域的共同聚焦点。例如，2021年6月，由学校主办，"简敏工作室"承办的"名师有约——最美辅导员3+1"系列报告和系列沙龙活动，邀请了云南大学朱丹、沈阳工业大学李青山、西安交通大学库来西·依布拉音三位老师分别围绕"高校辅导员谈心谈话的思路和方法""高校少数民族辅导员职业能力提升路径浅谈""高校辅导员如何做好职业规划"三个主题进行经验分享。会后，三位主讲嘉宾分赴民商法学院、国际法学院、政治与公共管理学院，与相关老师进一步交流，实现构建学工队伍的"优势互补、资源共享、取长补短、共同提高"，激发了辅导员成长发展的内生力。

由简敏教授主持的题为"赓续红色血脉，担当时代重任""百年传承，青春飞扬""青春，如何度过"等多场党史专题学习会中，先后有二十名辅导员老师参与其中，简敏教授以经验传承、方法传授为己任，以工作室主题活动带领年轻辅导员共同进步。为纪念中国共产党成立100周年，简敏教授和工作室成员、民商法学院分团委书记卫薇老师带领本硕学生，一同驱车90公里前往重庆江津聂荣臻元帅纪念馆，师生们共同在聂荣臻元帅纪念馆录制的党史故事《红色家书明志向》登上学习强国平台。师生走进元帅故里，共同寻找红色基因。这是简敏工作室又一次老手带新手的成果实践。

（2）促进学生成长成才

以"学生学习心理自助"能力培养为切入点，把健康的学习认知、积极的学习情感、坚强的学习意志、和谐的学习交往、高效的学习效率、良好的学习适应性等内化为学生的心理品质；在"学史力行"的大思政课中以及各种训赛中培养大学生的担当意识和脚踏实地的实干精神最终促进学生的成长成才。一系列活动的开展充分发挥了对学生成长成才的示范引领、培养塑造、感染熏陶和"润物无声"的育人作用。

在简敏工作室主办的十余次"学史力行，走进社区"的活动中，跨学院组成的宣讲团成员来自7个学生支部和4个教师党支部，参与教师达到20人次，参与学生多达300人次。"学史力行"教育系列活动的展开受到多方好评，活动受到渝北区融媒体中心预备手机台"用心学党史，真心办实事"的报道。在普法宣传中，宣讲团成员们"以我所学，回报社会"，与社区居民现场互动，为社区居民提供法律咨询，解答法律困惑，提升了居民的法律意识，营造良好的法律氛围。在党史宣讲中，宣讲团成员以说党史讲故事的形式向社区居民分享了曲折艰辛的革命之路，学生与居民一同感受中国共产党敢于拼搏的斗争精神，增强党在社区居民中的凝聚力、吸引力、向心力。这是辅导员名师工作室"1+n+X"模式中团队带动学生的又一次实践。

3. 创新高校学生工作方式

努力借鉴他山之石^①，做好学生工作。为建设一条职业化、专业化的辅导员队伍之路，简敏工作室本着走出去、请进来的原则，与兄弟院校开展合作交流，与市内兄弟院校建立了广泛联系、相互学习、相互促进、共同提高的合作交流模式。共同探讨建设高校辅导员名师工作室的新思路。

近年来，工作室通过加强对外联络，在重庆市现有四校联盟的基础上继续扩大交流，积极参加各级各类学生工作研讨，搭建同各个高校合作共进的桥梁。例如，由简敏教授主持的题为"赓续红色血脉，担当时代重任""百年传承，青春飞扬""青春，如何度过"等多场党史专题学习会中，不乏利用图书馆 IC 空间与同学们面对面近距离交流；采取腾讯会议室的"云端党课"；特别是还邀请两江协同创新区联合党委书记、两江协同创新区公司党支部书记王飞，以"青春的你，把握什么机遇"开展"双师同堂"。这种双师同上一堂党课的形式，是工作室又一次在"1+n+X"运行模式上创新思政课形式的尝试，得到了学生们的一致好评，纷纷表示通过理论讲解与实务传授的结合，学校与企业的联动，在党史学习中懂得了怎样践行为人民服务的宗旨，激励了学生们努力学习，为国奋斗的雄心壮志。

2013 年 9 月 26 日，习近平总书记在北京会见第四届全国道德模范及提名奖获得者时提出，要通过持续发掘、宣传、学习先进典型的社会影响力和"传帮带"作用不断发挥，越来越多的群众积极行动起来，把良好的道德情操体现在日常工作和生活中，使培育和践行社会主义精神文明建设落细落小落实，社会主义精神文明焕发新风。^② 在新时代，工作室将始终坚持习近平新时代中国特色社会主义思想，全面贯彻全国教育大会和全国高校思想政治工作会议精神，围绕落实立德树人根本任务，通过加强制度建设、平台建设、品牌建设、管理考核等举措，积极推进辅导员队伍结对共建和辅导员培训常规普及，推动思政队伍专业化、职业化发展。

---

① 通过调研、访谈等途径搜集国内外高校在学生工作领域的示范性做法或经验总结，汇集可供各高校共享的资讯，反馈于本校实际。

② 习近平铸就"中国信仰"[EB/OL].（2017-10-6）[2021-10-10]. 央广网 .https://baijiahao. baidu.com/s?id=1580470127824535787&wfr=spider&for=pc.

案例二：加强党建引领作用，创新新型党团组织

在日常思想政治教育工作中，如何更好地发挥学生党支部战斗堡垒作用，如何更好地发挥学生党员先锋模范作用，是辅导员面临的重要课题。

（一）案例背景

某校立足高校发展实际，秉持改革创新的时代精神，将高校党建与人才培养有效结合，打造了政管先锋党支部，突破原有支部设置模式，率先在学院学生群团组织中成立新型的学生党支部，兼团委书记的辅导员担任党支部书记。政管先锋党支部旨在通过理论学习和宣传活动，提供党建学习机会，顺应互联网深入发展的大背景，用严肃而不失活泼的方式让大家了解时事，增强党员同志、发展对象、入党积极分子以及积极向党组织靠拢的后备军们的党性观念，坚定其共产主义信仰。通过学生组织、社团的志愿服务活动，践行党的宗旨，服务人民、服务学校，发挥党员的先锋模范作用。从而形成了全员、全过程、全方位"三全"育人机制，为培养中国特色社会主义建设者和接班人进行积极有益的探索。

（二）实施路径

1.坚持创新原则，搭好高校育人平台基础

（1）创新支部设置方式，完善支部平台建设

目前绝大多数高校党支部均是以专业、年级或班级为单位设立，这种传统的支部设置方式固然有利于支部活动开展，便于加强对大学生党员的日常管理，但一定程度上讲，大学生作为时代的先锋力量，具备开拓活泼、创新能力强、专业素质高的显著特征，这种传统的支部设置方式显然不利于挖掘大学生群体的比较优势，影响了大学生党员群体积极性和主动性的发挥。

党的支部是党在基层的战斗堡垒，高校党支部在建设过程中必须调动大学生党员参与党的建设的积极性、主动性和创造性。有鉴于此，突破原有支部设置模式，率先在学院学生组织、社团中成立党组织，从群团成员中选拔优秀党员，成立了新型学生党支部——政管先锋党支部。高校支部设置方式的创新，是将党建与育人有效结合的平台基础，完善的平台建设有利于扩大党建辐射范围和基层党组织的影响力，为高校人才培养工作提供组织保证。

（2）实现党群联动，完善学生社团平台建设

党群联动是创新党建工作的重要形式和内容，是营造积极向上、资源互享的良好党建氛围的有效做法。高校党群联动就是要联动党组织与学生社团，充分发挥党组织的党建功能与学生社团的育人功能，实现高校党建与人才培养的有效结合。学生组织、社团是学生结合专业特色组织并成立的先进学生群团组织，政管先锋党支部建在其中并领导着团委下属先进学生组织，支部成立后，突破性形成"支部 + 学生组织、社团"的新型党内、党外组织联动的工作模式，以党建带群建，以群建促党建，形成了又一个育人平台。

2. 充分发挥"互联网 +"优势，完善网络平台建设

在互联网时代，党的建设必须要结合互联网发展的最新时代特点，充分发挥互联网的工具性作用。高校党建受大学生群体特征的影响较大，应积极打造网络党建平台，守好互联网思想阵地。政管先锋党支部创造性地打造了由支部独立运行的微信公众号，紧跟国家时事政策，紧密结合学校党委中心工作，坚持严肃而不失活泼的原则，将社会主义信念贯穿在日常推送中，帮助大学生树立正确的人生观和价值观，真正为大学生提供了加强日常思政教育、获取身边党建信息的网络平台。

3. 整合有效资源，打造良效育人机制

依托团委下属各学生组织、社团，政管先锋党支部充分整合有效资源，着力打造了全员、全过程、全方位育人机制。

（1）全员育人机制

全员育人强调人才培养的人员要素，即扩大育人的主体和客体范围，既强调全体教职员工的育人意识和育人职责，又强调全体大学生受教育的积极性和主动性。政管先锋党支部通过有效的资源整合，在育人主体上，通过以支部为联系纽带，联动了学校党委、学院党委、校关工委和年级党支部，实现了育人机制的多元参与，联合共建；在育人客体上，支部将育人活动参与对象范围由同一年级扩展到不同年级、不同群团，由大学生党员扩展至积极向党组织靠拢的青年学生，真正形成了将党的建设和全员育人相结合的长效育人机制。

（2）全过程育人机制

全过程育人则注重育人的时间要素，将育人贯穿于大学生成长全过程，拓宽、拓深高校人才培养链条。全过程育人要求高校人才培养工作要充分结合大学生

身心的发展特点，遵循教育教学规律。例如，大学生党员中存在入党动机功利、入党前后表现有别的突出问题，政管先锋党支部制订了"红色基因"党员培养计划，给培养对象制订针对性的培养计划、建立个人教育培养档案，加强对培养对象的考察工作，全过程做好人才培养工作。

此外，在党的人才培养工作时间安排上，还必须要注重充分利用大学生的碎片时间。支部以微信公众号为平台，将理论学习和日常推送相结合，将共产主义远大理想贯穿在日常推送中，补足大学生精神之"钙"，统筹推进线下、线上育人机制建设。

（3）全方位育人机制

全方位育人注重通过不同手段、不同方式和不同维度来加强对学生的教育和引导，强调提升学生的综合素质和能力，实现大学生全面发展。政管先锋党支部在党建活动过程中，通过理论学习、志愿服务和能力培训三种方式对大学生进行全方位培养。

①开展理论学习，提升知识水平

理论是实践的基础，加强对大学生的培养教育必须从理论学习开始，注重将理论学习与学生专业优势相结合，将理论学习与思政教育相结合。政管先锋党支部一方面紧跟社会发展形势，紧跟青年学生关注的热点组织学习、研究活动，先后开展了"党·互联网·我"青年学习论坛、西政时空暨青年解读政府工作报告、立德树人成长成才暨高校思想政治教育学习、习近平治国理政思想研究会等理论学习活动。另一方面，创新了理论学习活动开展形式，通过党员演讲、党员风采展示、理论学习竞赛等多样的理论学习形式，以及邀请有关领导及老一辈党员参与指导，进行风采表扬和评比评奖，以此形成大学生理论学习激励机制。

②组织志愿服务，提升实践能力

志愿服务是大学生党员用实际行动诠释党员形象、发挥先锋模范作用、传承红色基因的最直接着力点，动员每一位党员践行全心全意为人民服务的宗旨，促进大学生在志愿服务过程中得到锻炼、提升能力、获得成长。政管先锋党支部通过诸如"护美丽毓秀"之爱校行动、"生命如花"文明劝导活动、歌乐山"乐山乐水"服务活动、走进社区联合行动等志愿活动 200 余场，服务足迹遍及重庆市 11 个区县，服务内容涉及社区民生、政策宣传、法律咨询、环保服务、未成年人教育等方面，支部在建设服务型基层党组织的过程中开展党建创新，进行人才培养，形成了支部的独特优势。

③进行能力培训，培养综合素质

在当今高校侧重对学生专业理论培养的背景下，基层党组织要勇担重任，立足大学生发展实际，积极组织开展诸如大学生口才训练、面试技能提升等人才培养活动，切实提升大学生自身的综合素质。政管先锋党支部积极打造了大学生讲台、口才训练营等能力培训项目品牌，一方面联系校外专业培训机构，对大学生职业生涯规划、面试技巧、口才表达等方面进行专业培训；另一方面邀请学校先锋典范，以对话会的形式，通过与大学生"零距离"聊成长故事、谈成功经验的"双讲"方式，提升了能力培训和学习效果。

（三）经验启示

党支部是党的基础组织，是党在社会基层组织中的战斗堡垒，是党的全部工作和战斗力的基础。学生党支部是高校党组织引领学生成长成才的战斗堡垒，是联系广大学生群体的桥梁纽带。高校学生党支部作用发挥得如何，直接影响立德树人根本任务的质量。面对高校党建发展现实需要和高校人才发展自身需求，政管先锋党支部立足工作实际，以改革创新精神推进党的建设，结合大学生群体特征，努力探索出了独具特色的全员、全过程、全方位的新型育人机制与平台，走出了将高校党建和人才培养有效结合的新路子，切实发挥了在基层的战斗堡垒作用。政管先锋党支部通过系列活动的成功开展，吸引了广大党员、青年学生的积极参与，丰富了活动参与对象的理论知识储备，提升了自身的思想水平，锻炼了自身的综合素质。

通过发挥学生党支部先锋模范作用，通过优秀学生骨干的带动作用，在年级或社团中构筑成长互助体系，使每个学生都树立较为明确的发展目标，并通过参加使其培养目标达成的活动，促使其成长成才。此外通过亲自走访或年级干部、社团干部代为走访，定期与年级或社团学生深入沟通交流，关注学生心理健康，创造和谐的校园环境，为学生的成长成才创造良好的外部条件。

案例三：新冠疫情防控背景下的学生就业帮扶

（一）案例背景

2020年，新冠肺炎疫情全面暴发，在党和国家的正确领导下，一批批的爱国人士和医护人员纷纷奔赴抗疫一线，举全国之力使抗疫工作取得了重大实效。但同时，疫情也给我国经济带来了一定的负面影响：生产要素流动受阻、经济活动放缓，尤其是重创了能够解决中国80%以上就业问题的中小微民营企业。再加上近几年应届毕业大学生总数屡创新高，高校的就业工作面临前所未有的压力。

（二）实施路径

S，男，某高校应届毕业生，家庭经济比较困难，父亲在家务农，母亲患有身体疾病，在校表现正常，专业课成绩较好，无挂科现象，但其性格偏内向，心理承受能力较差。

2020年5月初，学校正式开学，S的舍友反映其负面情绪严重，存在不按时吃饭、经常躺在床上发呆、夜里失眠等现象。辅导员在得知情况后，第一时间到宿舍找该生了解情况，最初S在心理上较为抗拒，在不断地安慰下，S告知了造成其困扰的原因。原来在2019年12月，S通过网络渠道参加某私企招聘，并成功收到录用通知，但当时没有签订三方协议。学校开学后，S及时按照该私企提供的联络地址寄出三方协议，但是公司拒签，将三方协议退回，给出的理由是公司目前正在裁人，无需更多员工。S被公司拒绝后出于对年迈父母的担忧，并未告知他们自己的真实遭遇，同时，又非常担心受疫情影响，自己一时无法找到工作，害怕自己面临毕业就失业的窘境，心情非常沮丧。辅导员意识到问题的严重性，及时进行处理。

辅导员经过综合分析该生的性格特点、家庭情况，实际困难等因素，分析其心理问题产生的原因有：学生S经常浏览非官方的负面疫情信息，导致对疫情发展态势认识不足，过分夸大疫情的负面影响；该生由于被单位拒签，打击了其走向工作岗位的自信心，进而对自己的能力产生怀疑；该生家庭生活贫困，对就业的需求尤为迫切，渴望拥有一份工作以减轻父母负担，被单位拒签造成了对家庭的极度愧疚感；该生性格内向，不善于与同学交流，不能正常排解自己的不良情绪。

S的心理问题出现得较为突然，如果不及时加以制止和引导，可能会发展为危机事件。通过以上对S心理问题以及产生这些问题原因的分析，根据辅导员"传帮带"的工作方法，针对不同问题采取不同策略，帮助S树立信心，实现高质量就业。

1. 引导学生正确认识疫情，增强防疫意识

S经常关注非官方的疫情动态，导致其对疫情的理解偏激，辅导员定时向S发送人民日报、央视新闻等官方的疫情消息，引导学生不信谣、不传谣。同时，引导S学习卫生健康常识和疫情防控技能，加强个人保护，引导S主动接种疫苗，降低风险。

在全体学生中开展爱国卫生运动，宣讲防疫知识、进行寝室卫生定期消杀，开展卫生寝室评比活动，帮助学生增强防疫意识，增强学生抗疫信心。

2. 讲解就业政策、分析就业形势

辅导员在科学分析疫情就业形势和国家就业政策的基础上，在学生中宣传党和国家在疫情期间对大学毕业生就业工作的重视和帮扶政策，引导学生客观认识当下的就业形势，积极增强自身的职场竞争力，重塑职场自信心。

3. 多渠道进行心理疏导，缓解学生压力

鉴于S出现失眠、厌食等情况，经过辅导员的心理评估，建议S主动联系心理咨询老师进行约谈和转诊治疗；联系S父母，详细说明S的遭遇和目前的心理压力来源，取得家庭的理解和配合；联系S寝室成员和班级干部，关注S的动态，陪伴S渡过难关。

4. 深入家访，了解学生真实困难

通过家访、寝室访谈等多渠道了解S的家庭经济情况，建立良好的家校合作机制，疏通学生与家长直接的交流，同时，争取贫困补助和校友资助，帮助学生及家庭缓解一定的经济压力，缓解S的愧疚情绪。

5. 落实贫困学生就业帮扶政策，帮助学生重拾就业自信心

根据学校贫困大学生就业帮扶政策，向发布困难大学生岗位的单位推荐S就业，同时带动S积极参加职场训练营等活动，帮助S快速提高职场竞争力，重拾就业自信心。

6. 加入"一对一"帮扶计划，带动就业

辅导员对S进行一对一结对帮扶，进行专门的职业能力训练，从简历制作、

形象气质、仪容仪态、面试技能等多个方面进行提高，分析 S 的核心竞争力，为其推荐了适合他的就业岗位，最终，S 通过努力找到一份合适的工作。

（三）经验启示

单位拒签而导致受挫是 S 产生心理问题的导火索，引发了随后的一系列问题，幸而辅导员发现得较为及时，并做了积极处理，没有进一步使问题恶化为危机事件。疫情背景下的就业工作推进比往年更有难度和挑战，经济下行导致的就业率下降为不可避免的客观因素，S 的拒签问题反映的是学生工作中遇到问题的一个缩影。作为毕业年级辅导员，应及早关注疫情特殊背景下的就业工作，提早预测学生就业面临的困境，多宣传、多教育，积极响应国家"稳就业，保民生"的政策要求，帮助学生在疫情期间安全就业。

疫情背景下，为了响应国家确保高校就业率的要求，辅导员作为帮助学生就业的主力军，应该从以下几个方面做好工作。

1. 宣传抗疫常识

开展疫情防控知识讲座主题班会，帮助学生正确认识新冠肺炎疫情，积极配合，不信谣、不传谣，主动接种疫苗，降低传染风险，树立疫情终将被战胜的自信心。

2. 宣讲理论知识

做好思想引导工作，讲好抗疫这堂大思政课，讲好中国故事，彰显制度优势，激发学生的爱国热情，引导学生积极肩负起大学生的时代责任，参与到抗疫志愿和工作中去。

3. 解读就业政策

帮助学生正确认识疫情背景下的现实就业形势，科学解读国家对疫情就业工作的重视及各项举措，帮助学生积极就业，引导学生到祖国最需要的地方去建功立业，贡献青春力量。

4. 开展精准帮扶

辅导员应以"精准资助"为核心开展经济困难毕业生的资助工作，重点关注经济困难学生的就业问题，强化帮扶意识，落实帮扶机制，促进家庭经济困难学生充分就业，提高家庭经济困难学生就业质量。

5. 做好职业生涯规划

从大一开始需要对学生进行系统的职业生涯规划，了解学生的兴趣、特长和志愿，帮助学生制定职业目标和实施计划，周期跟进和更新，有计划地提升职场竞争力，帮助学生高质量就业。

6. 发挥学生党员、干部的辐射带动作用

制订行之有效的就业帮扶计划，将学生党员、学生干部、已就业学生纳入帮扶计划，帮助就业困难或未就业学生，起到先进带后进的积极作用，营造团结互助，积极就业的良好氛围。

本章小结

"传帮带"是我党的优良传统，也是辅导员工作的重要方法。本章重点从辅导员老带新，党团带学生，辅导员带学生三个层面来阐述理论和方法。辅导员能否在这三个层面发挥好"传帮带"的作用，关系到辅导员队伍能否担当大任，关系到党的事业和国家教育事业的薪火相传。"带之有术"是辅导员工作方法的重要研究领域，也是辅导员在实际工作中不断摸索、积累、反思的重要课题，需要一代一代辅导员不断继承发扬，探索创新，更新完善。

第六章 "训"之有效 *

"纸上得来终觉浅，绝知此事要躬行。"学到的东西，不能停留在书本上，不能只装在脑袋里，而应该落实到行动上，做到知行合一、以知促行、以行求知，正所谓"知者行之始，行者知之成"。每一项事业，不论大小，都是靠脚踏实地、一点一滴干出来的。"道虽远，不行不至；事虽小，不为不成。"这是永恒的道理。做人做事，最怕的就是只说不做，眼高手低。不论学习还是工作，都要面向实际、深入实践，实践出真知；都要严谨务实，一分耕耘一分收获，苦干实干。广大青年要努力成为有理想、有学问、有才干的实干家，在新时代干出一番事业。我在长期工作中最深切的体会就是：社会主义是干出来的。

——习近平总书记在北京大学师生座谈会上的讲话

2018 年 5 月 2 日

第一节 概 述

随着党的十九大的召开，中国特色社会主义进入了新时代，开启了中国特色社会主义现代化建设的新征程，现在比以往任何时候都需要高等教育的发展，比任何时期都需要科学知识和卓越人才。高校思想政治教育工作承载着新的历史使命，必须攻坚克难，进一步推进工作的改革创新。习近平总书记在学校思想政治理论课教师座谈会上强调，"马克思主义是在实践中形成并不断发展的，

---

* 本章编者简介：蒋莉，女，法学硕士，西南政法大学保卫处副处长、辅导员教研中心副主任，先后担任一线专职辅导员，学院团委书记、学工办主任，擅长党团建设、创新创业指导、就业指导等方向的研究和实践，主研重庆市思政专项课题 2 项，校级科研项目 4 项，发表论文 10 余篇，多次指导学生在挑战杯等比赛中获奖；潘清滢，女，法学硕士，西南政法大学人工智能法学院党委副书记，先后担任一线专职辅导员，学院团委书记、学工办主任，出版专著 2 部，参研课题多项。

要高度重视思政课的实践性，把思政小课堂同社会大课堂结合起来，在理论和实践的结合中，教育引导学生把人生抱负落实到脚踏实地的实际行动中来，把学习奋斗的具体目标同民族复兴的伟大目标结合起来，立鸿鹄志，做奋斗者。"[]辅导员是开展大学生思想政治教育的骨干力量，是高等学校学生日常思想政治教育和管理工作的组织者、实施者、指导者，在高校思想政治教育中发挥着重要作用，引导学生把人生抱负落脚到实际行动中来，在实践中成才成长，是辅导员肩负的使命和重要的工作内容。

一、"训"的词源阐释

"训"本义为教导、教诲，这必需以言语进行，因此从"言"。"川"的本义为"贯川通流水"，意思为畅通的大河，引申为"循着一定的规则进行"。① "训"引申义为"可以作为法则的话""典式、法则""解释词的意义"。"训"是春秋战国以前的公文体制，是国君教导臣下的文辞。始见于《尚书·盘庚》："予告汝训汝"。有时以下戒上也可用训，如伊尹对太甲所云，也称《伊训》。

宋代王安石在《举渭川兵马都监盖传等充边上任使状》一文中写道："有智略，能训治军旅。"此处"训"为训练之意义。训练，使受训者获得一项行为方式或技能的教学。本书取"训练"的基础意义。

二、"训"的现代词义

训，训练，在大学生思想政治教育中，这一基本含义则指实践、实习、实训，属于大学生思想政治教育基本方法之———实践教育法。实践教育法是组织、引导人们积极参加多种实践活动，不断提高思想觉悟和认识能力的方法，以参与社会实践为主要内容。② 实践教育中，实践者在实践中学习和服务，实现自我教育，包括教学实践、专业实习、军事训练、志愿服务、勤工助学、社会调研观察等，是思想政治教育中最具实效的方法，也是辅导员引导学生知行合一

---

① （清）段玉裁．说文解字注 [M]．上海：上海古籍出版社，1992：361.

② 董晓蕾．大学生思想政治教育方法的理论与实践研究 [M]．北京：北京师范大学出版社，2018：148.

的重要工作方法。

党中央历来重视大学生实践教育，在不同的历史时期均出台实践育人政策指导高校实践育人工作，呈现出鲜明的时代特征。党的十八大以来，高校实践育人进入了深度发展阶段，高校实践育人体系全面构建，从传统的大学生社会实践、军事训练拓展到创新创业，拓展到产学研结合。2017年教育部党组印发的《高校思想政治质量提升工程实施纲要》中，将实践育人纳入"十大育人体系"，强调实践在育人中的重要作用。实践育人已经成了高校人才培养的重要内容和环节。当前，世界正处于百年未有之大变局，中国正站在"两个一百年"的历史交汇点，即将开启全面建设社会主义现代化国家的新征程。习近平总书记在纪念五四运动100周年大会上号召"新时代中国青年要珍惜这个时代、担负时代使命，在担当中历练，在尽责中成长"。新时代的青年学生要担负起时代使命，必然要有强烈的责任意识和创新精神。责任意识的培育，创新精神的涵养需要青年人知行合一，在实践中磨砺。

（一）时代使命必然要求青年人在知行合一中培育责任担当

2016年，习近平总书记在全国高校思想政治工作会议上讲道，"社会是个大课堂。青年要成长为国家栋梁之材，既要读万卷书，又要行万里路。"[①]习近平总书记的讲话体现出他对青年在实践中锻炼成长非常重视，并予以很高的关注和期待。随着高校思想政治教育的不断改进和加强，学生能够获得与以往相比更丰富的社会实践机会和社会活动场所，校内各类学生社团活动充分发展，为学生第二课堂实践提供了丰沃的土壤。政策的支持和机会的增多对于拓展学生眼界和能力、充实学生社会体验和丰富学生生活十分有益。近年来，随着共青团中央、教育部等中央部门的倡议、号召，共青团中央研究生支教团扶贫接力计划、暑期社会实践和送教下乡等志愿者活动方兴未艾，这些工作既能够有效衔接社会需求，又能够展现学生的风貌和服务社会、报效国家的情怀。许多学生正是在这样的社会实践和社会活动中树立了对人民的感情、对社会的责任、对国家的忠诚。当年，习近平总书记在梁家河插队，实际上就是在上社会大学，

---

① 在全国高校思想政治工作会议上的讲话（2016年12月7日）[M]// 习近平关于青少年和共青团工作论述摘编．北京：中央文献出版社，2017：55.

向群众学习，向实践学习，那段经历让习近平总书记受益匪浅。要引导大学生抓牢学习这个成才之基，求真学问，练真本领，适应知识更新加快、科技变革加深的潮流，孜孜以求。要抓牢辨析这个成长之要，慎思明辨，厚积创新，面对纷繁复杂的社会现象和思潮，把握社会发展的本质和主流，守正创新。要抓牢实践这个成功之本，知行合一，躬行践履，积极融入岗位大舞台、社会大课堂、群众大熔炉，精进不休。作为新时代思想政治教育工作者，要深刻领会习近平总书记关于在实践中培养青年的思想，在教育工作中积极运用实践育人的工作方法，坚持教育同生产劳动和社会实践相结合，广泛开展各类社会实践，引导学生到基层、到生产第一线、到人民群众中深入了解国情民情，让学生在亲身参与中认识国情、了解社会，受教育、长才干，不断拓展学生社会实践的平台和路径，有效促进学生的全面成长成才。

（二）时代使命必然要求青年人在知行合一中培育责任担当

习近平总书记在同各界优秀青年代表座谈时谈到，"广大青年一定要勇于创新创造。"①《淮南子》中有言："苟利于民，不必法古；苟周于事，不必循旧。"千百年来，创新精神都是民族进步的重要推动力，是人类文明繁衍至今的不竭源泉。中华民族有世界上最深沉的民族禀赋，善良勤劳勇敢的中国人民在经验中提炼创新元素，他们在生活中从不眷顾因循守旧和满足现状的人，也从来不做不思进取、坐享其成的人，因为他们知道，机遇总是留给善于和勇于创新的人们，而青年就是社会上最富活力、最具创造性的群体，理应走在创新创造前列。坚持创新精神，首先要着眼于青年全面发展和自我价值的实现，要敢为人先，勇于解放思想、与时俱进。当前，我国在人工智能、大数据和尖端科技领域急需创新人才，广大青年学子要敢于上下求索、开拓进取，以长江后浪推前浪的勇气和逢山开路、遇水架桥的意志百折不挠、勇往直前。同时，要坚持实事求是和求真务实的态度，要甄别创新和空想的界限，要立足中国国情社情民情提出有针对性的建设方案，勇敢投身创新创业浪潮，做时代的弄潮儿。正如习近平总书记在给2013年全球创业周中国站活动组委会的贺信中强调的那样，

---

① 在同各界优秀青年代表座谈时的讲话（2013年5月4日）[M]//十八大以来重要文献选编》（上）．北京：中央文献出版社，2014：279.

全社会都要重视和支持青年创新创业，提供更有利的条件，搭建更广阔的舞台，让广大青年在创新创业中焕发出更加夺目的青春光彩。① 创新成了新时代精神中最为显著的标志，作为新时代青年，要担负起新的历史使命，必然要在扎根于祖国大地的基层务实工作实践中涵养创新精神，培养创新能力。

三、"训"在辅导员工作中的意义

2017 年，中共中央、国务院印发的《关于加强和改进新形势下高校思想政治工作的意见》，对高校思想政治教育工作做出全面的安排部署，将强化社会实践育人作为推进高校思想政治工作改革创新的重要内容，并明确提出强化社会实践育人的具体方法，包括"提高实践教学比重，组织师生参加社会实践活动，完善科教融合、校企联合等协同育人模式，加强实践教学基地建设，建立健全国家机关、企事业单位、社会团体接收大学生实习实训制度，开设创新创业教育专门课程，增强军事训练实效，建立健全学雷锋志愿服务制度。"《关于加强和改进新形势下高校思想政治工作的意见》再次强调实践育人的重要意义，并指明实践育人的具体方法，可见，实践育人在新时代高校思想政治教育中意义重大。

（一）丰富了高校思想政治教育方式

当前，大学生思想政治工作面临的困境是付出与收获的不平衡，具体表现为，一方面学校和老师尽量给予学生全方位的教育引导，另一方面学生觉得自己的成长需求没有被满足，双方均有挫败感。分析其中原因，很大程度上是因为教育方式的问题。青年学生正处于成长的黄金时期，对事物、对世界充满好奇，互联网和传统教育方法一样能够满足他们知识信息的量，但很难产生真正的共鸣，他们需要体验感知，需要实践磨炼。而实践育人内容丰富、形式多样，包括社会调研、实习实践、创业实践、志愿者服务等，青年学生能够非常容易地找到一种自己感兴趣的领域和方式去参与，能够直观地获得学校、课堂及互联网所无法给予的体验感，因此，更能激发其主动性，能引导学生认识自我并

---

① 习近平致 2013 年全球创业周中国站活动组委会的贺信 [EB/OL].（2013−11−09）[2020−10−16]. http://cpc.people.com.cn/n/2013/1109/c64094−23485246.html.

发现成长需求，有的放矢地参与学习实践，逐渐明确个人规划，形成成长的良性循环，促成了思想政治教育目标的实现。

（二）大学生成长的必然要求

思想政治教育是一种教育活动，最终要落脚到影响人、教育人、塑造人的目的当中，为培养社会主义建设者和接班人服务。大学生思想政治教育是高校通过一定的模式将思想政治教育与大学生思想成长需求进行联通，促进学生成长成才的一种教育活动。实践育人作为高校思想政治教育的重要育人方法，在提高大学生思想政治素养、专业技能、综合素质的过程中发挥着重要作用。实践育人能够促进大学生深刻生动地知国情、解民意，培养与国家、与人民的深厚情感，增强责任感、使命感，有效地发挥对思想政治教育课堂教学的补充作用；实践育人能够引导学生发现专业价值和学习问题，激发专业学习热情，明确学习方向，是理论联系实际的重要途径；实践育人能够培养大学生的组织能力、沟通能力、分析能力、适应能力，促进学生社会化，不断完善自我。

（三）辅导员开展工作的重要方式

辅导员是大学生思想政治教育的组织者、实施者，是学生成长的领路人和知心朋友，肩负着对青年学生进行思想教育引领，开展党团组织、班团建设，培育优良学风、进行日常事务管理等职责，辅导员是高校中最接近青年、走进青年的教师。虽然辅导员也承担着部分第一课堂的教学任务，但辅导员工作的主阵地、主战场是在党团组织、学生社团、互联网阵地等第二课堂领域。因此辅导员的工作方式不能只是简单地灌输说教，而应结合大学生的特点，以他们喜闻乐见的方式开展教育工作，坚持做到显性教育与隐性教育相结合。实践育人就是融合显性教育与隐性教育的有效方式。辅导员与学生的密切关系为开展实践育人打下了坚实基础。辅导员的职业能力特点为实施实践育人提供了保障。辅导员的工作职责要求辅导员以实践育人为重要的工作方式。

（四）有效提升思想政治工作质效

做好高校思想政治工作，要因事而化、因时而进、因势而新，必须遵循"三大规律"，即遵循思想政治工作规律、遵循教书育人规律、遵循学生成长规律。政治性是思想政治教育的首要功能。为了实现这一功能，高校思想政治教育供给通常采取"三单模式"：单向度、单信息、单通道，即高校在组织实施思想政治教育的具体过程中，主要通过说教的方式对学生进行理论灌输，希望以此达到规范其言行的目的。事实上，"三单"模式容易站在满足教育者工作需求的立场上进行思想政治教育，忽视了青年学生的思想特点、行为特征，忽视了受教育者的成长需求，忽视了思想政治教育各学科之间的融合，因此，难以调动学生学习的积极性，难以引发学生的情感认同，难以解决学生思想成长过程中的实际问题，大大降低了高校思想政治教育的实际效果。实践育人具有开放性、参与性、多样性等特点，更加符合青年学生的兴趣及行为特点，更能调动青年学生的积极性，更加具有感染力和实效性，遵循了学生成长规律，提升了思想政治教育的影响力和实效。

第二节　理论阐释

实践观是马克思主义理论的一项基本观点，强调实践是认知的基础，实践是检验真理的唯一标准。在思想政治教育领域，实践育人与课堂教学相对应存在且相辅相成，是教育者为实现预期的思想政治教育目标，在一定的思想政治教育理论指导下，以社会实践为主要教育内容和教育方式的一种手段。[①]

一、"训"的根本内涵

在中国古代哲学和传统教育观中一直强调知与行。明朝董其昌在《画禅室随笔》卷二中写道"读万卷书，行万里路"，表达理论联系实际，学以致用的观点。王阳明提出"知行合一"，他认为"知是行之始，行是知之成，若会得时，只说一个知，已自有行在。只说一个行，已自有知在。"[②]他将知与行看作一个整体，相互依存。实践育人就是中国传统知行观在现代高等教育中的体现，通过知行合一，促进青年人的全面发展，培养社会主义事业的建设者和接班人。

---

① 李敏．大学生思想政治教育理论探索与实践育人体系建设研究[M]．北京：中国水利水电出版社，2016：144.

② 王守仁．传习录[M]．郑州：中州古籍出版社，2008：246.

（一）基本要义

训，训练，实习实训实践，即实践育人，是以实践为手段的一种育人方式，是相对于课堂教学而提出的一种人才培养路径，主要分为教学实践、军事训练、社会实践三种形式。高校思想政治工作者主要通过社会实践来进行实践育人，因此，认识社会实践，是思想政治工作者研究和开展实践育人的前提和基础。社会实践是指人类能动地改造自然和社会的全部活动。大学生社会实践是指课堂以外的实践环节，是思想政治教育的有效形式，主要指大学生走出课堂，有计划、有目的地走进社会、认识社会、服务社会，在接触社会的过程中受教育、长才干、做贡献的一系列物质和精神活动的总称。[①] 大学生社会实践的内涵随着经济社会的发展不断更新丰富，从传统的专业实践、咨询服务、社会调查、勤工助学等发展为理论宣讲、社情民情调查、法律服务、医疗服务、教育支持、精准扶贫等暑期社会实践和第二课堂实践活动。大学生社会实践可以分为五大类型：专业提升类、社会体验类、素质拓展类、创新创业类、志愿服务类。[②]

（二）本质内涵

训就是通过组织、引导、指导大学生积极参加实践，不断提高其思想觉悟和认知能力，以促进其全面发展。实践育人蕴含着课堂教学与实践教学的结合，理论与实际的结合，体现了德智体美劳的统一以及个人价值与社会价值的统一。实践育人坚持以人为本，强调和突出人的主体性，直面大学生的成长需求，紧紧围绕大学生成长成才，基于大学生的思想行为特点，以青年喜闻乐见的形式引导学生走出课堂，走出校园，学以致用，服务回报社会，不断增强大学生的社会责任感、历史使命感，涵养大学生的创新精神，提升综合能力，塑造学生品格，建立大学生与社会、与人民、与国家的深切联系，厚植爱国情怀。

---

① 程刚．大学生思想政治教育质量提升模式研究 [M]．北京：中国书籍出版社，2015：149.

② 程刚．大学生思想政治教育质量提升模式研究 [M]．北京：中国书籍出版社，2015：149.

二、"训"的基本原则

2005年，中宣部、中央文明办、教育部、共青团中央联合下发《关于进一步加强和改进大学生社会实践的意见》，明确了大学生社会实践的工作原则，具体包括：一是坚持育人为本，牢固树立实践育人的思想，把提高大学生思想政治素质作为首要任务；二是坚持理论联系实际，提高社会实践的针对性实效性和吸引力感染力；三是坚持课内与课外相结合，集中与分散相结合，确保每一个大学生都能参加社会实践，确保思想政治教育贯穿于社会实践的全过程；四是坚持受教育、长才干、做贡献，保证大学生社会实践长期健康发展；五是坚持整合资源，调动校内外各方面的积极性，努力形成全社会支持大学生社会实践的良好局面。党的十八大以来，习近平总书记在数次讲话中谈到实践对于青年人成长的重要性，强调创新能力的培育对于青年人成长和国家发展的重要性，形成了新时代实践育人的新思想、新理念，进一步深化丰富了实践育人的基本原则。

（一）坚持以人为本

以人为本是社会主义的本质要求，贯穿于社会主义建设事业方方面面。在教育工作中同样也要坚持以人为本，因此，实践育人也必然将以人为本作为其核心价值。坚持以人为本，就要围绕大学生的成长需求和国家的发展需求来组织开展实践育人，要落实到为社会主义建设培养德智体美劳全面发展的建设者和接班人这一根本任务上来，要遵循大学生成长发展的规律，带领青年学生在实践中锤炼意志品格，在实践中锻炼能力素养，使之能担建设祖国、振兴民族之重任。

（二）坚持理论联系实际

随着科技的迅速发展，整个世界的政治经济格局不断变化，国家的发展对人才的需求越来越大，要求越来越高。单纯的课堂教学及传统的大学生社会实践已经无法满足大学生的成长需求。当前，世界正处于百年未有之大变局，我们正站在新的起点开启全面建设社会主义现代化国家的新征程，实践育人要面对这一最大的现实，并以这一现实为前提来谋划、组织、实施。新时代的青年学生，思维活跃，特征鲜明，有着多元化、个性化、动态化的成长需求，受教育者的差异性这一实际，是开展实践育人必然要结合的核心要素。科技改变着人们的生活工作方式，互联网的发展带来微信、视频号等新媒体的发展，实践育人要与时俱进，不断结合科技发展和生活工作方式改变的实际，以提高育人的针对性和有效性。

（三）坚持全面全过程

新时代对实践育人提出新的要求，强调落实以人为本，就要做到主体全面，即让全体学生都能参与其中，都能在实践中成长；做到平台阵地全面，建立多元化实践平台，满足学生成长个性化需求；做到实际效果全面，通过实践切实全面提升学生的思想政治素养、专业知识才干、实干务实的干事能力。实践育人要贯穿思想政治教育全过程，贯穿教育教学全过程，贯穿学生成长全过程，真正做到让每一位学生都接受实践的锻炼。

（四）坚持协同创新

实践育人是一项系统工程，需要从高校内部和外部打破资源壁垒，统筹协调高校、地方政府、社会行业等各方资源，建立实习实训基地、产学研综合实践基地等实践平台，开展创业计划大赛、创新创业训练项目等实践实训活动，构建实践育人协同体系。通过新兴技术手段，创新实践育人的路径和方法，形成多元化、个性化实践平台，满足实践育人的工作需求。

三、"训"的基本特征

（一）主动性

主动性，也称为主体性、主观能动性，是指人在实践过程中表现出来的能力、作用、地位，体现为主体的独立性、主动性和创造性。[①] 传统教育中，老师讲、学生听，学生处于被动状态，对知识理论更多的是抽象认知。而在实践的过程中，大学生既是受教育的主体，又是参与的主体，更能激发其主动性，满足其主体性，使其从被动学习到主动学习。实践育人能够充分尊重学生的主体地位，

---

① 董晓蕾．大学生思想政治教育方法的理论与实践研究 [M]．北京：北京师范大学出版社，2018：150．

改变了以唯知识获取的学习方式，让学生充分以主体身份参与到实践过程中，有效地激发了学生的学习热情，调动了学生学习的积极性。训的主动性特征，也就要求了教师角色的转变，要求教师在实践过程中，仅以组织者、观察者或引导者的身份参与，发挥辅助作用，像一名教练一样，通过指导、鼓励、引导、启发等方式不断激发学生发现问题、分析问题、解决问题的潜能，把舞台的中心真正留给学生，让他们在实践中提升能力素质。

（二）参与性

参与性，也可称为互动性。"训"强调学生的参与，正是基于参与，学生与实践对象直接互动，相互作用，学生能够获得最直接的体验和直观的感受，促进知行合一。在实践过程中，学生必须直面实践对象，可能是人，也可能是物，学生很大程度上只能依靠自身的力量去与实践对象互动，解决实践中的各类问题，达成实践的目标任务。这样一个跨越任何中介直接参与的过程，是学生获取知识、习得经验最直接有效的方式，参与性也成了"训"最吸引人的一项特征。

（三）开放性

开放性，相对于课堂教学而言，指"训"的空间和时间突破了课堂教学的局限，以开放的时间、开放的地点、开放的形式、开放的内容、开放的过程给学生多样的选择和体验，激发学生的学习兴趣和创造力。实践育人的开放性，解除了学生学习时间空间的束缚，尊重了学生的主体性，给予了学生更多的可能性，满足了青年人的好奇心，有利于培养学生的创新思维。对于教育者而言，开放性使其以更灵活的方式参与到实践育人工作中，以不同的视角去看待学生，更充分地认识学生，不断调整自身的工作思路和方式，实现教学相长。

（四）综合性

综合性，基于实践内容的丰富多样，多元化的实践培养了学生全面的能力素养。德智体美劳全面发展，是高校培养学生的目标，更是寄托了我们对大学生的期待。如果说有哪一种教育模式能够更好地实现培养学生全面发展的目标，那一定是实践育人。因为实践育人形式多样，内容丰富，有专业实习实践、社会调研、创业实训、志愿服务等各种形式和内容，全方位地调动了学生的主观能动性，对学生的德育、智育、美育进行了培养，开展了劳动教育、体育锻炼，帮助学生实现全面发展。同时，综合性也是基于实践育人的协同。如前所述，实践育人需要统筹调度和整合各类资源，汇聚各种力量共同参与，是一项综合性强的育人体系，也就要求开展实践育人需要像开展课堂教学一样科学谋划，实现宏观有政策支持，微观有制度规划。

四、"训"的实现路径

当前，实践育人得到了良好的发展，在高校思想政治教育中发挥了重要作用，深受青年学生喜爱，但也存在实践目标模糊、实践方式单一、实践指导力度不够等问题。辅导员在实施实践育人的过程中，应始终坚持问题导向，不断探索和改进实践育人的路径方法，提升育人质效。

（一）建立新型团队，实行项目化运作

建立以辅导员为指导核心的学生实践团队。辅导员是实践育人的具体组织者和执行者，应结合新时期新人类的特点，调整实践育人理念，在广泛开展实践育人的基础上，以项目为基础建立新型实践团队，精准施策，以点带面，探索实践新路径，提升实践育人实效。做好实践项目顶层设计和规划，建立项目化管理运行机制，通过项目过程化监督管理，为项目执行提供制度、经费等保障，确保社会实践目标的高质实现。按照项目管理的目标和要求实施实践，调动学生的参与积极性，全程关注学生反馈，不断修正和执行项目计划，积极促成实践目标的达成和实践育人作用的发挥。

（二）整合实践资源，加强广义平台建设

实践平台的缺乏和建设水平的参差不齐严重制约了实践育人的实效。近年来，高校已经意识到整合社会资源的重要意义，积极构建学校、社会、政府、企业协同育人的格局，加快了建立实习实践基地的步伐，有的高校也逐渐建立起标准化的实践基地，但标准化实践基地多为专业实习基地，主要服务于专业教学实践，服务于创新创业、社会调研、素质拓展、志愿服务等的实践基地建设则略显滞后。辅导员应树立"大平台"意识，积极整合校内校外资源，将搭建训练营、沙龙、讲坛等活动平台与建立创新创业实践基地、志愿者服务基地等实践阵地相结合，为学生实践提供平台。

（三）创新实践方式，增强吸引力和感染力

实践的效果受实践主题、实践方式、实践组织者和参与者的积极性能动性等因素制约。其中，实践方式直接影响着参与主体的积极性，进而影响实践的效果。社会实践方式的创新应建立在对实践育人和大学生特点的充分把握的基础之上，融合教师和学生的双重思维，合理确定实践目标，由主题式向专题式过渡，建立主题明确、特点鲜明、人员结构多元化的实践团队，运用新媒体技术，以大学生热衷并擅长的行为方式来组织实施社会实践，增强实践的吸引力和感染力。例如，传统的理论宣讲以学生现场讲述的方式进行，现在，我们可以拍摄微课视频、制作理论宣讲动漫作品作为宣讲的方式。

（四）加强创新创业实践，增强时代性和实效性

创新已经成为当今社会发展的动力，培养具有开拓进取的创新精神、敢想实干的创新能力的青年是高校所肩负的历史使命。创新创业教育是近年来高等教育的热词，实践性是其鲜明的特征，实践当然成为开展创新创业教育的重要途径，与此同时，创新创业教育也成为实践育人的重要内容。辅导员应紧跟时代，树立协同创新的工作思路和理念，发挥实践能力优势，积极探索思想政治教育与创新创业教育的结合点，以指导学生创新创业项目参赛或落地为切入点，发现、形成新的工作抓手，培育思想政治教育工作新的增长点。

第三节 案例分析

案例一：大学生讲习所

如何让思想政治教育工作活起来、新起来是每个辅导员工作的重点和难点。解决这一问题，首先要让理论学习由被动学变成主动学，让青年学生同时成为教育者和受教育者，真正调动理论学习的内在积极性；其次，积极践行理论联系实际原则，创造机会让学生在实践中学习，在实践中思考，以实践促学习，以学习促实践，真正做到知行合一；最后，发挥组织阵地的堡垒作用，发挥朋辈教育的作用，让学生在团队中历练成长。

（一）案例背景

为深入学习宣传贯彻党的十九大精神，学习习近平新时代中国特色社会主义思想，西南政法大学党委在整体把握、系统布局的前提下，结合学校人才培养计划，研究决定将十九大精神宣传工作与学校青年马克思主义者和马克思主义传播人才培养相结合，于 2017 年 10 月 26 日成立大学生讲习所（以下简称"讲习所"）。讲习所自成立至 2020 年，已有三批学员 600 多名学生完成学习，顺利结业，成为马克思主义理论学习、传播、践行的生力军。2019 年，讲习所项目列入思想政治教育专业和哲学专业的人才培养方案，开启了实践课普及化与讲习所宣讲品牌化"两翼齐飞"的新阶段。讲习所上下苦练"学、悟、讲、做"四字经，在学习宣传落实十九大精神和习近平总书记重要讲话精神上取得初步成效。

（二）实施路径

1. 钻进去学，学而信

通过深入学习习近平新时代中国特色社会主义思想，深入学习十九大精神，不断拓展学习的广度和深度，再带动整个校园的学习。"学"要真学，要学懂，所学知识要入耳、入脑、入心。2019 年讲习所开展了一系列学习活动，读原著、悟原理，从中感受真理的力量、理解信仰的追求，加深对中国特色社会主义理论体系的认识和理解，收集宣讲素材。

（1）办讲座

2019 年，讲习所共举办和参加了近 40 场学习讲座，讲座采用"一时事，二固定"的灵活形式开展。

"一时事"是指只要是重大时事政治新闻，讲习所均会举办相关讲座。"推进新时代基层社会治理现代化——党的十九届四中全会精神学习体会""建筑央企党建'最后一公里问题'解决方案思考""察盛衰之理，审权势之宜——说中国历史上的廉政文化"等，时事政治新闻讲座的举办充分发挥了理想信念教育的理论学习功能，提高学生的思想政治觉悟，引导其运用马克思主义唯物辩证法的立场观点方法分析政治、经济、社会现象，思考世界观、人生观和价值观等方面的问题，澄清在形势和政策等问题上的模糊认识，有利于学生提高思想政治觉悟，增强社会责任感，同时也为在实践中的宣讲提供了理论基础。

"二固定"，即"就势论事，西政开讲"系列讲座，这类讲座会定期举行，故称为"二固定"。"就势论事，西政开讲"系列讲座邀请校领导、行业内专家学者开展学习讲座，以深学笃用习近平新时代特色社会主义思想为基础，内容丰富，理论深厚，涵盖了各个方面，旨在使学生明确马克思主义学习的三点精髓：立场、观点、方法，不断提高学生的党性意识、发展能力、道德素养和法律素养。定期学习讲座结合西南政法大学学校特色，深入贯彻落实高校思想政治工作会议精神、坚持特色发展、内涵发展、争创一流的工作理念和行动实际，从"方向与道路""理念与布局""本领与方法"三个维度重点阐释了如何更好地学懂弄通做实习近平新时代中国特色社会主义思想。

（2）开课程

2019年，讲习所正式实施思想政治教育专业和哲学专业的人才培养方案。马克思主义学院对课程设置进行精心安排，既有课堂教学，又有专题讲座，还有乡野调研，更有宣讲实践。这在制度上保证了学生学习的积极性和有效性。同学们不仅能在课堂上系统地学习习近平新时代中国特色社会主义思想，还能走到田野地头，亲身实践，从而帮助学生更准确地掌握马克思主义的科学内涵，加深对中国特色社会主义理论体系的认识和理解，保证讲习所学员的理论水平和综合素养。

（3）强实训

为培养宣讲骨干，提高讲习所全体学员宣讲水平，切实增强讲习所学生的综合素质，从讲习所学员中选拔出有一定演讲基础或对宣讲有兴趣的同学组成了宣讲组。宣讲组特聘"全国高校思想政治理论课教学标兵"，我校形势政策教研室副主任欧阳锐璇担任指导老师。以每周一次专项训练的方式开展宣讲技巧培训，提高学生宣讲的能力。同时，还开展了新闻写作培训、"新媒体思维与新闻写作"等一系列培训，切实提高学生处理信息和写作能力。开展"我校我城"抖音短视频制作大赛等，以赛促训，提高学生的动手能力。

除听讲座、开课程、强实训外，讲习所还定期开展组内讨论学习，同时发挥新媒体的优势，开辟学习专栏，对讲习所近况进行推广宣传，将学习融入日常生活中，适应当代年轻人的学习习惯和方式。

2. 沉下去悟，学而思

讲习所成员对习近平新时代中国特色社会主义思想进行了全面而系统的学

习，每次学习之后都形成了自己的心得体会、学习总结，并通过积极撰写理论文章，进行理论研究等方法结合基本原理悟出思想深度。

（1）撰写心得体会与总结

2019 年，讲习所里的每一位成员都撰写了 10 余篇心得体会，其中包括读书心得、讲座心得以及日常各种学习的心得体会。全体成员开展小组学习，研读马恩经典，依托"大学习大落实"讲坛、"就势论事西政开讲""哲思论坛"等平台，听讲座，写心得，在学习过程中养成独立思考的好习惯。除此之外，讲习所成员会定期形成总结报告，总结每一阶段自己的收获与发现的不足、进步与需要改进的地方，以及对讲习所以后发展的建议。

（2）开展学术研究

为深入学习领悟习近平新时代中国特色社会主义思想的内涵，大学生讲习所引导学生以课题研究的形式鼓励学生开展科学研究，以思促学。2019 年，经学员自由申报，专家组审核，在三十个"十九大专题"选题清单中挑选，最后共有 9 个课题立项，包括：健全自治、德治、法治相结合的农村治理体系研究；文化自信与担负新的文化使命研究；新时代绿色发展的制度框架和路径选择研究；提升基层党组织的组织力、强化基层党组织政治功能的途径研究；新时代人民的获得感、幸福感、安全感研究；新时代思想政治教育路径研究。每个课题组给予 5000 元的经费支持。其中《强化基层党组织政治功能的途径研究》《微信在重庆抗战文化传播中的途径、策略及意义——以红色景区为中心》《乡村振兴背景下乡村治理队伍工作现状研究——以豫西南 N 市地区部分村庄为例》以及《重庆主城区在校初中生对孝的认知现状及原因分析》四个课题项目顺利结项。

3. 走出去做，学而行

讲习所的建设，培养和造就了一批青年马克思主义传播人才。广大学生在学习的过程中要不断对标新时代对青年的要求，在理论学习、专业学习、社会实践、创新创业及服务社会中创先争优，勇做时代弄潮儿。实践决定认识，唯有通过切身的实践才能亲身感受到新时代的变化，只有切身投入实践之中，才能发展好技能，才能练好本领。

（1）紧跟中央学习热点，全面开展理论学习和宣讲

宣讲是使命。讲习所成立以来，一直秉承着"在讲中学，在学中讲"的理念，不仅要求讲习所学员要认真钻研读经典，准确把握习近平新时代中国特色社会

主义思想，还要求讲习所学员学会宣讲。学会用通俗易懂、生动活泼的语言宣讲，既确保宣讲的准确性和权威性，又确保解读阐释的形象、生动，贴近学生、贴近生活。既突出宣讲的理论深度，以理服人，又讲求宣讲的实际效果，当好"理论翻译"。

2018年6月29日上午，讲习所走进中建隧道建设有限公司宣讲，中建隧道建设有限公司党委书记等全体党员现场聆听。2018年7月5日，讲习所走进社区，为重庆市渝北区凯歌路社区居民宣讲十九大精神。2018年8月，讲习所陆续走进龙舟湾隧道、重庆轨道九号线二标、九号线八标、二横线二分部、"超级工程"郑万铁路重庆段7标等项目部，实地宣讲十九大精神。

2019年，讲习所以纪念"五四"百年、庆祝新中国成立70周年和"不忘初心，牢记使命"主题教育为契机，以学习宣讲习近平总书记纪念五四运动100周年大会讲话、习近平总书记在出席庆祝中华人民共和国成立70周年系列活动时的重要讲话、在党的十九届四中全会上的重要讲话、习近平总书记关于重庆工作的重要讲话、重要精神等为主要内容，紧跟中央学习热点开展理论学习和宣讲，陆续走进贫困乡村、《形势与政策》课堂、党团组织生活、市民学校等场所开展宣讲，并在重庆市大学生学习贯彻习近平总书记视察重庆重要讲话精神"百千万"集中宣讲活动暨2019年"三下乡"社会实践活动启动仪式上向全重庆市大学生做示范宣讲。

2020年，在全民参与的新冠疫情防控阻击战中，涌现出非常多的先进个人和感人事迹，青年学子表现出极大的爱国热情让我们对中国的未来充满信心，事实再一次证明社会主义制度的优越性……这些都是鲜活的思政素材。大学生讲习所紧跟热点，精心策划了"同心抗疫，我有话说"的宣讲活动，让同学们以自己的深刻体会为核心，撰写宣讲稿，制作宣讲视频，开展爱国主义教育、生命教育、社会责任感教育、规则教育和爱与感恩教育。本次活动共有170人参加，收到170余份作品。部分优秀作品在微信公众号发布，同时在哔哩哔哩等平台同步播出，由于形式新颖，贴近学生，收到较好的宣讲效果。

讲习所成立以来，开展了600余场宣讲活动，共有700余人次上台宣讲，其中包括两名留学生，宣讲受众达四万余人次，在完成校内宣讲全覆盖任务的同时，讲习所走出校园，走进企业、走进工地、走进社区、走进学校、走进乡村……活动受到了中央电视台《新闻联播》《光明日报》《重庆日报》等十余家媒体的广泛关注和报道，讲习所已经初步成为马克思主义大众化传播的新阵地、青年马克思主义者的新平台、马克思主义研究的新基地和全校开展大学习的新课堂。

（2）用脚步见证成长，开展暑期大调研活动

2019年7月，为全面落实习近平总书记在学校思想政治理论课教师座谈会上的重要讲话精神，用行动献礼新中国成立七十华诞，将高校思想政治教育小课堂与社会大课堂充分融合起来，用亲眼所见证明中国共产党为什么"能"、马克思主义为什么"行"、中国特色社会主义为什么"好"这三个重大理论问题，西南政法大学马克思主义学院以"大学生讲习所"为载体，师生150余人先后奔赴重庆市基层一线，开展以"追寻壮丽70年伟大成就"为主题的大调研活动，师生携手走进乡村探寻中国乡村新变化，厚植爱国主义情怀，树立为祖国建设贡献青春力量的远大目标，在田间地头为广大同学上了一堂生动的思想政治教育课。

（3）出国交流，拓展国际视野

为提高讲习所学员国际视野，加强学生实践能力，促进理论学习，提高理论素养，讲习所在2018年和2019年暑期组织60名优秀学员分两批赴越南胡志明市国家大学人文社会科学大学（USSH）进行访学交流，深入了解越南的历史、经济、文化、社会、外交及发展趋势，实地考察越南社会主义建设进程，进一步理解马克思主义理论与各国实际相结合的不同特点，加深对中国特色社会主义的认识。

（三）经验启示

1.重视培养工作，建立科学的组织管理体系

讲习所在开展活动的过程中树立了正确的和先进的思想理念，从根本上重视青年马克思主义者的培养工作，重视大学生的政治理论学习，指导大学生树立马克思主义的政治观念，树立实现中华民族伟大复兴的中国梦的奋斗目标。自讲习所成立以来，西南政法大学及马克思主义学院都十分重视讲习所的培养工作，形成三个方面的工作重点。一是在切实抓好学习培训方面。讲习所紧密结合党中央开展的"不忘初心、牢记使命"主题教育和党史学习教育等，面向讲习所全体成员开展多形式、分层次、全覆盖的全员培训，将学习培训工作做

实做深。二是在理论学习研究方面。讲习所组织开展了一系列理论征文活动和实践调研活动，增强学习宣传的理论深度、实践力度和情感温度，增进学员的政治认同、思想认同和情感认同。围绕重点选题开展课题研究，促进对党的十九大精神和习近平总书记重要讲话精神的精准把握和深入解读，防止片面性、简单化。三是在宣讲活动方面。在学习、研究、调研、备课、试讲基础上，选拔确定讲习所骨干宣讲人员，并组建流动宣讲队伍，在全校范围内开展宣讲活动。充分用好新媒体平台，通过网络直播、网上交流等形式，着力增强宣讲的针对性、生动性、思想性。联系马克思主义中国化历史进程，联系党的十八大以来党和国家事业的历史性成就和历史性变革，联系自身体悟和工作实际，把党的十九大精神讲清楚、讲明白，让宣讲内容听得懂、能领会、可落实。

与此同时，在整个培养工作中少不了学生的引路者——指导老师。指导老师在培养工作中起着关键的引导作用。为培养马克思主义传播人才提供良好的师资力量、维持"讲习所"长期存在和确保不断发展的需要，讲习所开展了关于认定讲习所指导老师工作量的工作。以此，学生们在讲习所指导老师的指导、培训下，开展了撰稿、讨论、试讲、宣讲等大量工作，实践能力不断提升。此外，西南政法大学及马克思主义学院领导也十分重视讲习所的培养工作，除了指导老师的认定工作，在讲习所成员在理论学习资料上也狠下功夫，切实解决讲习所的学习资料问题。对此，学校和学院为讲习所定制了专门的理论学习资料，如《人民日报》《光明日报》《中国高等教育》《青年文摘》《红旗文稿》等，为讲习所成员树立正确的和先进的思想理念保驾护航。

另外，在讲习所活动的开展过程中，我们通过多层次考量，认真规划每一类活动，在掌握宏观层面的教育目标方向——开展理想信念教育，培养青年马克思主义者的同时，又重视微观层面的具体方法和实施效果。做好讲习所工作的前提条件是建立科学的组织管理体系。首先，讲习所搭建了校、院两级培训体系，由学校领导、学院领导组成领导小组对讲习所进行统筹安排。在讲习所具体工作事宜的分配上，实行分组制，将每个小组的工作职能具体化，让其在平常训练中进行有重点、针对性的锻炼。同时，选派学院优秀的教师对学生进行直接指导管理、进行培训学习，并推荐优秀的学生参与到更高平台的宣讲中，展现自我风采。另外，讲习所还邀请专家学者以及社会各界知名人士开展讲座活动，为学生提供强大的师资保障。其次，讲习所搭建了目标管理体系，将远大目标与讲习所的本职工作、自身实际相结合。讲习所致力于培养出适应时代需要的马克思主义传播人才和具有创新创业意识的具备良好社会适应能力的人才，使培养出的人才具有广博的人文素养和良好的专业技能。为了更好地实现这一远大目标，讲习所狠抓听、写、讲三个方面，依托办讲座、做宣讲、开展主题演讲等形式，着力培养新时代马克思主义人才，让讲习所成员在讲习所学有所成，做新时代的新型马克思主义传播人才。最后，讲习所搭建了考核体系。考评结合培养目标，结合学生实际，制定考核标准，在标准设置方面，实施指标考核，硬指标与软指标兼顾。如根据不同专业设置不同量的学分，哲学专业学生取得该学分最高不超过 2 学分；思想政治教育专业学生取得该学分最高不超过 3 学分。

2. 时刻把握新时代特点，不断更新教育内容

理论学习在青年马克思主义者培养中十分重要，只有理论的成熟，理论武装头脑，才能不断提升自身政治涵养，做一名真正的青年马克思主义者。在新时代背景下，讲习所开展的青年马克思主义培养工作和理想信念教育的工作紧密依托新时代赋予的任务。习近平新时代中国特色社会主义思想，标定了新时代的历史方位，给讲习所的工作开展明确了时代站位。讲习所要突出用习近平新时代中国特色社会主义思想铸魂育人，用新思想武装青年人的头脑、固本培元，坚定"四个自信"，让讲习所成员们紧跟新时代、新征程，紧贴实际、紧贴站位，为实现中华民族伟大复兴而不懈奋斗。

讲习所不断更新教育内容，将十九大报告、习近平总书记系列讲话精神、党史学习教育以及中华优秀传统文化知识融入培养教育中。组织学生学习党政时事，并讨论总结，营造良好的学习氛围，使每一位学生都能够紧跟新时代的脉搏，不断提高综合素质。与此同时，讲习所学员在进行理论学习之后，也用笔杆子表述自己的心得体会，并进行交流、分享。在这一循环学习的过程中，让讲习所成员在理论学习和自我反思中进一步深化认知、强化导向、形成良好的自我理论学习习惯。讲习所不只注重理论育人，还注重实践育人。通过宣讲、调研等活动解决理论学习较为枯燥，理论认知不够深刻等问题。不仅要求学生们读万卷书，还要求学生们行万里路；不仅要求学生们多读有字之教材，还要求学生们多读无字之社会，在实践中学真知、悟真谛、长本领，在实践中进一步升华理论的学习，真正做到知行合一。

3. 结合当代大学生的特点，创新教育方法

在具体培养方法上，讲习所采取"课程普及"与"宣讲品牌"双翼齐飞的方式，通过普及性的理论学习为学生奠定理论基础，同时选拔其中表现优秀的学生，为其提供更多的平台，以点带面、以面成片的方法来促进全体学生的共同发展，如选拔优秀学生出国交流学习、推荐优秀学生在更高的平台开展宣讲等，构建具有层次性的青年马克思主义者培养带动模式。

与此同时，讲习所结合当代大学生的特点，建立健全激励机制，一是榜样激励。发挥榜样的典型激励作用，使之明确奋斗方向，认真选拔、挑选学生当中的正面、先进典型人物，并加大宣传，发挥榜样引领、模范带头作用，以典型带动他人，积极营造一种榜样带动、人人争当榜样的良好环境。二是荣誉激励。根据学生的实际表现，对各方面表现突出的同学进行表彰，积极开展评优创先等活动来激励他们。三是警示教育。用身边的反面典型事例对其进行警示教育，对于不合格的学生不予颁发结业证书。此外，讲习所通过交流会的形式，让学生阐述自己的收获，目标的完成和发挥作用的情况，以及自身的不足，切实展开积极的批评和自我批评。

另外，以讲习所为桥梁，打通第一课堂和第二课堂，将理论学习和实践锻炼紧密结合，创新全方位育人的路径。第一课堂和第二课堂积极联动，专业教师和辅导员积极配合，让学生在进行理论学习的同时，也深入实际进行实践锻炼。具体来说，讲习所以理论学习论坛、征文比赛、论文发表和课题研究等第二课堂对应专题指导、撰写论文的第一课堂；以宣讲、朗诵、演讲比赛、班团党组织活动、社会实践活动的第二课堂对应宣讲稿整理、课堂讨论、撰写宣讲稿、制作 PPT 的第一课堂；以微信公众号运行、视频制作比赛等的第二课堂对应专题学习的第一课堂，让讲习所成员学有所成，获得实效性的收获。通过此方式，让讲习所成员在深入进行理论研究，学原文、悟原理的同时，提高其运用理论解决实际问题的能力，从而练就真才实学，真正做到有本领。在新时代背景下，讲习所创新教育方式，通过打通第一课堂和第二课堂，弥补当前学校教育在理论学习和实践锻炼统一方面的不足，切实提高当前马克思主义传播人才的培养质量，以此培养信念坚定的青年马克思主义者。

4. 充分发挥互联网在青年马克思主义者培养中的作用

在当前这个信息化时代，互联网成为青年学生思想文化信息交流的主阵地。

讲习所充分利用互联网便捷、迅速等优点和特点开展活动。一方面构建网络学习阵地。紧跟当代大学生的学习习惯和特点，利用网络、媒体，挖掘丰富多元的教育资源，突破时间和空间的限制，实现在学习内容、学习时间、学习交流、老师指导上的"自由"，形成线上线下一体化和综合化的新型人才培养方式。另一方面创新宣讲模式。开发更多的宣讲作品，利用短视频、短剧、动漫等青年学生喜闻乐见的形式，通过网络平台进行推送，增强宣讲的吸引力、生动性和覆盖面。

下一步，讲习所将继续加强理论学习，组织更多高质量的专家讲座和集中研讨学习，开展系列学习研讨活动，切实提高讲习所所有同学的理论水平。以课题研究为载体，打造一批高质量的学术论文，培养锻炼学生"写"的能力。组织学生加强实践，继续以形势政策课堂为平台，充分利用网络载体，丰富各种形式，扩大宣讲效果。以"三下乡"社会实践，志愿服务活动等为依托，知行结合，落实好"做"，增强使命意识，体现社会责任。以培养马克思主义传播人才和青年马克思主义者为目的，坚持不懈，培养理想信念坚定，理论水平扎实、动手操作能力强的社会主义事业的建设者和接班人。持续推进讲习所工作的常态化，引导青年学生加强理论学习，广泛参与社会实践，感悟现实，为他们实现出彩人生搭建舞台。引导青年学生不忘初心，牢记使命，志存高远，脚踏实地，以永不懈怠的精神状态和一往无前的奋斗姿态，努力成为推进中国特色社会主义事业的坚定者、奋进者、搏击者。

案例二：学生中坚人物如何炼成：老带新的新生骨干训练营

新生辅导员工作的重点难点在于如何开展新生教育。传统的新生教育主要以典礼、讲座、交流等方式进行，但教育的方式和内容略显单一，很难入心入脑和解决新生的实际问题。新生教育教什么，怎么教，值得我们重新审视。新生教育中最核心的价值在于培养新生的文化认同和情感归属，引导他们融入新的团队，实现身份角色的转变。以校园文化精神为实质内容，以团队拓展活动为主要途径的新生训练营就是关于新生教育的创新性实践探索。

（一）案例概述

大学学生骨干是学生自我管理、自我教育和自我监督的核心力量，在高校学生工作中发挥着重要作用。大学生骨干的培养对党和国家的战略规划、高校人才储备以及学生的自身发展都具有重大意义。为了发掘和培养大学生骨干，西南政法大学民商法学院自 2016 年至今连续 4 年举办新生骨干训练营，200 余名研究生、本科新生参与其中。新生骨干训练营以"培养新时代骨干，塑造新生力量"为目标，旨在让新生骨干体味学校文化，提升综合能力，培养志愿服务精神，为新生年级和学生社团组织培养预备学生干部，发挥研究生对本科生的朋辈支持及传帮带作用。

新生骨干训练营根据人力资源管理理论，并结合高校学生的实际情况，分为四大模块：营员的招募与选拔，培训与潜力开发，考核与评价，激励与奖惩。具体内容包括：素质拓展训练、团队建设与管理、职业能力提升讲座、校史校情教育、参观革命教育基地、实务单位考察交流、志愿者培训及服务等。四年来，新生骨干训练营内容不断充实，形式不断完善，培养出了一大批学生骨干充实到学院学生干部队伍中，已经成为民商法学院最受学生欢迎的活动之一。

（二）实施路径

1. 活动时间

每年 8 月上旬进行宣传，8 月中旬进行招募和选拔，8 月底、9 月初进行为期 7 天左右的训练营活动。

2. 活动成员

①顾问及指导教师

训练营顾问共 2 人，由学院党委书记、副书记担任；指导老师共 4 人，由训练营负责老师、研究生及本科年级辅导员担任。

②训练营营员

根据民商法学院每年新生人数，计划招募训练营成员 50 人，其中本科生 30 人，研究生 20 人。根据活动需要，分为 5 个小组。

3. 活动过程

①营员招募及选拔

8 月上旬通过新生年级 QQ 群和民商法学院官方微信公众号"民商荟"进行宣传。8 月中旬接受新生报名并进行选拔。

②培训与潜力开发

培训与潜力开发模块主要包含了以下几类主题活动：

第一，以培养爱校情感为主旨的校情教育课。

第二，以加强团队合作、提升团队凝聚力为主旨的团队管理课。

第三，以提升学生综合素质、促进学生自我成长为主旨的素质提升课、实践体验课、理论进阶课。

第四，以培养志愿服务精神为主旨的志愿活动启动仪式、志愿者培训、迎新志愿活动。

4. 考核与评价

①个人考核

第一，迟到、早退累计超过 2 次不予结业；

第二，无故旷课 1 次不予结业；

第三，请假缺课次数累计超过 2 次不予结业；

第四，其他违规情况酌情处理。

②集体考核

主要从纪律、宣传、活动参与、总结展示等四个方面进行考核。

第一，纪律考核。营员应准时参加集体活动，不迟到，不早退。未到的，每人每次扣 2 分；迟到或早退的，每人每次扣 1 分。实行扣分制，由值日小组考勤，最后进行统计、扣分。

第二，宣传考核。活动结束后每个小组交纳小组简报 1 份，主要考核内容为简报的设计、图片及文字，满分 30 分。

第三，活动参与。手绘学校地图：主要考核地图的创意、色彩以及内容，满分 10 分，由指导老师打分。校歌比赛：主要考核精神面貌、表现形式、节奏音准及感染力，由各小组代表打分。歌乐山拉练：主要考核精神风貌、团结协作、友爱互助，由带队老师打分。

第四，总结展示。主要考核内容为展示形式、PPT、精神风貌、时间把控等，满分 30 分，由评委老师打分。

5. 激励与奖惩

新生骨干训练营结束后，对考核达标的营员授予结业证书，对表现突出的小组以及营员予以表彰。

①对考核达标的营员授予训练营结业证书；未达到考核基本标准的，将不能取得结业证书。

②按 10% 的比例推选优秀营员并予以表彰。

③根据量化考核情况对各组进行评比排名并表彰优秀小组。

（三）经验启示

1. 主要成效

（1）促进个人成长

本项目的成功开展，对提升训练营营员的沟通能力、创新能力、执行力、领导力、团队协作能力起到了积极作用，使他们能够更快地适应大学生活，更好地规划大学阶段。

（2）培养志愿服务精神

训练营营员以高昂的斗志、饱满的热情投入到一系列志愿服务中，如检查新生寝室设施、在新生寝室张贴《民商法学院寝室公约》、负责学院迎新工作等。在校学生活动中心的迎新点，营员们或负责报到登记，或发放迎新资料，或维持现场秩序，成为一道靓丽的风景线。志愿服务的开展，既培养了营员们的志愿服务精神，提升了训练营营员的自我价值，又有利于学院高效、高质地开展各项迎新工作。

（3）培养预备学生干部

训练营结束后，约 70% 的训练营营员担任了所在年级的总班长、团总支书记、心理总班长、班长及团支书等主要学生干部，对年级建设发挥了重要作用。此外，约 60% 训练营营员纷纷加入各级学生社团组织，促进了学生社团干部的梯队建设。

（4）发挥朋辈支持以及引领作用

学院从参加训练营的研究生中遴选优秀学生担任本科新生班级的学长，在大学适应、专业学习、人际关系、班团活动策划等方面进行全方位指导。其他训练营营员也积极参与本科新生年级的班团活动。同时，训练营营员作为优秀学生榜样和师生纽带，引领了积极、健康、进取的和谐学风，有效推进了学院各项育人工作在学生中的开展。

2. 主要经验

（1）让学生凝聚学生

为充分发挥学生自我管理、自我服务、自我监督的作用，在训练营期间，我们尽最大努力调动学生积极性，放手让学生承担训练营各项任务，如物资采购、宣传报道、纪律考勤、活动主持等。

同时，为了营员之间相互熟识，圆满完成训练营及迎新任务，对营员进行了分组，各组自行推选组长、副组长作为活动召集人，统筹本组训练营期间的事务；各组制定本组口号、队旗，对组内成员进行内部分工。

（2）全员、全方位、全过程育人

根据人力资源管理理论，并结合高校学生的实际情况，新生骨干训练营项目共分为营员的招募与选拔、培训与潜力开发、考核与评价以及激励与奖惩等四大模块，同时，学院党政领导、辅导员、专业教师、优秀校友代表等积极参与其中，体现了全员、全方位、全过程的育人理念。

（3）引入考核激励机制

从纪律、宣传、活动参与等方面对训练营营员及小组进行考核与评价，并根据考核结果对表现优秀的营员和小组进行表彰。严格考核、奖励优秀，既保证了训练营教学和生活的正常秩序，也充分调动了学生的积极性，营员们精神饱满、锐意进取，圆满完成了各项任务，训练营取得了预期效果。

（4）强化品牌

新生骨干训练营不断强化活动标识度，在原有训练营营旗、营服、训练营LOGO的基础上，创作口号、胸牌等标识。加大宣传力度，通过学院微信公众号"民商荟"进行系列报道，在学院迎新典礼或新年晚会上进行项目成果展示。

（5）加强理论研究，形成示范效应

新生骨干训练营注重加强理论研究，用理论指导活动开展，同时用活动经验反哺理论研究之不足，让二者之间形成良性循环。及时总结经验，优化项目方案，使之成为可复制、可辐射的典型模范"训练营"。通过经验交流会等形式推广新生骨干训练营的经验和做法，使其助益于其他类型学生骨干的培养工作。

案例三：学生干部能力提升训练：综合素质培养的"春雨计划"

各级各类学生组织是大学生思想政治教育的重要阵地，学生干部是青年学生中的排头兵，是协助开展大学生思想政治教育的骨干力量。长期以来，在学生干部的培养管理中，轻培养教育，重管理使用，导致学生干部工作热情下降，学生担任学生干部的积极性降低。如何培养教育学生干部这样一个老生常谈的问题，已然成了辅导员工作中的重点和难点。科学系统地规划、开展符合学生干部思想、行为特点的培养项目可以成为一种行之有效的培养方式，提升学生干部培养的质效，更好地发挥其"头雁"作用。

（一）案例背景

党的十八大以来，以习近平同志为核心的党中央高度重视、亲切关心青少年和共青团工作，把共青团改革作为全面深化改革的重要方面，做出战略谋划和部署。中央政治局常委会会议、中央全面深化改革领导小组会议、中央书记处办公室会议分别审议了《共青团中央改革方案》，中共中央办公厅印发的《共青团中央改革案》强调，共青团是党的助手和后备军，是党和政府联系青年的桥梁和纽带。改革团中央机关干部选拔、使用和管理。把团的岗位作为党政等各领域、各行业优秀年轻干部提高群众工作能力、培养群众工作作风、丰富群众工作经验的重要平台，坚持德才兼备、以德为先，突出"知青少年、懂青少年、爱青少年"，持续深入开展团干部健康成长教育。这无疑对团干部的教育和培训提出了新的方向和要求。另一方面，高校学生组织是高校开展学生工作和繁荣校园文化的重要阵地，而学生干部又是进行学生自我管理和开展校园文化活动的主要组织者和积极参与者，是老师和广大同学沟通、交流的良好纽带。学生团干部应从自己做起、从身边做起，发挥表率作用，积极组织参加各种校园文化活动，营造求真务实、文明健康的校园氛围，着力塑造先进形象。把高度的责任感转化为工作的耐心、严谨和热情，这样的责任感不是与生俱来的，它必须在学生团干部的自我教育、自我管理、自我服务中得以培养与建立，如何帮助团干部进行自我转化和升级，培养高素质的、有原则性的学生干部队伍，一直是高校共青团建设的重要课题。"春雨计划"是西南政法大学民商法学院团委贯彻落实《共青团中央改革方案》，综合考量高校共青团干部队伍建设等问题，并结合学院特色自主开展的院内团干部培训活动。通过理论学习、社会实践、素质拓展等多类型、多渠道的方式，根据不同时期的特点，制定不同主题，从思想引领、创新能力提升、综合素质加强等方面出发，着力提升学生干部的思想意识、创新技能、业务水平等综合能力。

（二）实施路径

1. 坚定思想，牢固树立团员青年伟大理想

高校共青团干部是开展学生工作的重要力量。团青工作的重点就是要正确引导团员青年牢固树立崇高理想和正确的世界观、人生观和价值观，为社会发展奉献青春智慧。"吸引和凝聚青年，关键要依靠先进思想的真理力量。"思想引领是共青团的生命线，决定着青年集体行动的方向和空间。团干部培训工作首先要从思想入手，加强思想建设，用先进思想武装团员青年，坚定伟大理想。

"春雨计划"通过开展"向党的十九大致敬"讲座培训，由民商法学院团委书记蒋莉担任主讲嘉宾，通过研读十九大报告原文、学习理论文章、观看视频、重点学习习近平总书记对青年的寄语并撰写学习心得报告等方式切实掌握十九大的新理念，增进团干部的政治认同、思想认同。组织参观歌乐山革命纪念馆，开展爱国主题教育活动，深入了解革命先烈的英勇事迹和勇敢奉献精神，铭记历史、奋发图强、勇于担当。同时携手重庆大学开展一二·九主题团日活动，通过学习一二·九事件相关影视资料，进行学习感悟分享，使同学们铭记新时期、新变化赋予当代青年的使命，不忘初心，砥砺前行。

2. 丰富知识层面，发挥团干创新领头作用

新时期、新形势下的高校共青团工作，要始终保持与时俱进的时代精神，要提倡团工作的创新精神，要注意研究广大团员青年的现实需求，将变化中的社会和变化中的青年紧密结合起来。在国家倡导创新创业的大背景之下，各种有关创新创业的比赛也如火如荼地开展着，如何充分利用这些平台调动同学们的积极性，激发他们内在的创新创业因子，其中团干部的引领作用就显得尤为重要。

"春雨计划"带领团干部走进江北区观音桥可实梦创业园。在民商法学院团委书记蒋莉，副书记谢钧镝、伯燊贝的带领下，成员们跟随创业园耿菲老师

一起走进创业园，了解创业园的发展史。在建设发展过程中，创业园在业绩上勇创佳绩，同时勇于承担社会责任，积极投身公益活动。大家还参观了创业园区的重要组成部分——营养和健康协同创业中心，一同领略创业园在硬件、科研、经验以及渠道等各个方面的优势和创业园多样化的企业产品。参观后，在创业园会议室召开创新创业座谈交流会，专业老师进行答疑解惑，让同学们能够深入体会创新创业的精神价值所在。

"春雨计划"带领团干部走进重庆小样创业社区实践参观，切身体会"创业办公＋体验式商业"的全新青年社区生态，领略创新创业新风向。在小样党群服务中心，创业社区讲解员向同学们介绍了大学生创业政策，并以"党群服务机制创新探索"为例讲解小样党群服务中心构建思想引领、发展组织、对接需求、整合资源、保障权益、激发活力的"六位一体"功能定位，揭开了创新创业之行的帷幕。在小样创咖，大家切身体会到创新办公区轻松舒适的办公环境、自由发散的创新氛围、丰富多彩的创业活动。在联合办公区与便捷办公室，同学们感受到了共享经济模式下"创业办公＋体验式商业"的全新青年社区生态。"春雨计划"还组织同学们前往由阿里巴巴集团打造的基于云计算和大数据垂直领域的孵化器——阿里巴巴创新中心，创业社区讲解员向同学们介绍了孵化器的孵化属性以及"诸神之战创客挑战赛"等创新创业活动。团干部在赞叹的同时也思考着应该在大数据年代充分地利用好大数据思维，发散思维拓展思路，积极投身创新创业的潮流之中。

"春雨计划"系列培训活动之"Original巧思空间天使投资会"结合时政热点、取材热播剧《人民的名义》巧设题目，将理论与实践结合，激发同学们的想象力、创新力，并在实战中使创新想法得以落地。

3.坚持学习，不断提高团干部自身的工作能力和业务水平

团干部的思想理论素质和科学文化素质的高低直接影响团的工作成效，也影响团干部的成长进步。因此必须要坚持不断地学习，这里的学习，不单单是指传统意义上简单的理论知识堆砌，更是指新形势下新技能、新知识的获得与掌握，积极发挥共青团干部在学习上的模范带头作用。

"春雨计划"开展了系列工作技巧分享会，邀请优秀的共青团干部分享工作体验和心得，传授工作技能。比如，民商法学院2014级团总支宣传委员纪翔开展关于PPT知识技巧的培训，校团委宣传部副主席谢宇为大家讲解文字新闻写作技巧，学校记者团摄影部饶思杰分享摄影方面的知识，学校学生会办公室部长李尚泽简洁明晰地传授关于公文写作方面的知识。

"春雨计划"还以开放、包容的精神，携手重庆大学、西南大学开展主题团日活动，在学习十九大会议精神的同时，就自己学院干部培训管理模式、学生工作开展情况等进行了细致的交流，相互学习、借鉴经验、增进友谊、提升高校共青团工作的服务管理水平。

4. 加强队伍建设，提升团组织的吸引力和凝聚力

近来"官僚主义""精日团干"等歪风又发生于高校，高校共青团工作面临着新的机遇和挑战。这提醒着我们要解放思想，拓展思路，与时俱进，不断加强共青团干部队伍建设，创新工作方式方法，以提升团组织的吸引力和凝聚力，实现高校共青团工作的良性开展。

"春雨计划"通过开展"寻人游戏""自画像识队员""订立小组目标清单"等素质拓展活动锻炼团队凝聚力、提高团队协作意识。通过观看廉政纪录片，提升干部纪律意识。开展学习总结，从"四种意识"即服务意识、学习意识、先锋意识和责任意识，"三个精神"即求实、奉献、创新两个主要思想出发，强调认真的态度，信息传达的速度，合作共赢的重要性。提出三个"坚持"，即坚持提升、坚持实践、坚持创新，同时做到注重理论学习，进一步加强自身素质；践行科学发展观，干好本职工作；破解难题，开创共青团工作的新局面。通过以上方面的努力不断提高共青团干部的能力。

在"春雨计划"中，团干部们集中学习共青团章程，原文学习高校共青团改革方案，为工作的开展打下理论基础。明确干部要求，要求学生干部做到政治立场明确，政治敏感度高，有良好的表达能力，执行力和创新意识。邀请优秀共青团干部介绍工作经验和方法，民商法学院本科 2014 级团总支书记吴霞介绍团总支、团支部工作要领，学校学生会主席、学院学生会主席分别介绍了干部队伍建设管理的经验。

（三）经验启示

重视学生干部的培养与发展，以更好地服务学生。开展"春雨计划"进一步提高了学生干部的思想觉悟，加强了干部之间的沟通交流，充分体现了干部之间的合作精神，更好地培养了干部的综合素质能力，保证其有热情，一心为同学们服务；保证其有能力去管理同学，协调同学之间的关系，对学生干部进行一系列有效培训。

突出教育引导。"春雨计划"通过形式多样的培训环节引导共青团干部发现自我、挖掘潜能，使创意落地，梦想开花，在工作中收获理论知识的架构与完善、思考能力的提高，在交流中分享经验，博采众长，提升自我、获得提高。广阔的胸襟，卓远的眼光也是"春雨计划"成功的重要因素，不局限于自己的一方天地，向各大高校学习取经，不断完善充实自我。

"春雨计划"着力于培养和发挥好共青团干部的桥梁纽带作用，紧密团结团员青年凝心聚力。党的十九大以来，更深入贯彻习近平新时代中国特色社会主义思想，使广大共青团干部进一步落实"一学一做"实践、深入"四进四信"理论学习。进一步完善民商法学院共青团系统"凝聚青年、服务大局、当好桥梁、从严治团"的工作格局。

主题鲜明，形式多样，符合青年人思想行为特点。"春雨计划"在传统培训学习方式的基础上，融合了团队辅导、实地调研等多种方式，内容上结合了时事政治、创新创业等多种元素，重视理论与实践相结合，重视工作方法和工作技能的传授、演练，让学生真正受益，切实提升工作素养。

自 2016 年开展以来，"春雨计划"始终秉持"服务、拼搏、创新、开放"的理念，开展形式多样的培训活动，还携手重庆大学、西南大学等高校探究共青团干部队伍建设方案，成果显著，备受师生好评。"春雨计划"已成为民商法学院的精品活动之一，成为团干部培训的主要平台、基层团组织建设的重要载体和凝聚青年武装青年的主要阵地。

案例四：协同育人＋训赛育人："简敏工作室"的实践训练营

在改革开放纵深化发展的新时代，创新已经成了时代鲜明的主题，涵养大学生的创新精神，培养大学生的创新能力，已经成了高等教育的重要内容。青年人充满朝气与活力，对新事物有着天然的好奇心和敏锐度，浑身充满着有待激活的创新因子。创新创业教育互动性、参与性、实践性强的特征正好符合青年学生的行为特征，因此，辅导员在实践育人的工作中，可以引入创新创业的相关内容，带领指导学生参与创新创业实践活动，将创新创业教育发展为辅导员开展思想政治教育工作的新途径，丰富实践育人内涵，创新实践育人方法手段，满足学生成长成才的需求，形成实践育人的新抓手。

（一）案例背景

大学生创新创业教育作为高校素质教育的重要培养方式，是高校思想政治教育与现代社会需求相结合的体现。2004年，中共中央、国务院《关于进一步加强和改进大学生思想政治教育的意见》指出："大学生思想政治教育要积极探索与创新创业相结合的管理体制。"高校教育的核心在于培养适应和符合社会发展需要的人才，高校素质教育的核心组成部分为大学生创新创业教育与思想政治教育，将二者进行有机结合，能够相辅相成，彼此促进，充分满足国家和社会对人才培养的要求。大学生思想政治教育的积极介入能最直接、最便利地解决我国大学生创新创业教育的现存问题。大学生创新创业教育是加强思想政治教育的新的增长点。

大学生创新创业教育与思想政治教育作为高校素质教育的重要组成部分，共同履行着培养社会发展所需的复合型人才的职能。将大学生创新创业教育与思想政治教育相结合，探索二者协同的路径，共同促进，共同发展，实为培养创新型高素质人才，应对知识经济挑战和加快大学生自身建设发展的最经济有效的途径。高校辅导员是大学生创新创业教育和思想政治教育的实施者、骨干力量。"简敏工作室"实践训练营团队以辅导员为核心主体，探索两种教育的协同路径，积极实践辅导员带训赛团队，以训赛促学促教，探索新形势下思想政治教育的新途径。2018年以来，实践训练营团队指导大学生创新创业训练项目6项，指导学生项目在市级、国家级创新创业大赛中获奖5项。

（二）实施路径

1. 积极营造创新创业教育氛围

互联网时代的到来，让创新创业从小众走向大众，青年人尤其是大学生是互联网的"原住民"，是创新创业的弄潮儿，是实现"大众创业、万众创新"的中坚力量。近年来，政府主导出台了有关创新创业教育及服务的相关政策、措施，开展了大学生创新创业赛事，创新创业观念已逐渐深入人心，创新创业教育和服务格局正逐步形成。

"简敏工作室"实践训练营团队充分发挥辅导员贴近学生的优势，有计划地通过党团组织生活、主题班会等团队活动以及与学生的日常交流，引导学生关注创新创业，鼓励学生参与创新创业，让创新的种子在学生的心中萌芽。实践证明，辅导员主动开展创新创业教育后，学生参与创新创业类训赛或活动的积极性会大幅度提升。

实践训练营团队常规发布创新创业相关信息，让学生充分了解各项训赛的开展情况，提前做好参与准备，给学生留足准备周期，提高准备质量；积极宣传获奖信息和团队事迹，鼓舞学生士气；举办"创行沙龙"，邀请获奖团队进行作品分享和备赛经验介绍，为有兴趣的学生答疑解惑。

实践训练营团队逐渐在校园中培育创新创业文化，同时也注重运用思想政治教育的理论和方法，坚持正确的价值导向，避免陷入创新创业教育的功利主义陷阱，即大学生在创新创业中以个人价值的实现为唯一追求，视财富积累和创办企业为创新创业目标。创新创业教育的落脚点在"教育"，在于对学生创新意识、企业家精神的培养，而不仅仅在于一个实体公司的建立，一个闪闪发光的奖杯。

2. 主动出击建立创新创业团队

我国高校的创新创业教育计划将中国高校创新创业实践项目的类型分成了三种：创新训练项目、创业训练项目、创业实践项目。创新训练项目注重设计项目的创新能力以及创新研究的过程；创业训练项目注重学生们对于现今中国经营体制的研究以及经营项目的商业可行性等的研究；创业实践项目注重实际操作、市场化经营管理情景还原以及模拟企业运作。这三个项目都需要由资深的导师进行临场指导、学生自主参加完成。该计划旨在转变高等院校传统的教育观念，改变各大高等院校人才培养的模式，有效地提高高校大学生创新创业能力。近年来，以"创青春"大学生创业计划大赛为代表的各级创新创业竞赛如火如荼地开展，也为创新创业教育搭建了平台。

"简敏工作室"实践训练营团队依托大学生创新创业训练项目和"创青春"等创新创业竞赛，组建训赛团队，指导训赛项目，将创新创业教育与思想政治教育有机结合。实践训练营团队基于对学生的了解和对学生特点的把握，根据团队资源优化配置的基本规则，积极寻找有兴趣、有热情、有精力、有能力的同学组建团队，并通过团体辅导、团队建设拓展等方式增进团队融合，通过思维训练、专题讨论、经验分享等方式提升团队素质，以实践训练营团队成员为核心建立导师团队，协调资源，指导学生团队开展训赛项目。

3. 不断摸索创新创业教育方法

随着创新创业教育的不断发展，高校创新创业教育课程体系初步建立，在各大高校的创新创业教育课中，教师通过师生互动、案例分析、实地见习、角色模拟、创业大赛等丰富的手段和方式开展了具有中国特色的高校创新创业教育。国家近年来设立了很多创新创业教育实践教学、研究机构，配合实践教学，为创新创业教育的开展提供了智力支持。总体来说，创新创业教育的方法依然处于摸索阶段。

"简敏工作室"实践训练营团队学习实践了斯坦福大学创业课程的方法，开展了创业沙盘模拟、创业体验、天使投资会等创新创业教育活动，其新颖的方式，互动式、体验式的学习过程深受学生欢迎，激发了学生参与创新创业的热情。以训赛为依托，指导训赛团队，将日常教育与训赛指导相结合，有效培养学生的创新意识和创新能力。

除此之外，"简敏工作室"实践训练营团队还通过"1+n+x"的运营方式（即1个工作室项目主任+n个专业老师+x个自愿报名的学生志愿者），进入社区、乡镇、学校、企业、机关等，开展法律知识和党建引领基层治理等相关知识的宣讲，落地落实为社会服务的责任和义务。

（三）经验启示

①随着社会经济的发展和社会文化多元化的变化，大学生思想政治教育工作的大环境发生了显著变化。面对高校学生的道德观念、价值取向和思维方式的日趋多样性，传统的依靠理论传播的大学生思想政治教育模式的弊端日益凸显。加强大学生思想政治教育，让思想政治教育工作效果看得见、摸得着必须寻找新的增长点。大学生创新创业教育与思想政治教育作为高校素质教育的重要组成部分，共同履行着培养社会发展所需求的复合型人才职能。将大学生创新创业教育与思想政治教育相结合，探索二者协同的路径，共同促进，共同发展，实为培养创新型高素质人才，应对知识经济挑战和加快大学生自身建设发展的最经济有效的途径。思想政治教育与创新创业教育要实现协同发展，辅导员发

挥着纽带作用。

②辅导员开展创新创业教育有着天然的优势。辅导员普遍擅长团队建设与活动开展，同时又了解学生的需求和特点，容易与学生产生共鸣；创新创业教育是一项实践性很强的教育，注重互动体验，注重实践感悟，与思想政治教育有共通之处。辅导员的能力特点与之较为匹配，更容易开展工作。

③辅导员开展创新创业教育的过程同时也是自身能力不断提升的过程。教育部出台了辅导员职业能力标准，明确了辅导员的职业能力要求，其中多项能力也是创新创业教育师资的素质要求。因此，辅导员开展创新创业教育对于职业能力提升有着良好的促进作用。

④辅导员开展创新创业教育，尤其是指导学生训赛团队，能够有效地提升辅导员职业形象，增强辅导员的价值感和获得感，更好地激励辅导员提升职业化专业化水平。

案例五：思想引领＋实际行动：党员学习论坛的学习实践活动

辅导员一般都担任所在年级的学生党支部书记，负责学生党支部的建设工作。党组织建设是辅导员工作职责的重要组成部分，是大学生思想政治教育的重要阵地。长期以来，如何不断提高学生党员的党性修养，充分发挥党员的先锋模范作用一直是党组织建设和学生思想政治教育工作中的重点和难点问题。普通学生感受不到学生党员的存在，党员身份模糊；学生党员觉得理论学习的形式单一，组织生活的方式单调，因个人能力等限制找不到发挥作用的途径和舞台，甚至入党前和入党后两幅面孔；辅导员和学生管理者，又认为学生党员党性意识薄弱，理论素养不够，党员先锋模范作用的发挥还有待加强。

（一）案例背景

《中国共产党支部工作条例（试行）》明确要求："把党支部建设放在更加突出的位置，加强党支部标准化、规范化建设，不断提高党支部建设质量。"加强高校学生党支部建设要聚焦学生党支部和学生党员的特点，为深入学习和研究习近平新时代中国特色社会主义思想、马克思主义理论在中国的实践与发展，不断探索和加强基层党组织建设、提高学生党员的综合素质和实践能力、进一步发挥学生党员的先锋模范作用，针对学生党员中党性意识弱化、理论素养不高、服务意识淡薄、自身能力欠缺等主要问题，从 2017 年开始，西南政法大学马克思主义学院党委组织策划开展了党员学习论坛系列活动，理论学习和实践服务相结合，使学生党员党性得到锤炼，服务奉献意识明显增强，综合能力得到逐步提升。

（二）实施路径

1. 亮身份

要求学生党员在所有集体活动如年级大会、考试中佩戴党徽，党员所在寝室标识"党员寝室"，亮明党员身份，强化责任意识。

2. 主题征文

为加强理论学习的实效性，解决党员理论素养不高的问题，除日常不断提高"三会一课"质量外，还面向全体党员和入党积极分子开展主题征文活动。征文由校关工委的老教授进行评阅。论坛现场，评阅专家对征文进行详细点评，优秀征文由撰写人进行详细的讲解，不断加深同学们对理论的认识和把握，提高理论素养。

3. 知识竞赛

每月公布一次学生党员在学习强国 App 上的学习情况，督促学生党员加强学习，对学习积分高的党员给予奖励表彰。同时举办党的知识及学习强国"挑战答题"环节题目竞答活动，以赛促学，帮助党员形成学习习惯。

4. 党员 1+n 联系制度

在党支部书记的指导下，以年级为单位开展工作，通过建立党员联系寝室的服务模式，及时把握学生思想、心理、生活、学习、健康等各方面的信息，建立年级与同学沟通的桥梁，打通日常管理的最后一公里；从学习、生活、就业等各方面关心帮助同学，树立党员为同学服务的意识，服务学生成长成才，也在服务中促进自身快速成长，工作能力得到提升。具体工作内容为：①密切关注寝室学生动态，每月不定期走访联系寝室至少 4 次，做好记录，发现异常及时报告指导老师。②建立定期、不定期会议制度。每月定期召开一次党员联系寝室工作例会；如有特殊情况可随时召开。③及时了解学生思想动态，协助开展所联系寝室学生思想政治教育各项活动。④做好所联系寝室内经济困难、学习困难、就业困难等学生的关心、帮扶工作，营造互帮互助、团结友爱的氛围。

5. 成长训练营

根据不同年级的需求和关注点，由各年级党支部组织开展各项综合能力拓展活动，切实帮助同学们解决学习生活中的困惑和难题，助力学生成长成才。如大一年级"零过渡"项目，包括口才短训营、启明星新生适应性团辅活动等，旨在实现大一新生从入学伊始备战走向社会的"零过渡"。针对二年级学生开展青年梦舞台项目，通过建设当代大学生职业探索营，探索职业目标并达到实现职业目标的求职能力，探索职业梦想。比如，**教师梦舞台**，开展了教师基本功训练、实地考察和初赛、决赛，邀请了重庆知名中学的高级教师进行全程指导；公务员梦舞台则通过公务员基层生活体验、职业探索分享会、公务员梦推荐会、公文写作能力大赛等活动，全方位了解公务员的真实状态以及相关要求。针对三年级学生开展求职能力提升训练营，举办考研经验交流分享、求职经验交流分享、简历大赛、模拟面试等活动，切实提高学生的市场竞争力。

6. 党员先行系列志愿服务活动

全体党员和入党积极分子组队开展"党员先行"系列志愿服务活动，立足校园服务同学，立足周边服务社会，在实践中继承革命传统，在服务中传承红色基因。每年 3 月和 10 月，由正式党员牵头策划志愿服务项目，预备党员和入党积极分子加入组队。近年来，已经开展了校园卫生死角清理、快递免费上门服务、党的知识宣讲、慰问老党员、红色教育基地体验、追忆历史缅怀先烈、关爱老人送温暖等形式多样的志愿服务活动。在当期志愿服务活动结束后，还将举行展示活动，宣传服务效果并总结经验和不足。志愿服务活动在发挥学生党员的先锋模范作用，加强对党员思想信念的教育和引导，培养"主人翁"意识，增强社会责任感等方面产生了积极作用。

（三）经验启示

1. 需不断优化党员的培养学习机制

培养学习是党员能够充分发挥先锋模范作用的源泉，只有认识到位，才能更好地发挥作用，因此我们要不断优化党员的培养学习机制。培养学习要坚持理论和实践相结合的方式，除了要不断规范"三会一课"制度，加强监督和管理，提升"三会一课"的质量，通过各种方式手段加强理论学习，检验学习效果，强化理论武装，避免理论学习流于形式外，我们还要重视建立健全实践机制，积极搭建拓展党员发挥作用的平台。要通过制度建设，奖励激励等方法，引导鼓励学生党员立足校园，立足同学，面向社会，积极开展帮扶活动、志愿服务活动，在为同学办好事、办实事的过程中加强与普通同学的联系，在为社会服务的过程中增强社会责任感，通过各种实践服务活动强化理想信念，提高工作能力和水平，在服务中积累成长的力量。

2. 要加强监督考评和奖励激励

学院建立了学生党员监督考评机制，对学生党员实施量化考评，一方面明确了合格党员的标准和努力的方向，另一方面也对学生党员各方面的表现起到督促作用。学院将志愿者服务纳入了党员发展的考察内容，在党员发展的各个环节中注重对志愿服务时长的考核，从制度上引导学生在不断的实践磨砺中成长为优秀的学生党员。同时对表现突出的学生，授予"争光贡献奖"，给予表彰奖励，激励学生党员进一步发挥先锋模范作用，坚定理想信念。同时，对表现欠缺的同学及时开展谈心谈话，加强教育督促。

加强党员党性修养，充分发挥党员先锋模范作用，是一项系统工程，也是一项持久工作。我们要在把握新时代对学生党员新要求的基础上，在实践中不断总结经验，发现规律，持续推动基层党组织的建设，推动党员先锋模范作用的发挥。

本章小结

实践育人是实现"立德树人"根本任务的重要途径，是思想政治教育的重要环节，是高校人才培养的重要内容，是学生成长成才的关键因素。因此，我们应转变以分数高低评价学生优劣的传统观念，高度重视实践育人工作，落实好实践育人的相关政策和要求；加强知行合一，在实践中检验理论学习的成果，培养社会责任感和解决实际问题的能力；把握好实践育人规律，创新实践育人的方式方法，增强实践育人的实效性；整合校内外资源，构建实践育人体系，形成全员育人、全过程育人、全方位育人的合力，扎实开展实践育人活动。

参考文献

[1] 毛泽东. 毛泽东选集第二卷 [M]. 北京：人民出版社，2006.

[2] 江泽民. 江泽民文选（第 1 卷）[M]. 北京：人民出版社，2006.

[3] 习近平. 在纪念五四运动 100 周年大会上的讲话 [M]. 北京：人民出版社，2019.

[4] 习近平. 习近平谈治国理政：第三卷 [M]. 北京：外文出版社，2020.

[5] 习近平. 在北京大学师生座谈会上的讲话 [M]. 北京：人民出版社，2018.

[6] 中国中央宣传部. 习近平总书记系列重要讲话读本 [M]. 北京：学习出版社，2016.

[7] 习近平. 在网络安全和信息化工作座谈会上的讲话[M]. 北京: 人民出版社，2016.

[8] 杨耕. 马克思主义历史观研究 [M]. 北京：北京师范大学出版社，2017.

[9] 张世. 思想教育规律论 [M]. 杭州：浙江大学出版社，2008.

[10] 梁漱溟. 教育与人生——梁漱溟教育文集 [M]. 北京：当代中国出版社，2012.

[11] 郑志发，黎辉. 爱国主义教育结构探析 [J]. 南昌大学学报（人文社会科学版），2005（05）.

[12] 吴潜涛，杨峻岭. 全面理解爱国主义的科学内涵 [J]. 高校理论战线，2011（10）.

[13] 彭泽平. 知识厄运与制度悲剧——"文革"时期我国基础教育课程"革命"的历史省察 [J]. 西北师大学报（社会科学版），2005（04）.

[14] 元旦社论. 在伟大爱国主义旗帜下巩固我们的伟大祖国 [N]. 人民日报，

1991-01-01（1）.

[15] 周林兴，邹莎．文旅融合时代档案馆研学旅行基地建设：基础、困境与路径 [J]．档案与建设，2020（12）.

[16] 王晓燕．"饭圈文化"语境下学校爱国主义教育的困境与应对 [J]．中国德育，2020（16）.

[17] 崔晓丹，彭庆红．爱国主义教育中应正确认识和处理的几个关系 [J]．思想理论教育导刊，2020（05）.

[18] 于伟．公民抑或自然人——卢梭公民教育理论的前提性困境初探 [J]．教育研究，2012（06）.

[19] 齐鹏飞．关于"党史"与"国史"关系的再认识 [J]．教学与研究，2008（05）.

[20] 陆俊元．界定中国国家安全利益 [J]．江南社会学院学报，2001（02）：19-25.

[21] 吕鹏，张原．青少年"饭圈文化"的社会学视角解读 [J]．中国青年研究，2019（05）.

[22] 张晓兵．试论国防教育与德育的整合 [J]．江苏高教，2000（02）：76-78.

[23] 储建国．总体国家安全观下的国家安全体系新发展——一种"政治有机体"的视角 [J]．国家治理，2021（11）：11-15.

[24] 林松，林艳．当代大学生爱国主义教育路径新探 [J]．黑龙江高教研究，2011（08）：

[25] 顾海良，沈壮海．高度重视民族精神的弘扬和培育 [J]．思想理论教育导刊，2003（04）.

[26] 宇文利．培育和弘扬新时代中国精神 [N]．中国教育报，2021-06-10（5）.

[27] 潘亚玲．民族主义与爱国主义辨析 [J]．欧洲研究，2006（4）.

[28] 刘建军．中国语境下爱国主义的信仰意蕴 [J]．思想理论教育，2020（4）.

[29] 郑康，郑月波．社会主义核心价值观视域下大学生核心价值素养的培育路径研究 [J]．高教学刊，2020（32）.

[30] 曲建武，张慧敏．论发挥传统和现代节日的爱国主义涵育功能 [J]．思想

理论教育导刊，2021（2）.

[31] 习近平在中共中央政治局第二十九次集体学习时强调：大力弘扬伟大爱国主义精神　为实现中国梦提供精神支柱 [N]. 人民日报 .2015-12-30（1）. http://www.xinhuanet.com/politics/2015-12/30/c_1117631083.htm.

[32] 刘新华，王肖东，张秋辉 . 爱国主义教育的新时代逻辑 [J]. 河南科技学院学报，2021，41（08）.

[33] 梁莉芃，李露露 . 新媒体时代大学生爱国主义教育研究——以驻泰高校为例 [J]. 新闻研究导刊，2021，12（13）.

[34] 中共中央文献研究室 . 十八大以来重要文献选编（上）[M]. 北京：中央文献出版社，2014.

[35] 任理轩 . 当代中国需要什么样的国民心态？ [N]. 人民日报，2010-07-12（7）.

[36] 李世淳 . 新媒体时代加强大学生爱国主义教育的路径 [J]. 现代交际，2020（18）.

[37] 习近平 . 在纪念五四运动 100 周年大会上的讲话 [EB/OL].（2019-04-30），https://www.ccps.gov.cn/xxsxk/zyls/201906/t20190604_132081.shtml.

[38] 王绩添 . 论邓小平的大局观 [J]. 教学与研究，2000（11）.

[39] 颜晓峰 . 我国社会主要矛盾转化意味着什么 [J]. 人民论坛，2018（03）.

后　记

　　"高校辅导员六点工作法"是"简敏工作室"的主持人简敏教授关于高校学生思想政治工作具体做法的展示、总结和提炼，也是她23年来服务管理近3000名本硕博学生的辅导员工作生涯的切实感悟，在厚积薄发基础上凝练成的创新高校学生思想政治教育工作的理论成果，更是"简敏工作室"全体辅导员岗位工作经验的集体智慧的结晶。经过了多年辅导员一线实际工作的实践检视，具有一定的可操作性和有效性。

　　为了新手辅导员能在具体的学生思想政治工作中有所借鉴，工作室辅导员团队编写组又结合新形势下的高校辅导员工作，查阅了大量的文献资料以及兄弟高校同仁的先进做法，并进行了大量的实地调研，收集了一手资料，为大纲的确定和写作奠定了良好基础。从2018年12月启动，写作组反复集体讨论提纲，仅提纲的撰写完善就用了5个月。写作组在写作过程中先后召开了11次线上线下会议，探讨写作的风格、写作的重点与难点，书稿先后经过2年多的磋商和修改。在本书的撰写过程中，得到了学校领导的高度重视和学校辅导员教研中心的大力支持。主编简敏教授从写作提纲拟定、内容规范、价值融入等各方面进行了精心指导和修改，将自己多年的理论研究、实务借鉴以及"简敏工作室"辅导员团队的成功经验贯穿于全书。

　　本书写作的分工为：前言：简敏；第一章：苟晓丽、程晓红；第二章：杨化；第三章：张文浩、李雪、卫薇；第四章：党红、周月、简敏；第五章：肖丽霞、宋夏冰、樊雪；第六章：蒋莉、潘清滢。简敏负责全书的框架设计，党红、杨化、贺小芮、周月、简敏承担了本书的统稿工作。

　　在本书的写作中，我们参考了不少同行的成果，并用注释和参考文献的方式刊出。对此向他们表示感谢。由于水平有限，本书的缺点难免，诚恳地希望同行专家和读者批评指正。

此书系共青团中央中国特色社会主义理论体系研究项目（18TZTSKB008）研究成果，也得到了重庆市教委人文社会科学类研究项目"新时代高校辅导员工作方法创新研究"的大力支持。

西南政法大学辅导员教研中心

重庆市"简敏工作室"

杨　化　党　红

2021 年 8 月